日本料理

基礎から学ぶ

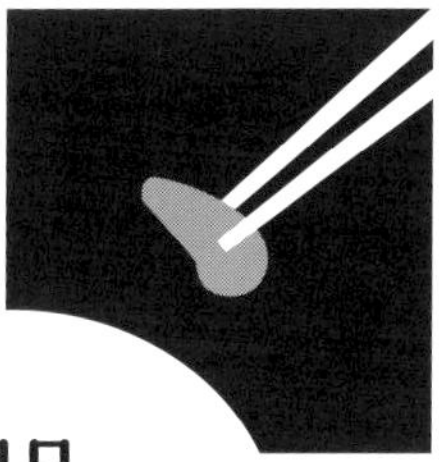

器と盛り付け

はじめに

近年、世界の料理界は日本食ブームのようで、日本料理レストランなるものが盛んに外国人の舌をうならせる時代になりました。このような傾向は以前からありましたが、おいしさを理解することより、健康的な料理の追求が先行していたように思います。しかし、昨今では寿司、てんぷらと同じようにｋａｉｓｅｋｉが広く知られ、さらに各国特有の素材や食文化にアレンジされた「新日本料理」といえるようなものまでが出現し、世界で通用するようになってきました。

ただ、我々日本料理の料理人が忘れてはならないことがあります。それは、日本料理は歴史や地理的な要因に加え、最大の特長である季節の材料を調理し、器の中に四季の移ろいを表現するということです。加えて、赤・黄・緑・白・黒の五色を中心とした色彩の豊かさがあり、見る・聞く・嗅ぐ・触れる・味わうといった五感を刺激し、酒とのコラボレーションを計り、料理の着物というべき器との釣り合いやその機能性を考慮して総合的に作り上げられる、非常に完成度の高い料理であるということも理解してほしいのです。

当然のことながら、でき上がった料理は器に盛り入れますが、これを「盛り付けをする」と表現します。よりおいしそうに美しく、食べやすさを考えることが重要です。盛り付けというものは、最終的には、人それぞれが持ち合わせる感性や創意工夫によってなされるものです。しかし、日本の食文化の中で長きに渡って培われた食事形式、様々な形態の器や箸で食べる様式をなおざりにしてはいけません。まずは盛り付けの基礎である形や型、姿をマスターした上で、新しい要素を取り入れる柔軟性を備えることが、良き伝統を崩すことなく世界に通ずる日本料理を作り上げることにつながるでしょう。このようなことを念頭において本書を書き上げました。

最後になりましたが、本書製作にあたって数多くの器の貸与と共に貴重なアドバイスをくださった「林漆器店」の川本一雄様、表現したい料理の盛り付けを分かりやすく、また大変美しく撮影してくださったカメラマンの髙橋栄一さんと高島不二男さん、すばらしい編集をしてくださった柴田書店の長澤麻美さん、そして、我々の読みづらい原稿を校正し、整理をしてくれた辻静雄料理教育研究所の重松麻希さん、膨大な数の食材を仕込んで料理を作り上げてくれた日本料理の担当職員達に心より感謝致します。

二〇〇八年十一月

辻調理師専門学校　日本料理研究室

畑　耕一郎

目次

【盛り付けの基礎知識】

●盛り付けを楽しもう　76

【月別の料理を盛り付ける】

撮影＝髙橋栄一、高島不二男

ＡＤ＋デザイン＝片岡修一、関口佳香里（PULL/PUSH）

編集＝長澤麻美

凡例

●日本料理で献立を書く場合は、一つのコースの中で文字配分や字面を考え、漢字・ひらがな・カタカナ、また、当て字などを好みによって自由に使用します。今回はこの考え方にのっとり、あえて料理名ごと、献立ごとに表記方法を変えました。

●器の名前は、器の作家・販売する店・所蔵者などによってつけられるものです。本書では、学校所蔵の器以外に、拝借したものも掲載しましたので、器名の表記は統一しておりません。

●レシピの材料のうち、塩、酒、酢、揚げ油、重曹など分量外のものは省略しています。

器の基礎知識

焼き物

日本料理に用いる器の種類

◎焼き物とは

焼き物とは、粘土や石を粉砕した粉末に水を加えて練り上げた素地を、手や轆轤《ろくろ》、形抜きなどで皿形、鉢、坪形などに成形をし、火熱を加えて作った器物の総称です。

一般的には「せともの」や「からつもの」などの産地による名称が有名ですが、日本ではこのほか、絵付けの手法や制作者の名で呼ばれることも多いです。ここでは、最も基本的な分類である土器、陶器、炻器、磁器といった焼き方による分類と、産地や手法別の分類に、用途別の説明を加えてみました。

焼き物の種類 1

[焼き方による分類]

赤土盃（左）／赤土焙烙皿

1 土器

焼き物の中で最も原始的なものといえます。粘土を八〇〇℃前後の低温で焼成したものです。表面に釉薬《ゆうやく》がかかっていないことが特徴で、吸水性が高いので食器としての利用は少ないです。料理店でも、儀式的な乾杯用として使われる「かわらけ」や、焼き物を多人数盛りで提供するのに用いる焙烙《ほうらく》として使用する程度です。たたくと鈍い濁った音がするのが特徴です。

2 陶器

粘土を主とする素地で成形し、焼成温度は一〇〇〇〜一三〇〇℃で、多少の吸水性があり、釉薬をかけるものと無釉のものとがあります。通称「土もの」と呼ばれ、日本では五世紀頃から作られはじめ、桃山時代の茶器ブームの影響で名品が多数生まれました。軽くたたくと濁った「ぼてぼて」とした音がするのが特徴です。唐津焼、美濃焼、萩焼などが代表です。

織部釉丸小皿(左)／金彩木の葉皿

3 炻器《せっき》（焼き締め）

粘土を成形して一二〇〇〜一三〇〇℃の高温で長時間焼成することで石のような固さになることから、通称「焼き締め」と呼ばれます。たたくと澄んで響く堅い音がします。薪から生じる灰が作用して自然の釉薬になることはありますが、原則として釉薬を使用しないで焼いた陶器を「炻器」と呼んでいます。信楽焼、伊賀焼、備前焼、常滑焼などが代表です。

三方なぶり南蛮皿(左)／炭化片口向付

4 磁器

白色粘土に長石、珪石、陶石の粉末を加えた素地で一三〇〇〜一四〇〇℃の高温で焼きます。素焼きの段階でも吸水性は少なく、白地で強度が高いので、通称「石もの」と呼ばれます。たたくと「ぴんぴん」とした金属音がするのが特徴です。通常は白地を生かして絵付けをし、釉薬をかけます。日本では、一七世紀の前期に帰化朝鮮人が伝えたことにはじまります。有田焼、九谷焼、波佐見焼が代表です。

竹泉四方角入皿(左)／蘭絵蓋茶碗

産地や手法による分類

1 有田（産地）——古伊万里、柿右衛門など

日本の焼き物を大別すると陶器と磁器の二つになりますが、陶器の本格的生産は愛知県の瀬戸で、磁器は、佐賀県の有田が発祥地といえます。その技術は、豊臣秀吉の朝鮮出兵（文禄・慶長の役）の際、鍋島氏が日本に連れ帰った朝鮮の陶工「李参平《りさんぺい》」を代表とする人々によって伝えられたとされ、有田泉山で原料の白磁鉱が発見されたことで、日本における磁器生産の歴史がはじまりました。一六〇〇年代後半にはオランダとの貿易によって遠くヨーロッパに大量に輸出され、ドイツのマイセン窯やオランダのデルフト窯などに大きな影響を与えました。江戸時代を通じて貿易の際には、伊万里港から荷積みされたので有田周辺の焼き物を伊万里焼とも称します。

まずは、呉須《ごす》（酸化コバルト）を含んだ顔料で白素地に絵付けをして透明な釉薬をかけた染付けが登場しましたが、初代・酒井田柿右衛門が考案した赤色絵の具の焼き付けによって赤絵、色絵磁器が有田周辺におこり、現在に受け継がれています。

素地が白なので、色彩豊かな絵付けをするのが特徴です。そのため料理を華やかに演出できますが、反面、素材の色合いを打ち消す心配もあります。

赤絵格子魚紋鉢（上）
柿右衛門絵皿

2 唐津（産地）

唐津焼も有田焼同様、朝鮮人の陶工によって開かれ、盛んになったといわれています。しかし、それ以前にも、朝鮮や中国との交流が盛んに行われていたので、焼き物は焼かれていました。東日本の「せともの」と並んで「からつもの」と呼ばれ、唐津焼を含む肥前一帯の焼き物は、日本全国の日常使いの食器の代名詞として有名でした。

雑器を中心に生産されたので、華やかさや繊細さはないのですが、李朝風の落ち着いた色に酸化鉄で絵付けされた色合いが、侘び、寂びを重んじる日本人の好みに合ったようです。かまどで燃やした灰を原料とする釉薬が、厚くかけられているのが特徴です。

写真左の半掛片口向付は、藁灰の釉薬と鉄釉薬をかけ分け、黒い飴色と灰白色の二色が微妙に交じり合った自然な色合いや模様の部分が特徴です。このほかに、絵唐津や三島唐津があります。

唐津焼は地味な色合いで華やかさには欠けますが、逆に普段着のままの素朴な風合いが、料理食材の持つ鮮やかな色合いを引き立てる力を持っています。

唐津写千鳥絵向付（右）
半掛片口向付

3 備前（産地）

備前焼は信楽、越前、常滑、瀬戸、丹波と共に日本六古窯の一つです。焼き物の分類では「炻器」に属し、通常は「焼き締め」と称されます。鉄分の多い土を用いた独特の赤褐色や黒褐色の色合いのため、壷やすり鉢としての利用が主でしたが、中世室町時代には侘び、寂びの趣があるとして茶陶の地位を確立しました。以来、多くの名品を生み出しています。

備前焼の特徴は粗いとも思える地肌の感触と、器の内側にある丸い形の「ぼたもち」と呼ばれる模様です。これは、窯に多くの皿や鉢を効率よく収めたり、密着を防いだりするため、皿の間に徳利などの小物を挟み、積み重ねて焼き上げたとき、地肌の色合いを残した丸い模様ができたことにはじまります。また「火襷《ひだすき》」と呼ばれるたすき状の模様もあります。これは作品の間隔を空けるために挟んだアルカリ性の藁と、酸性の素地と、炎の生み出した芸術です。

素地が地味な単色のせいもあり、料理素材の色合いが生かせる器で、厚みもあるのでほんわかとした温かさがあります。使用にあたっては、あらかじめ全体を水に浸したり、霧を吹いたりして、しっとり感を持たせると、生き生きとした味わいが出てきます。水に浸した後は水滴が落ちないよう、しっかりと拭いて用います。

古備前透し手鉢

4 信楽・伊賀（産地）

信楽焼は前出の備前焼と同じく、日本六古窯の一つで平安時代末期から鎌倉時代初期にかけて農家で使用する種壷、すり鉢などを中心に生産をはじめました。一時期は茶陶器作りを手がけますが、江戸時代末期には農家向けだけでなく、一般家庭向けの日常使いの雑器の生産が増え、現在の信楽焼の基盤となりました。

今日では名産品の狸のほか、食器、植木鉢、花器やタイルなどを量産しています。赤の色合いを中心にした信楽焼は、形には大きな変化はありませんが、オーソドックスなものゆえに飽きの来ない、焼き締め独特の肌合いと焼き色の濃淡が特徴です。

一方、伊賀焼は時代的にも製品作りの過程も信楽焼と同じような変遷を辿って今日に至っています。現在では機能的にも、デザイン的にも優れた土鍋を中心に制作しています。

信楽は滋賀県、伊賀は三重県と地名は異なってはいますが、隣接した地域で生活のすべてにおいての交流が行われていたので昔の作品によってはどちらのものとは判別不可能なものもあります。

信楽反型深鍋

信楽ぐい呑み（小）／信楽ぐい呑み（大）

5 瀬戸（産地）

瀬戸は日本の焼き物のふるさととして、また西日本の「からつもの」に対する東日本の「せともの」として有名です。粘土を焼いただけの土器は強度もなく、水が漏れることもありますが、四世紀後半頃から高温焼成と轆轤技術が中国から伝わり、現在の大阪近郊で水漏れがない須恵器が生産されました。その後八世紀に窯は瀬戸近くの猿投《さなげ》に移り、九世紀頃植物の灰を釉薬にしたものが誕生したとされ、室町、安土桃山時代には茶道具として大いに栄えます。江戸の文化時代には有田磁器の手法をも加えて陶器、磁器の両方を生産するに至り、陶磁器の代名詞である「せともの」が誕生します。瀬戸焼の原点は先にも述べたように灰釉を施したもので、落ち着いた色調が特徴です。また、有田や京都とは違った簡素な絵付けの染付けも特徴の一つです。

染付網目絵丸皿

6 美濃（産地）――志野、黄瀬戸、織部

志野角皿（上）
輪花黄瀬戸菊彫向付（右）
織部分銅型向付（左）

室町、安土桃山時代に、戦火を逃れて瀬戸から美濃に移った陶工が、苦心、努力の結果、中国や朝鮮の真似とは違う志野、黄瀬戸、織部といった独自の焼き物を完成させたとされます。古来から美濃と瀬戸とは交流があり、狭義では、黄瀬戸、志野、織部などを焼いた室町末～桃山以降の陶器を美濃焼といいます。志野は白色の長石釉が分厚く表面を覆って黄柚子の皮を連想させるような肌合いが特徴です。白釉薬の無地もの、鉄分の多い釉薬で絵付けをした絵志野、鼠の毛色を連想させる色合いの鼠志野などがありますが、いずれの場合も、料理が盛り映えする色合いや形が多いです。

黄瀬戸はもともと中国青磁の模倣ではじめたもののようですが、焼成の違いから黄色基調の色合いが偶然に生まれたものだといわれています。その柔らかな黄色が温かさをかもし出しています。特徴的なデザインは、輪花《りんか》と呼ばれる周囲に花弁を思わせる切り込みを入れたものに、竹べらで花模様などを刻み、各所に銅釉で緑色のアクセントを施します。全体の形はシンプルなので盛り付けやすく、また色も黄色の基調が温かさを十分に与えますから、煮物や焼き物には最適の器です。

織部焼は、桃山から江戸期にかけて美濃陶工に影響を与えた千利休の高弟で武将の古田織部正重然《ふるたおりべのかみしげなり》の名に由来します。なんといっても一番の特徴は土灰釉に銅緑釉を混ぜた釉薬を施した鮮やかな青緑色で、鉄釉と組み合わせた青織部、全体にかけ流した総織部が有名ですが、ほかにも、白い土と赤い土を組み合わせて黒釉薬を施した鳴海織部、黒釉薬を施した黒織部などがあります。形も志野、黄瀬戸に比べると千差万別とでもいうのでしょうか、四角形のものはもとより、扇面、隅切《すみき》り、足付き、手付き、蓋付きと変化に富んでいるため、あらゆる料理に対応できる特徴を持っています。

7 赤絵（手法）

福禄寿赤絵鉢

陶磁器に透明釉薬をかけて焼いた上に、赤い絵の具で絵付けをし、再び焼き上げたものをいいますが、赤色だけでなく、緑、青、黄などの色も配するので、色絵とも呼ばれます。もとは中国の発祥といわれます。有田の初代酒井田柿右衛門が中国人の陶工より学び、古伊万里、鍋島はもとより京都、九谷にも伝わったとされますが、ほかに、京都あるいは古九谷が先という説もあります。華麗で美しい色合いのため、料理素材との兼ね合いがむずかしいことは事実ですが、ハレの日の盛り付けにはまたとない器といっても過言ではありません。色目の多い食材を盛り付けると基本的に器との色調の類似が多く、お互いが主張できないので、単色素材が最適でしょう。

8 粉《こ》引《ひ》き（手法）

御本三島彫舟形長皿

もとは朝鮮から伝わった技法です。素地の表面に白色の釉薬をかけたものです。白釉が粉を引いたように見えることから「粉引き」といわれ、刷毛目や、櫛目の模様をつけたものがあります。また、粉が吹いているように見えることから「粉吹き」ともいわれます。

いずれにしても色目がなく、シンプルな模様が特徴であるので、盛り付けた料理の色を損なうことがなく、扱いやすい器です。

9 染付け（手法）

永寿染付中皿（右）
吉字吹墨角小皿

染付けは、白色の素地に天然の酸化コバルトである呉須で絵を描き、その上から透明な釉薬をかけて焼成したもので、美しい藍色が特徴です。明治時代以降は純度の高い酸化コバルトを輸入することとなり、安価で均一な製品ができるようになりましたが、反面、色合いは画一的になりがちです。天然呉須を用いることで微妙な色調に変化するおもしろさがあります。素地は二種類あって有色粘土を焼成した陶器の場合は少しくすんだ感じの仕上がりになり、白色粘土に長石や陶石の粉末を混ぜて焼成した磁器の場合は純白の白さに藍色がはっきりと出ますが、いずれも料理食材の彩りを損なうことがありません。日本人の好みの第一である、清潔感、清楚感を持つので人気があります。

10 京都（産地）

京焼は他の地方の焼き物とは一風変わっています。多くの焼き物の産地では、その地域ならではの技法、素地質を特徴としていますが、京焼は色々な地方の特徴ある技法を吸収、消化しています。加えて、多種多様な絵付けや模様などに特徴ある人工美があります。京焼が大きく発展したのは、一七世紀のはじめ、瀬戸の陶工が粟田口《あわたぐち》で粟田焼をはじめ、野々村仁清《にんせい》が清水焼の元祖といえる産寧坂《さんねいざか》に窯を開いたこととといわれます。以来、野々村仁清、尾形乾山《けんざん》、青木木米《もくべい》などの日本三大陶工が生まれる土壌が育まれました。

京焼の大きな特徴といえば、一地域で数多くの多彩な器を作り上げたことでしょう。中国や朝鮮風の染付け、金襴手《きんらんで》、青磁、白磁、三島のほか東南アジアの交趾《こうち》はもとより瀬戸、唐津、信楽、伊賀、美濃など、国内のあらゆる焼き物技法を踏襲した器を生産しています。

扇面型牡丹絵向付（右）
赤絵四君子角入炊合

11 楽（産地／手法）

京都にありながら京焼に含めないのが楽焼です。京都の陶家である楽家代々の作品、及び、これと同じような手捏《こ》ねで作る軟質陶器の総称です。楽家初代の長次郎が秀吉の命で聚楽第で製陶したので、聚楽焼と称していましたが、二代目常慶《じょうけい》が楽の字を拝領してからは楽焼の名称でよばれるようになりました。

旦入蓋向付

12 白磁《はくじ》、青磁《せいじ》、青白磁《せいはくじ》（手法）

白磁は白素地に透明の釉薬をかけ、青磁は青色を帯びた釉薬をかけて焼いたものです。青磁は釉薬に含まれる鉄分の作用で青緑色や黄色みを帯びた青色になります。青白磁は白素地に、淡い色合いの透明釉薬をかけたもので、白磁と青磁の中間とでもいう色合いになります。特に青白磁は、花などの型を押し付けたり、刃物で模様を刻んでから釉薬をかけたりすると、釉薬が残る厚さの加減で模様が浮き上がる技法があり、影青《いんちん》といわれます。

三種類とも人気のある器ですが、柔らかな色合いの青白磁は、白身魚の薄造りや和え物、また夏の時期には酒肴を盛り合わせる「八寸」などに向き、涼しげな印象を与えるので日本人好みといえます。

白磁輪花皿（上）
青磁牡丹彫り皿

九谷角切り向付

13 九谷《くたに》（産地）

九谷焼は色絵磁器の代表の一つで、古九谷に見られる緑、黄、紫の三本柱といえる色を中心に、赤、紺青を加えた五色の五彩手《ごさいで》と呼ばれる絵付けが特徴です。同じ絵付けでも明るい印象の有田焼に比べると、落ち着いた深みのある色調といえるでしょう。現在は華やかな色合いで細い線で描いた密画に金彩を施したものが一般的には多く見られますが、本来の落ち着いた感じで実用的な、しかもモダンな感じの作品もみられます。器の色調にとらわれず、単色系統の料理をずばっと盛るのもいいかもしれません。

焼き物の形態いろいろ

日本料理では、他の国の料理で見られないような様々な形態の器を使用することが、一つの特徴にさえなっています。料理そのものだけでなく、器と料理の一体感で、季節、温かさ、涼しさ、清潔さ、慶事などを表わすことがあります。ここでは一般的に用いられる器を形態別に説明します。

1 向付け、小鉢

　懐石では、折敷（足のない平膳）にご飯、汁に加えて、「向付け」や「向こう」と称する料理が出されます。向付けの調理法の多くは、魚介類をなますや昆布締めにしたものや、和え物などを手にのりきるサイズの器に盛り付けたものです。折敷の手前にご飯と汁をおき、向こう側に配されるので、この名称があります。盛り付ける器も同じ「向付け」や「向こう」の名称で呼ばれますが、盛り付ける料理の性質上、その器はやや深みがあったり、小さな鉢状であったりするものが多いので、一般的には小鉢とも呼ばれます。写真①は扇が半ば開いた形の明末時代の染付け、美濃焼の代表ともいえる織部焼です。通常の造り、あるいは少量のなます類を盛るのには最適の器です。また、写真②の九谷焼と赤絵の典型的な小鉢は、和え物、浸し物にピッタリです。

　日本料理は手に持てるサイズを基本に器を選びます。よって、食材の変化、季節、趣向、彩りを考えて数多く取り揃えたいものです。

古染付扇向付（右）
織部亀甲向付

天啓赤絵猪口向付（右）
九谷猪口向付

2 皿もの（大きさ）
―豆皿、小皿、中皿、大皿

　皿類に盛り付ける料理の種類が多いのは、改めていうまでもないことでしょう。しかし、日本料理はことのほか、でき上がった料理と器のバランス（余白、形、色合い）にこだわるので、細かい分類があります。まず、豆皿とか薬味皿と呼ばれる直径が５㎝ほどの皿は、薬味だけでなくレモン、すだちの類い、一口サイズの酒肴、珍味または塩皿として利用します。また、盆状の器の上に並べ、酒肴の組み合わせである「八寸」として用いる趣向にしてもおもしろいものです。写真①では小菊を配した粉引き豆皿、蛸の足に似た模様の染付け豆皿、形に変化があるものとして、琵琶形の染付け豆皿を紹介しています。

　次に小皿と中皿です。これらは、小さい皿、中くらいの皿という意味ですが、明確な寸法で示すことはないので、判断はむずかしいものです。しかし、おおよそ三寸（約９㎝）～七寸（約21㎝）程度の皿を指しています。盛り付けには重宝する器で、ほとんどの料理はこの寸法で無理なく収められますが、取り分け用の皿としても使いやすいサイズです。写真②の左の小皿は鉄絵の誰《たが》

乾山写絵替土器皿（右）
団子絵誰袖小皿

蛸唐草絵小皿（奥）
染付びわ型小皿（中）
白刷毛目万寿菊絵小皿

袖《そで》形ですが、シンプルな形と色合いで、どんなものでも盛り付けられ、取り皿としてもよいでしょう。また、丸形の皿は乾山の絵変わりの皿で、京焼らしく、絵付けが美しいので、まずは食べ手に器そのものの美しさを見せ、次に料理を取り分けて様子の変化を見るというように、異なる表情を二度味わってもらえる器です。

　最後は大皿の類いです。すべての料理を一人前の小皿、中皿で提供するのでは、いくら盛り方に工夫を凝らしても、ある程度形式が限られますから、ついつい型通りになってしまいがちです。お客様が複数なら、大皿で取り分けにするのも一つの方法です。大皿盛りは余白が取りやすく、料理の高低を出すこともでき、彩りも豊富になり、インパクトも強くなります。取り分けのときには、食材や調理法の説明だけでなく、大きな器が話題となり、宴を賑わすことでしょう。

伊賀緋色四方皿

3 皿もの（形）

　皿類の大きさについては前項で述べましたが、形について少し触れてみましょう。器は轆轤で生産することが多いので、必然的に丸が基本となるのですが、日本料理の盛り付けは、形によって様々なこと（季節感、温度差、祝儀など）を表現する場合が少なくありません。基本の一端を述べると、盛り付ける料理の形が直線的な角形の場合は丸形の皿、逆に、切り口が丸や曲線を描いている料理には、四角や六角などの角形のものをよしとします。これは、陰陽五行説の影響です。料理の味は器がいかなる形のものであっても変わることはありませんが、直線美の「陰」に対し、曲線を持ち味として温かさを表現する「陽」を組み合わせることで、陰陽のバランスが取れてよいとするのです。したがって、皿類のように平たくて機能の点では同じなのに、色々な形の皿を揃える必要が出てきます。

　写真①の丸皿は温かく見える粉引き皿と、包丁仕事の冴えを伝えられる染付け網目皿です。粉引き皿には、角《かく》切りの豆腐田楽が、染付け網目皿には、薄造りやそぎ造りなどがよいでしょう。写真②の轆轤でひいた丸皿の縁を六角形にした織部皿は、中まで醤油味の染み込んだ輪切り大根のおでんがピッタリだし、小振りのかぼちゃをそのまま釜にしたグラタンには、真四角の土色そのままの焼き締め皿が温かさを演出してくれそうです。

　以上が形のごく基本ですが、日本料理では、写真③のように、縁に花弁の形を模した青磁の輪花皿や、周囲に八個の丸い透かしを入れるだけで涼しさや軽快さが一層強調された白磁のシンプルな丸皿などもあります。写真④の九谷焼の菊絵皿は花そのものが器だと感じられるようで、魚形の染付けは生き生きとした魚の動きが感じられ、青芦葉の皿は夏の水辺を思わせるような効果があります。

　日本料理の器の形は、洗いにくい、収納が不便などあまり合理的とはいえませんが、その変化に富む形こそが、食材と一体化し、料理のおいしさの表現に貢献しているといえるのです。

1

2

3

4

①御本手丸皿（右）
染付網目絵丸皿
②織部削彫六角皿（右）
南蛮葵型皿
③白磁銀彩透し入丸皿（右）
輪花青磁皿
④乾山写万寿菊絵皿（奥）
染付魚型向付（中）
青交趾芦葉皿

4 鉢もの（大きさ）――大鉢、中鉢、平鉢、深鉢

比較的小さな器に一人前を盛り付けることが多い日本料理において、鉢ものは、大皿同様に盛り付けに変化を持たせることができます。特に、会席料理のコースを提供する場合、料理数は七品から八品を考えなくてはならないのですが、すべての料理が手に持てる器に盛られ、単純に箸をつけるだけでは、料理を器から口へ運ぶ単調な作業の繰り返しになり、変化も驚きもなく、淡々とした進行になってしまいます。そこで、焼いた物や煮た物といった料理、または、八寸のように酒肴を組み合わせた料理は、会食するテーブル（席）の人数に合わせて複数盛りにすると、一人前では演出できない迫力ある、彩り豊かな盛り付けとなります。同時に大形の器の鑑賞もでき、また、大皿に盛り付けた料理と同様に、銘々に取り分けをすることやサービスを受けることで宴が盛り上がること請け合いです。

直径や深さの寸法によって、器の大小が厳密に決まっているわけではありません。比較的食材が大きい焼き物で汁気がないものは、見込み部分（内側の面積）が大きくて平らなものが適し、たき合わせ（煮た物）やあんかけなどの料理の場合は、深さがあって煮汁もすくいやすい深鉢が便利です。

ここで紹介している大鉢（①）は、織部釉円鉢ですが、落ち着いた色合いを生かし、単色の焼き魚や紙かいしきを敷いて揚げ物を盛り上げたり、彩り豊かな寿司を盛り付けたりすると、料理が映えるでしょう。

中鉢（②）は露芝を描いたものです。丸形の小さな透かしが、すがすがしさを表現していますから、夏向きの冷たい野菜の煮物などにピッタリですし、かき氷などを敷き詰めて新鮮な造りの複数盛りに用いると、豪華さと清涼感が表現できます。

平鉢（③）は代表的な黄瀬戸のどら鉢で、温かい色合いと見込みの広さが特徴です。大振りの焼き魚や茄子田楽などの形が生かせます。

最後は仁清写しのひねり深鉢（④）です。模様が全面にあって細かな色使いなので、単色野菜の煮物が一番でしょう。あえて例を挙げるなら、筍を煮た物だけを盛り上げ、たっぷりの木の芽を天盛りにしたら最高の取り合わせでしょう。深いことを生かし、青味野菜の和え物や浸し物にも使えます。

①織部釉円鉢
②露芝鉢

③黄瀬戸どら鉢
④仁清写ひねり深鉢

5 鉢もの（形）——手付き鉢

日本料理の器は単に料理をおくものではありません。このことをはっきりと感じさせるのが、手付きの器です。皿や鉢に、弓形や半円球形の弦《つる》をつけた手提げ状で、収納が面倒で重ねることができない、洗いにくい、盛り付けがしにくいなど、実用面では不便さが先に立つ器ではありますが、この何気ないデザインが料理に変化とボリュームを与える役割をします。弦を正対に見たり、やや斜めにおいたりすることだけで全体に動きが出てくる不思議さえあります。

写真の手付き鉢は朝鮮唐津です。釉薬のかけ分けで混ざり合った微妙な色具合いがおもしろく、複数の焼き物や揚げ物に向くだけでなく、シンプルに卵焼きを盛り付けて青竹の取り箸を組み合わせるだけで、楚々とした美しさが生まれます。この種の器は、主に、焼き物を複数人数分盛り付け、取り分けをする場合に用いられますが、酒肴を盛り付けたり、時には、点心弁当を縁高の変わりとして盛ったりしても、変化があって趣向のおもしろさが感じられます。

扱いの注意点としては、絶対に弦部分だけを持つことなく、底部に左手を添えるか、両手で底全体を受けるようにして持ち運び、サービスをしなければなりません。

手付飴釉半掛鉢

6 蓋茶碗

欧米では蓋付きの器での料理提供はあまりなじみがありませんが、日本料理では煮物、蒸し物などのように温かく提供したい料理の多くには、湯気を逃がさず、温度を保てる蓋付きの碗を用います。この器の特徴は、保温性に優れるというのが一番ですが、お客様自身が「何の料理かな、どんな素材かな」と、蓋を開けるまで、楽しみや期待感が持てるだけでなく、蓋の絵柄や色彩で季節を味わったり、器自体を愛でたりすることもできます。

写真の金襴手で少しの深みがあるものと、染付けのやや平形で見込み部分が広いものは、大振りの素材でも盛り付けやすいです。一番小振りのものは手のひらサイズで、空豆やえんどう豆などの形の小さな煮物などに最適です。

白磁染付龍絵むし碗（奥）
赤絵瓔珞紋炊合（右）
仁清磁能絵小茶碗

【季節の形、祝儀の形】

①古染付竹の子形向付（奥）
仁清磁花筏絵丸皿
②紫交趾茄子型向付（奥）
仁清磁団扇型朝顔絵皿
③紫交趾菊葉向付（奥）
もみじ型水絵小皿
④水仙透し向付（奥）
雪笹絵小判型向付
⑤黄交趾熨斗向付（奥）
鶴型向付
⑥錦おしどり珍味入（奥・右）
仁清磁お多福珍味入

日本という国は、四つの季節が明確に区別できる風土で文化が発達してきたので、日本料理は季節を盛り込んで表現するのが特徴であるということは前にも述べた通りです。その季節感を表現する役割の多くを器が担っています。他国の料理では、季節の食材が形を変え、適切な調理をされ、多くはプレート状の皿に配置されます。

日本料理でも、旬の食材を使った料理が中心ではありますが、さらに、季節の木や花の移り変わり、季節ごとの行事、催事や節会のならいを料理の中に表現し、盛り込むことが日本料理独特の四季表現なのです。

写真①の筍形の向付けは、筍という春を代表する食材の形というだけでなく、筍が繁栄、成長の象徴でもあることも意識した、春のみ使用する器です。同じ春でも花《はな》筏《いかだ》の皿は、桜の花の咲きはじめから散りはじめるまでのわずかな期間だけ使用できる器です。夏の器としては、写真②のような団扇《うちわ》に朝顔絵の皿や、夏野菜の代表である茄子を象った蓋物があります。秋の器には、写真③のような紅葉の盛りを表した赤色の楓の皿、菊葉の向付けなどがあり、冬の器には、写真④のような笹葉に初雪を思わせる雪笹の絵柄のものや、寒い時期に満開となる水仙の絵が施された猪口《ちょく》形の深向付けなどがあります。これら、季節限定の器を上手に組み合わせて用いると、器を見るだけでも存分に季節を味わえます。

また、四季の移り変わりと同じく、祝儀を表わした器もあります。お祝い事には、海老、鯛、蟹など紅白の色合いの食材を用いた料理を作ることが多いのですが、盛り込む器にも、適した形や絵柄を活用します。写真⑤⑥の器は、長寿、健康のいわれのある熨斗《のし》鮑を末広がりに束ねた形のもの、鶴が巣篭もる形の向付け、珍味入れとして、仲良い夫婦の象徴であるおしどりの形のもの、幸福の象徴であるお多福の顔のものです。このほかにも、紅白、金銀、鶴亀、松竹梅などを象った器が多く見られます。

日本料理に用いる器の種類

漆器

◎漆器とは

漆《うるし》科の樹木からとれる樹液を木地に施した器のこと。漆は日本、中国、朝鮮、台湾、ベトナムなどの国々で生産されている東洋が誇る特産品です。

欧米の人々には漆工芸は日本独特のものと映ったのでしょうか。英語では「ｊａｐａｎ」と呼ばれています。漆の歴史は古く、縄文時代や弥生時代には漆を全面に塗った櫛、椀、弓などが使われていたようです。しかも、これらは漆の皮膜部分が腐食せずに残っており、美しいだけでなく、堅牢であることの証明にもなります。こういった特性を生かし、鎧や兜、木造船の船底、釣り竿の塗料としても用いられていたようです。

漆は薄く塗り重ねることで強く、研き上げることで光沢が増し、しかも酸やアルカリ、熱にも強く、顔料を混ぜることで黒、朱、黄、緑、赤茶の色を使い分けられることから、食器としての地位を確立しました。

日本全国に漆工芸品、漆器の産地が多くありますが、代表的なものをいくつか挙げ、その特徴を紹介します。

漆器の種類 1

[産地による分類]

1 輪島

漆器といえば、まず誰もが思い浮かべる産地でしょう。石川県能登半島の突端にある現輪島市の地名が名称となっています。粘土を焼き、粉末にした地の粉と呼ばれる土を生漆に混ぜて木地の欅《けやき》に塗ることが特徴で、堅牢さが増し、その後、漆を何回も塗り重ねることで独特の光沢が生まれます。蒔絵や沈金などの技法が代表で、完成までには一〇〇以上もの工程があるといわれます。

輪島塗芦辺蒔絵時代椀

2 山中

山中塗りの技術は越前の挽物師《ひきものし》が大聖寺川上流に来たことにはじまるとされ、その後、山中温泉からの需要に応じて発展したといわれています。轆轤でひく丸物漆器が代表で、木地に朱漆を塗り、仕上げに半透明な飴色漆を塗ることを特徴としましたが、京都、金沢などから蒔絵技法なども伝承しています。

木地呂秋草絵煮物椀

3 京都

京都は室町時代以降栄えた茶の湯文化と共に漆器生産の中心となりました。他の産地には見られない侘び、寂びの味わいを備え、高級品を主に茶道具、食器、家具調度品が生産されています。江戸時代には、尾形光琳や本阿弥光悦が豪華さと繊細さを併せ持つ意匠を残しました。京塗り、京蒔絵とも呼ばれる京漆器は、雅なデザイン、丈夫さ、平面の光沢、角の切立の美しさなどが特徴です。

鶴亀蒔絵煮物椀

4 春慶《しゅんけい》

春慶塗りは現在の岐阜高山の飛騨春慶と秋田能代《のしろ》の能代春慶が有名で、いずれもその特徴はベンガラやくちなしで色付けした木地に、透明度の高い透漆《すきうるし》を塗ることで木目の美しさを表現する手法です。時を経ることで自然に色合いに深みが出て落ち着きが増します。作品には盆、重箱、縁高弁当、菓子鉢、茶托などがあり、食器は多種多様です。

春慶大徳寺縁高

5 根来《ねごろ》

もとは、現在の和歌山県、根来にある真義真言宗の総本山の根来寺で、日常使いの什器として用いられていた漆器です。江戸時代には根来物と称したといわれています。黒漆を塗った上から朱漆を塗り、乾燥後に表面を研ぎ出し、黒漆の部分が所々に模様として現れることを特徴としています。しかし発祥は、技術として研いだのではなく長期間の使用で朱漆が擦り減って中の黒漆が模様になり、浮き出したと考えられています。

根来朱塗大皿

漆器の種類 2

手法による分類

1 漆絵

漆に顔料を混ぜて色付けした彩《いろ》漆《うるし》で絵を描いたもののことです。また、漆で絵を描いたものの上に色粉を蒔《ま》いたものもこういいます。

青もみじ吸物椀（奥）
二色独楽吸物椀

2 蒔絵《まきえ》

漆の技法は中国から伝わったものですが、蒔絵の技法は平安時代に発達した日本の技法です。乾いた漆面に漆で模様を描き、乾かぬうちに金、銀、錫などの粉を蒔き、乾いてから磨いて模様を表わす手法です。粉の蒔き方の増減によって「ぼかし」が生まれることが蒔絵技法の特徴です。

四季蒔絵大徳寺盆

3 螺鈿《らでん》

本来「螺」は巻貝のこと。「鈿」は貝をちりばめた細工のことです。夜光貝、鮑、白蝶貝などの内側の真珠色に光る部分で形を取り、漆地や木地にはめ込み模様をつける技法です。はめ込んだ貝類に更に彫刻を施して、より細かな模様を表現することもあります。貝に限らず、鼈甲《べっこう》や金属（金、銀など）を用いる手法もあります。

金彩螺鈿重箱

4 沈金《ちんきん》

漆を施した面に、彫刻刀やのみで模様を彫り、その溝の部分に漆を塗り込んで、乾かぬうちに金箔、銀箔や色粉を施し、線や点の美しさを表現する手法です。

輪島塗黒若松沈金絵丸盆

5 一閑張《いっかんばり》（一貫張）

木型に紙や糊、漆を塗り重ねて素地の形を作り、その上に漆を塗り重ねたもの。写真奥は、竹で編んだ籠状のものに和紙を貼り、その上から防水効果のある柿渋を塗ったものですが、更に赤色顔料のベンガラや漆を塗り重ねたものもあります。いずれも、堅牢で防水性が高く、しかも軽いことが特徴です。名の由来は諸説あり、号名を一閑居士《いっかんこじ》とする武野紹鴎《たけのじょうおう》が発明したとも、江戸時代に明から渡来した飛来《ひき》一閑が考案したともいわれます。

防水効果があるとされてはいますが、他の漆器に比べるとやはり弱いので、盛り付けの際は水分の多い料理は避け、使用後は熱い湯でぬらして固く絞った布巾で拭き、その後、から拭きすることが長持ちさせる秘訣です。

和紙貼り小判型八寸盆（奥）
誰袖銘々皿

6 籃胎《らんたい》漆器

竹などで編んだ籠状のものです。隙間に漆と木屑などを合わせた練り物を詰めて乾燥させ、表面に漆を塗り重ねる手法で作ります。

籃胎網目籠

椀いろいろ

1 煮物椀

正式には、一汁三菜を基本の形とする懐石の中で、煮物椀と称する料理を盛るための椀のことです（①）。大振りの椀種でたっぷりの吸地を張って提供できる大きさが必要です。最近は会席料理の座付き吸物用としても用いることが多くなったので、四季に用いる絵柄のほか、一年を通して使えるものも揃えたいものです。

2 吸物椀、汁椀

吸物椀（②）は原則として、会席料理を中心とする日本料理全般の座付き吸物用です。中振りの椀で、吸地の容量は120～150cc程度です。汁椀はご飯と供することが多いので、通常は味噌汁を120cc程度入れられる小振りの椀が多いです。

①朱格子漆絵時代椀
②菊蒔絵吸物椀
③竹吸物椀

3 小吸物椀

本来小吸物は、懐石の中で、酒肴である「八寸」の前に少しのごく薄い吸地を提供し、新たな味覚で酒肴を味わわせるためのものです。椀は少量の吸物用で、50～70cc程度の容量です。会席料理では小振りなので汁椀として用いるほか、締め括りの抹茶の甘味用のぜんざいや葛きりの器として用いることもあります（③）。

4 大椀、平椀

この二種類の椀は、基本的には汁気が多いものには用いず、主に、煮た物（たき合わせ）用の器です。大椀は両手で持ち上げるほどの大きさで、複数人数分を盛り付けたり、蓋なしで「紙かいしき」をざっくり敷いて揚げ物を盛ったり、木の葉などの「青かいしき」を敷いて焼き物を盛ったりしても豪華でおもしろいでしょう。

赤口朱大椀（左）
黒平椀

5 飯椀

一般的に、ご飯茶碗には陶磁器製の器が使われることが多いのですが、懐石では、真塗り（黒塗り）の飯椀、汁椀が対になった四つ椀が用いられます。これにならい、会席料理でも、一品料理でも、家庭料理においても、漆器の椀を用いると趣が変わって、案外おもしろいものです。写真では黒と朱を紹介していますが、白いご飯が映えるよう、無地のものが無難でしょう。また、これらの椀は日常使いの汁椀としても利用できます。

輪島塗黒まり型汁椀（右）
輪島塗朱まり型汁椀

【その他の漆器】

1 折敷《おしき》

折敷とは料理をおく膳の役割をするものですが、もとは、白木のへぎに四方を折り曲げた縁をつけたものをいいます（①）。形としてはやや丸みのある四角や隅を切落とした隅《すみ》切りというものがあり、そもそもは神に供える神饌《しんせん》や食器をのせるのに用いたものです。これをもとに、懐石や会席料理でも漆塗りのものを折敷と称して用います。写真では白木のほかに、真塗りの丸形（②）と、杉の木目を生かした半月形（③）を紹介していますが、形、デザイン、色目は様々なので、季節や宴の目的に合わせて取り合わせたいものです。最近では、日本料理もテーブルでもてなすことが多くなり、ランチョンマットのようなものを用いても趣向としてはおもしろいでしょう。

①のこぎり目を入れ、縁を折り曲げた白木の折敷
②真塗丸形膳
③杉目半月膳

1

2

3

掻合塗朱大徳寺縁高

黒塗松花堂縁高

2 縁高《ふちだか》——大徳寺、松花堂

縁高とは文字通り四方に縁があり、蓋付きです。点心や寿司などを盛り付けて「……弁当」と称して利用されることが多く、中でも、写真にある大徳寺縁高（①）と松花堂縁高（②）は代表的です。大徳寺縁高は京都の大徳寺で行われた茶会の際、菓子入れに用いられたものがヒントになりました。一方、松花堂縁高は中が田の字形に四等分されているのが特徴で、松花堂昭乗が煙草盆、あるいは小物入れに用いていたであろう蓋なしの仕切り箱状のものをもとにして、初代「吉兆」主人によって弁当箱として考案されました。いずれも点心だけでなく、中に別の器やかいしきなどを入れ込んで、遊び心で演出できるので、利用範囲は広いものです。

高蒔絵入角重箱

3
重箱

重箱は食料の保管具として、室町時代に登場したと思われます。広く普及したのは江戸時代のようで、人々が物見遊山や芝居見物などの際、料理を盛り込んで持ち運びするのに便利だと重宝しました。また、お節料理に代表されるように作りおき料理の保管器として利用されました。正式には四季を表わす四段組で、補充用として五段目を重ねるものもあります。以前は料理屋が正月料理をお客自慢の重箱に詰めることもありましたが、現在では、既製品の一律の重箱に料理を詰めてそのまま販売することが多いです。本来の使い方ではないのですが、料理屋では、かき氷を敷き詰めて各段に刺身を盛り付け、取り分けスタイルとして用いたり、珍味を入れた香合《こうごう》などを盛り込んだりして豪華さもある趣向として使ってみたいものです。

また、家庭でお節料理を多くの量作ることが少なくなってきた現在では、行楽弁当や季節のおにぎりなどを盛り付けてみてもよいでしょう。

三つ足秋草絵盛器（奥）
黒羽子板盛皿

4
八寸皿

「八寸」とはなんとも不思議な名の器ですが、もとは懐石において山海の珍味（酒肴）を二種あるいは、時として三種を八寸（約24cm）四角の白木のへぎに盛り付けたことに由来します。つまり器の寸法からの名称です。会席料理でも様々に工夫を凝らした数種の酒肴をコース半ばで提供することがありますが、このとき用いる器を総じて八寸皿と呼びます。現在では四角、丸形にこだわらず、写真の正月の羽子板の形をしたもののように季節を表わすものや、絵柄が豊富なものがあります。また、同じような体裁でも、寸法の違いで五寸皿、六寸皿、七寸皿などの種類があります。

祝儀の形

陶磁器と同じく、漆器においても祝いの形があります。器自体が日の出、扇面、鶴亀、松竹梅などのめでたい形をしているものもありますが、絵柄や色合いで象徴的に表わすものもあります。写真手前の椀は、蓋に長寿の象徴である鶴が大きく羽根を広げて舞い降りる姿が描かれています。朱塗りの下地に厚みのある蒔絵です。奥の椀はシンプルですが、祝いのときに欠かせない金と朱を用いた水引が漆絵で書き表わされています。

黒熨斗蒔絵椀(右)
一羽鶴蒔絵日の出椀

漆器の扱い方

漆器はもともと丈夫で堅牢であるため、兜や船底、釣り竿などに塗装することもありました。また、酸やアルカリ、熱にも強く、接着力を利用して金箔細工を貼るのにも用います。

とはいうものの、直射日光や乾燥のほか、乾いた熱、金属と直接接触することなどは、絶対にタブーとされるので、取り扱いには注意が必要です。

●新しいもの

でき上がったばかりの漆器(漆)には特有のにおいがあり、通常の状態では約一年しないとにおいは抜けないものとされています。しかし、いくつかのにおいを抜く方法が古来より伝えられています。

○温めた米の研ぎ汁(白水)に酢を加え、洗うか布に染み込ませて拭く。

○酢または酒を含ませた柔らかい布で拭く。

○椀のように深みのあるものは、おからを内側に詰めてしばらくおく。

○時間的に余裕がある場合は、直射日光を避けて陰干しをするのが一番。

●使用する前

漆は生き物であるため、長時間収納しておいたものに、急に熱い液体を注いでしまうと、変色したり亀裂が入ってしまったりする恐れがあります。まず、手がつけられる程度の湯に軽く浸し、柔らかい布で水分を拭き取るなどの準備が必要です。

●洗い方

使い終われば直ちにぬるま湯で丁寧に洗い、柔らかい布で水分を拭き取ります。

汚れが強い場合には湯の温度を上げて洗い、洗剤は使用しません。

蒔絵や沈金の加飾細工があるものは、特に強くこすってはいけません。

●収納の仕方

洗い終わったら敷いたタオルの上におき、一晩くらいを目安に陰干しします。

柔らかい和紙か布で包み、木箱(桐箱が最もよい)に収納し、冷暖房のない場所で保管します。

日本料理に用いる器の種類

その他

木工芸
竹工芸
ガラス（切子、縁金）
金属工芸（鉄、銅、錫）
貝類食器など

日本料理において、四季の変化は旬の食材を調理することだけで表現するものではありません。たとえば、春の新鮮な筍の皮をそのまま器として用いたり、秋の紅葉を敷き詰めた中に焼き松茸を忍ばせてみたりするなど、五感のすべてで季節を感じられるよう、その移ろいを表現することが特徴なので、前出の器以外にも「器」として用いるものは様々なものがあります。

白木の木工芸品（①）には、自然の生み出した木肌の温もりがあるだけでなく、水に浸したときには、しっとりとした涼しさ、すがすがしさが出てよいものです。竹製品では、新しい青竹は、その青々とした皮肌が新鮮さを表わし、細くひご状にして編んだ青竹や白竹を用いた籠類（②）は、夏の暑い時期に涼しさを感じさせ、竹を燻したり漆に浸け込んだりしたもの（③）は、晩秋の物悲しさを表現できます。

①白木菱形八寸盆（奥）
木製角せいろ（左）
木製丸せいろ
②手付六つ目網籠（左）
あゆ籠
③莫蓙目箕籠（左）
黒竹長柄付き小籠

④ボヘミアクリスタル変形向付（奥）
亀甲切子縁金蓋物（右）
瑠璃篭目輪花皿
⑤赤銅土瓶蒸し鍋（右奥）
千筋錫ちろり（右前）
鋳物木の葉鍋（左奥）
銀製耳付小鍋
⑥銀彩帆立殻（右奥）
磨鮑殻（左奥）
蛤内金箔桜絵珍味入（右前）
蛤内金箔草花絵珍味入

ガラス器（④）のことを日本料理では「ギヤマン」と称します。これはダイヤモンドのことで、カット細工（切子細工）を施すときにダイヤモンドを用いることからの呼び名です。繊細に細工されたガラス器は見た目にも手に触れる感触でも涼しさ、冷たさを感じさせるには一番です。江戸切子、薩摩切子や、縁を金や銀で装飾したものは、ぜひ揃えたいものです。

金属を用いた器（⑤）も用いますが、ほとんどが客前での加熱を目的としたものです。調理場でできた上がった料理を何らかの器に盛り付けて提供するスタイルはごく自然で、当たり前のことですが、料理を箸でつまんで口に運ぶという同じ動作の繰り返しになるので、おもしろみに欠け、変化に乏しくなります。何品かのうち一品くらいは、お客様が調理に参加することも考えたいのですが、コツの必要な調理は不可能です。そのようなとき、一人前の炭火コンロの上で一口サイズの肉を好みの加減で焼いたり、小鍋で仕立てた煮物の仕上げに溶き玉子を流し込んだりなど、簡単な作業で調理に参加してもらうことは席も和んでよいものです。材質としては銀、銅、錫、鉄、アルミなど様々です。熱効率のよい金属器は、調理道具でありながら器でもあるのが楽しいところです。

鮑を殻から外し、身を刺身にしてその殻に盛って提供するのはよく見る光景です。鮑を自身の殻に戻すのは「身帰り」、鮑を帆立貝の殻に盛るのは「宿借り」と称する盛り付けです。このように、言葉遊びも加えて盛り付けを楽しむのが日本料理です。通常は、廃棄してしまう貝殻を下処理し、時には、研磨や漆塗りなどの作業をも施して、立派な器に仕上げることもあります（⑥）。一対の蛤の殻の内側に、同じ絵柄を施し、上巳の節句料理のときなどに盛り付けるのは有名で、いにしえの貴族女子の遊戯である「貝覆い」に因むものです。

かいしき

　飛鳥時代（七世紀）、有馬皇子が磐代《いわしろ》（現在の和歌山県）に流される際、道中で詠んだ和歌に「家にあらば　笥《け》に盛る飯《いい》を　草枕　旅にしあれば　椎の葉に盛る」というのがあります。意味は「家にいれば食器に盛って飯を食べるが、今は流される身で野宿だから、器代わりに椎の葉に盛ることです」となるでしょう。日本では器のない時代の後、一枚の葉や、葉を組み合わせて草木の弦《つる》で編んで窪み状（窪手《くぼて》）、平皿状（平手《ひらて》）にして用いた時期がありました。そして、土を捏ねて焼いた土器のにおいが食べ物に移るのを防ぐため、葉を土器の上に敷くようになったとされます。これが日本料理の「かいしき」のはじまりです。葉の種類によっては防腐、防臭など薬効があるものもあります。葉はもとより、花、むき物細工、敷き紙の類いもかいしきですが、現在の目的は、緑の彩りを添え、季節を表わすように、料理に対する演出の意味合いが強くなっています。漢字では皆敷、掻敷、苴などと書きます。

●松葉

松は長寿の象徴とされるので、竹（笹）、梅と共にハレの日の料理には欠かせません。もちろん、日常使いもします。黒豆や銀杏を刺した松葉刺しはよく目にする用い方です。

●笹葉（竹）

成育が早いことが特徴なので、成長を願う祝い膳には欠かせません。そのまま用いるほかに、葉に澱粉を留めて雪笹を演出することもあります。大きな葉はそのまま敷き葉にするだけでなく、粽《ちまき》や包み物に用いることもあります。

●裏白《うらじろ》

羊歯《しだ》の一種ですが、裏が白く、清潔感があるのと、裏側がやや窪んだ形をしているので、正月の重箱に頻繁に用います。葉が一対であることが仲良い夫婦を意味し、また、防腐作用もあります。

●南天

南天は「難を転じる」という言葉に通じることから難転と書き、厄除けを願うときや祝儀の際によく用います。

●譲《ゆず》り葉

新芽が出はじめると、古い葉が場所を譲るように落ちるので、世代交代を意味するときに用います。

●椿

古代から自生の椿を鑑賞することはあったようですが、室町時代や安土桃山時代に、茶道の発達と共に茶花として珍重され、一般に栽培が盛んになったのは江戸時代のようです。別名「茶花の女王」といわれ、晩秋から春までのかいしきの代表です。山茶花《さざんか》も椿の仲間です。

柊《ひいらぎ》

葉の周囲に針状の突起があるので、厄病を表わす「鬼」が苦手とされ、節分料理のかいしきの定番となっています。

桜

日本では平安時代頃より、単に「花」といえば「桜」を指し、今では国の花としても知られます。桜前線の北上と共に本格的な春の到来を告げる華やかな花と短い開花期間が、一層想い入れを増すのでしょう。花をかいしきとして用いる場合は、蕾の膨らみはじめから満開までは一枝を添え、散りはじめの頃は、花弁を一～二枚、料理に留めるなど、花の変化に合わせて料理に取り込みます。葉も、若葉の時期に用いるなら鮮やかな緑色と香りを添え、秋に用いるなら真紅に染まった葉によって秋の風情を演出します。焼き物を焙烙で提供する際、葉を炭火で燻すと、部屋いっぱいに桜の香りが漂います。

よもぎ

お灸のもぐさの原料であることは有名ですが、他にも多くの薬効成分があります。香りとほろ苦さが特徴で、草餅や草団子などに用いられてきました。また、昔から邪気を払う植物ともされました。春から夏にかけては、葉を料理に添えて形のおもしろさや彩りを楽しみます。

梶《かじ》の葉

古代から神に捧げる木とされ、神社の境内でよく見かけます。昔、梶の繊維から紙や布を作ったようで、もとは裁縫の上達を願う行事だった七夕に縁の深い植物で、葉の表面に和歌を書いたことが、短冊に願いを書いて笹に結ぶ今日の風習の起源です。夏のかいしきの代表です。

葛《くず》の葉

植物の葛は秋の七草の一つで、根に含まれる澱粉は葛粉として広く用いられています。蔓に繁る葉は三つ葉の形で、大きさによって、料理の器の代わりとして用いたり、器の下に敷いて、季節を表現したり、漆器の傷防止の役割も果たしたりします。

葉蘭

ハランまたはバランと呼ばれます。もともとは大型の葉であることを利点に食品を包み、保存する目的で用いられていたようです。現在では飾り切りにして寿司屋で広く利用されています。

楓

カエデと読みますが、通常は「紅葉《もみじ》」といった方がなじみがあるかもしれません。初夏～秋口までは鮮やかな緑色で涼味を演出し、秋本番の頃は紅く色付いたものを用い、紅葉の名にふさわしい彩りで料理を引き立てます。

朴《ほお》の葉

大きな団扇形の葉には多少の殺菌効果もあるようで、古くは食材を包むのに用いられたようです。初夏から秋口までは、葉の緑色と香りを楽しむためにそのまま敷き葉としたり、焼き物や寿司を包んで香りを移したりします。また、乾燥した葉を水で戻し、味噌や食材をのせて炭火で焼きながら食べる朴葉焼きは有名です。

※七草は春と秋にあります。春の七草は芹・薺(なずな)・御形・繁縷(はこべ)・仏の座・菘(すずな)・蘿蔔(すずしろ)。秋の七草は萩の花・尾花・葛花・撫子・藤袴・女郎花・桔梗です。春の七草は食用となる植物であるのに対し、秋の七草は鑑賞用の植物です。

●蓮《はす》の葉

根物野菜としてなじみ深い蓮根の葉です。大きなすり鉢状になっているので、氷を敷き詰めて造りや麺類などの冷たい料理を盛る器としたり、季節感を演出するかいしきとして用いたりします。逆さにして鉢盛り料理の蓋代わりとしてもおもしろいでしょう。蓮の花、蓮の実、蓮葉は仏教、密教においては特別の意味があります。かいしきとして用いる時期は、八月のお盆の時期が多いようです。いずれの使い方にしても迫力ある盛り付けの演出ができます。

●薄《すすき》の穂

秋の七草の一つで、別名で尾花《おばな》といいますが、これは、花開いた穂が動物の尾に似ているところからの名称です。萩と共に、十五夜の供花としての代表です。ただ料理のかいしきとして用いるには、穂が落ちてしまわないよう、花が開かぬ若いものが望ましいでしょう。

●萩《はぎ》の枝

萩も秋の七草の一つで、丸形の葉に紅紫色や白色の小さな花を多数つけます。水上げがむずかしいですが、枝の切り口を焼くか裂くと水上げがよくなるようです。小豆の粒が、萩が咲く姿に似ているので「おはぎ」や「萩の餅」といいます。月見の時期、薄と共に用いたり、葉が小さいので小枝のまま料理の飾りとして用いたりします。

●菊の葉

重陽《ちょうよう》の節句（菊節句）には、着綿《きせわた》という風習があります。夜のうちに菊の花に真綿をかぶせ、真綿が含んだ菊の香りのする露を翌朝飲んだり、その綿で身を払ったりすると老いが防げ、長寿の願いが叶うというものので、このことから、秋の花である菊は、花や葉を秋の演出全般に用います。

●銀杏《いちょう》の葉

銀杏は落葉樹の中でも遅く葉を散らすので、黄色い葉が落ちはじめる頃は晩秋の風情を感じさせます。夏には緑のものを用いますが、初秋には葉の縁だけが黄色のグラデーションになっているものがあれば、美しさだけでなく、季節の移ろいを表現できます。

●柿の葉

秋の山では楓、桜と並んで柿の葉の紅葉が鮮やかですが、柿は場所によって紅葉の状態に特徴があります。その色合いが楽しく、秋の風情には欠かすことのできないかいしきといえるでしょう。塩水に浸した渋柿の葉で包む「柿の葉ずし」では防腐作用も期待できます。

●栗の葉

栗の葉は秋の実りを表わす「いが栗見立て」に、なくてはならないかいしきです。しかし、虫に喰われるものが多いので、よい状態のものを選ぶのが大変です。枝の先端近くの小さい葉が扱いやすいです。

箸

食事の際の箸は、家庭用には漆塗り、ラッカー塗り、プラスチック素材などがあり、使いやすい重さと長さがあります。食事時間は長くなることがあり、箸を持ち上げる回数も案外多いので、重い箸は疲れるものです。適当な長さは、手のひらの下部分から中指の先端までといわれます。あるいは、手のひらを目いっぱい開いたときの、親指の先端から中指の先端まで（ひとあた）の1.5倍の長さ（ひとあた半）も理想とされます。

一方、料理屋の方ですが、大別してお客様用の手元箸と取り分け用の取り箸とがあります。料理屋用の手元箸は杉、竹、柳などの素材そのままの状態で提供することが多いです。複数人数盛りにしたものから一人前を取り分けるときは竹箸を用いることが多く、青竹、白竹などが代表的です。節はなく両方が細く削られている「両細」、節が頭部分にある「天節」、節が中ほどにある「中節」、少し扱いにくいですが、自然の曲がりと皮目をそのまま残した「黒文字」があります。

手元箸

●杉利休箸（①）

杉材を原料に製造した杉箸。千利休がデザインしたとされるもので両方の先端が細くなっています。通常は水に浸して配膳前に水分を拭き取るようにします。これは、箸先に煮汁や調味料などが染み込むのを防ぐ目的があります。

●杉漆浸け箸（②）

利休箸を漆に浸した箸。色目がしっとりとしているので落ち着いた感じがあります。

●杉天削《そ》げ割り箸（③）

杉材の割り箸で、天の部分が削られているのでこの名があります。高級割り箸とされます。

●竹天削げ割り箸（④）

竹材の割り箸で、杉の天削げと同様高級割り箸とされます。

●柳祝い箸（⑤）

柳材であるため折れにくいことから、縁起を担いで祝儀時に用います。雑煮箸、羹《かん》箸、孕《はら》み箸などの別名もあります。

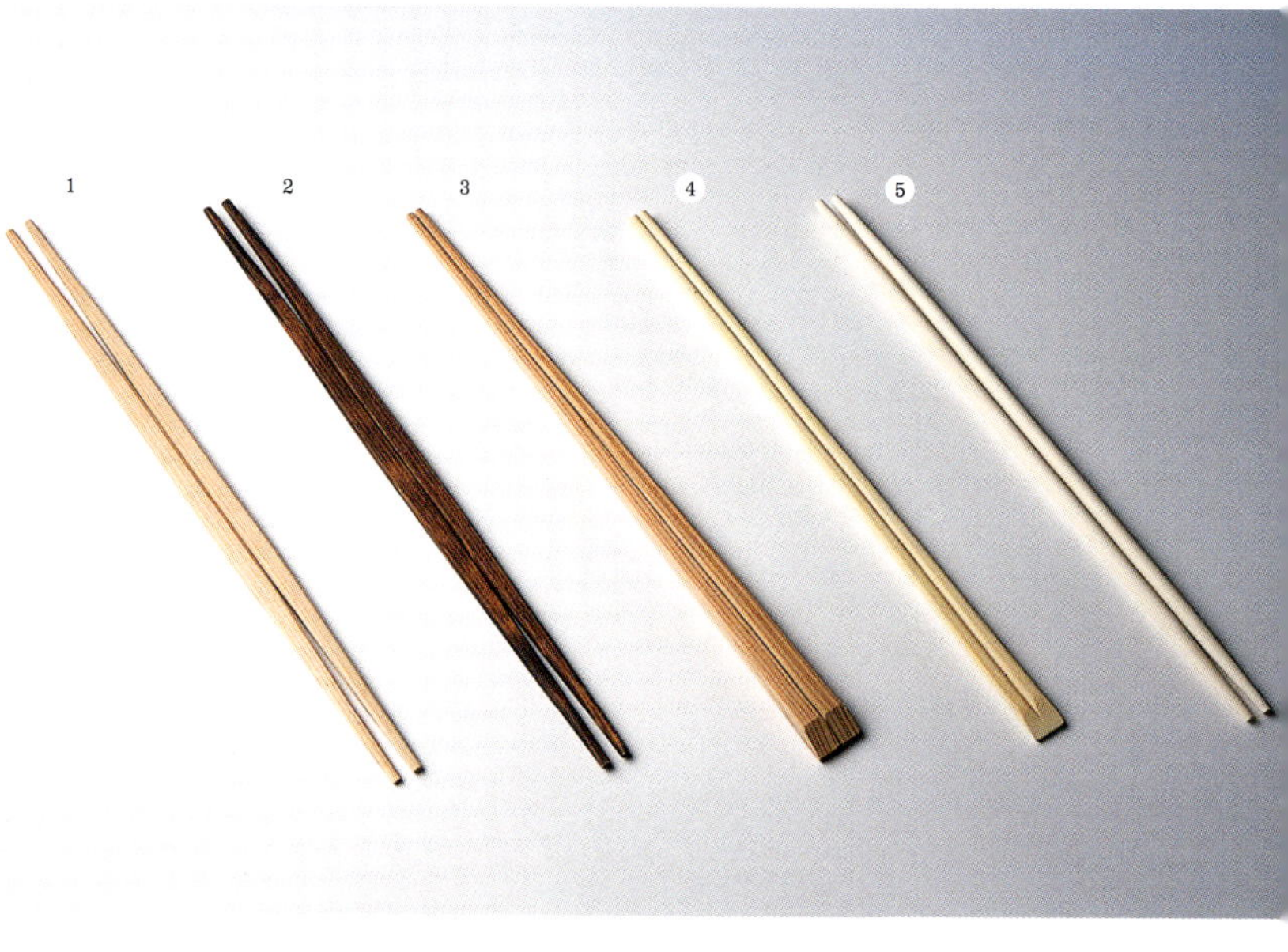

取り箸

●天節白竹箸（①）
節目が天にあるところからこの名があります。

●中節白竹箸（②）
節目が中ほどにあるところからこの名があります。

●竹燻《いぶ》し箸（③）
時間をかけて竹を煙や煤で芯まで燻し、黒くなったものを素材としているため、落ち着いた色合いが特徴です。竹材なので、先が繊細で料理にも菓子にも用います。

●胡麻竹箸（④）
竹の表面が黒胡麻を散らしたような模様であるところからこの名があります。料理、菓子の両方で用いられます。

●黒文字箸（⑤）
黒文字材は自然の色合いや形、香気を持つので、箸のほか、爪楊枝にも用います。生木のときは緑の樹皮の黒斑が文字に見えるのでこの名があります。

青竹取り箸

●両細青竹箸（①）
杉利休箸と同じく、両方が細くなっています。

●中節青竹箸（②）
節目が中ほどにあります。

●天節青竹箸（③）
節目が天にあります。

※青竹箸は八寸や焼き物などの取り箸として用いますが、その色合いと新鮮さが特長なので一回しか使いません。

箸枕（箸置き）

箸先が直接に折敷や膳に触れないようにするためのものです。小さいながら意外に目立つ器（道具）なので、材質、大きさ、形、絵柄など様々に取り揃えたいものです。大勢のお客様で人数分同じものが揃わない場合は隣同士でも違ったものを組み合わせてみたり、季節の木枝や花を用いたりしても、洒落心、遊び心が利いていて楽しいものです。

器の用語

【預け鉢　あずけばち】懐石や会席料理の際、料理を盛り付けた鉢に取り箸を添えて客に手渡し、各人で取り分けてくださいと預ける鉢のこと。

【糸底　いとぞこ】陶磁器の底部のこと。轆轤から切り離す際に糸を用いるので底に渦巻き状の痕がつくことからの名。「糸切り(いときり)」、「糸尻(いとじり)」ともいう。図参照。

【絵付け　えつけ】陶磁器に毛筆や版で絵を描くこと。釉薬をかけてから描く上絵付けと、釉薬をかける前に素地に描く下絵付けがある。一般的には上絵付けのことをいう。

【折敷　おしき】膳のためにひのきや杉材を薄くはいだものに、折り曲げた縁をつけた角盆のこと。現在では、食卓におく漆器や竹を組み合わせたものなど盆状のものも折敷という。

【お櫃　おひつ】炊き上がったご飯を保温保管する、蓋のある桶状の什器のこと。適度な吸湿性があるのでおいしくご飯を保持できる。材質はさわら、杉、ひのきなど。

【片口　かたくち】鉢の片側に注ぎ口のついたものをいう。本来は、樽やかめから、酒、醤油、酢などを、徳利や瓶に移し替えるための器具。現在では形状のおもしろさから、料理の盛り鉢、酒入れの器として用いることが多い。

【切子　きりこ】カットガラスのこと。ガラスの表面を研磨材で磨いて切り込み、模様を施した装飾ガラス。江戸切子、薩摩切子が有名。

【金襴手　きんらんで】色絵の磁器に金で模様を描いたもの。金糸を織り込んだ織物に似ていることからの名。

【黒文字　くろもじ】クスノキ科の落葉低木のこと。樹皮に文字状の黒斑があるのでこの名がある。材木は香気があるので箸や爪楊枝に用いる。一般的には爪楊枝の別称。

【合鹿椀　ごうろくわん】石川県柳田村合鹿地方が発祥とされるのでこの名がある。大振りで蓋がなく、飯椀、汁椀のほか多目的に用いることができる。床においても取り上げやすいように高台が高いのが特徴。

【高台　こうだい】皿、鉢、碗などの底部の丸い輪形をした部分のこと。図参照。

【交趾　こうち】中国で焼かれたとされる、主として緑、黄、紫の色釉の施された焼き物(軟陶)のこと。交趾(インドシナ)を経由してやってきた貿易船がもたらしたことからの名。

【呉須　ごす】コバルトを含んだ鉱物で、主に磁器の彩色原料として用いられる。これによって藍色に絵付けされたものは、染付けと呼ぶ。近来は人造呉須が多い。

【粉引き　こひき】高麗茶碗の一種で、白釉が粉を引いたように見えるところから、「粉引き」といわれる。また、粉が吹いたようにも見えるので「粉吹き(こふき)」ともいわれる。

【酒器　しゅき】酒を入れる容器、または酒を呑む器をいう。銚子、徳利、燗鍋、ちろり、盃、猪口、ぐい呑みなど。

【青磁　せいじ】青い色を呈した磁器質の焼き物。灰釉に含まれる鉄分が還元炎焼成によって、青く発色する。

【染付け　そめつけ】白磁素地にコバルトを含んだ鉱物(呉須)で絵付けし、釉薬をかけて焼いた焼き物。絵付けの部分が藍色に染まることからこのように呼ばれる。

【溜塗り　ためぬり】漆塗り手法の一種。下塗りに朱漆を塗って乾燥させた後に透明漆を塗ったもの。紅溜塗り、京溜塗りなどがあり、半透明の美しさが特徴。

【茶器　ちゃき】お茶を飲むための道具一般の総称。茶碗、急須、土瓶など。

【茶碗　ちゃわん】本来は茶を飲むための陶磁器のことであったが、後に飲食用の陶磁器の総称になった。茶の湯の茶碗は、中国物では天目や青磁、朝鮮物では井戸や三島、日本では楽、萩、唐津が有名。

【銚子　ちょうし】酒を盃に注ぐための酒器の一種。木製あるいは金属製で、柄は長く、片口と両口のものがある。近世では婚礼に用いられた。

【猪口　ちょこ】「ちょく」とも読む。深形で口部分がやや広く、下すぼみの陶磁器製の小形酒杯のこと。配膳時に塩辛や醤などを盛ったものだが、そば猪口のように汁用として用いるものもある。酒器としては、江戸時代中頃、それまでの木製主流から陶磁器製主流となった。

【徳利　とっくり】
「とくり」ともいう。一般的には口がすぼみ、らっきょう形や筒形などが多く、酒や醤油を入れる役割。注ぐ音から名がついたとの説もある。酒器として陶磁器のほか、錫、銀、ガラスなど色々な材質がある。

【土瓶　どびん】
陶製の湯沸し道具。丸形の胴に注ぎ口が、肩口に二つの耳があり、通常は蔓や竹、金属製の弦がつき、上部には蓋がついている。もとは薬を煎じるための道具であったが、後に茶瓶として広く用いられるようになった。

【丼　どんぶり】
深い鉢形の器で蓋付き、蓋なしがある。江戸時代、食の多様化に伴って飯用丼、麺類用丼、茶漬け用丼など様々なものが生産された。

【覗き　のぞき】
深い形の向付けのこと。深さがあるので中の料理を見るには上から覗き込むことからの名称。本来は本膳料理のなますを食べる調味酢を入れる器。

【袴　はかま】
酒徳利やビール瓶を据えておく、円形や方形の器。酒を燗したり冷やしたりした際、水滴が卓上をぬらすのを防ぐ役割がある。

【白磁　はくじ】
白い素地に透明の釉薬をかけて高温で焼いたもの。日本では江戸時代初期の有田焼にはじまった。

【吹墨　ふきずみ】
水に溶いた絵の具や呉須を素地に吹きかける手法。

【焙烙　ほうらく】
「ほうろく」とも読む。素焼きの円盤形の土鍋の一種。胡麻を煎るなどの鍋として用いるが、焼き石を敷き詰めて料理の焼き物などを温かく提供する器としても重宝する。

【曲げ物　まげもの】
ひのきや杉などの薄い板状にした柾目材に、熱をかけたり、型にはめるなどして円形や楕円形、角形に曲げて作った容器。綴じ目には桜の皮などを用いて止める。丸に近い形は綴じ目を手前、角形は向側にする「丸前角向」の約束ごとがある。

【俎板皿　まないたざら】
板状の下部分に足がついた器。調理道具のまな板に形状が似ているのでこの名がある。主に陶器製のどっしりとしたものが多く、大きな盛り込み料理には便利。

【見込み　みこみ】
器物の部分名称。主に器の内側全面をいう。図参照。

【虫喰い　むしくい】

釉薬を施して器を焼くと、素地と釉薬の収縮の差によって口縁部分の釉薬がはがれ、素地が見える現象をいう。虫が喰った跡のように見えることからの名。古染付、初期伊万里に見られるが、これを景色と称して賞美することもある。

【銘々皿　めいめいざら】
個人用の皿のこと。主に大皿盛りにされた料理や、菓子の取り分け皿をいう。

【湯桶　ゆとう】
注ぎ口と柄のついた木製器具で、湯や酒を注ぐための器具。多くは漆が施されており、懐石では最後の湯を持ち出す際に用いる。また、そば湯注ぎの道具としても用いられる。

【釉薬　ゆうやく】
「うわぐすり」とも「艶薬」ともいう。素焼きの陶磁器にかけて水分の吸収を防ぐ目的、あるいは装飾のためのガラス質のもの。

【四つ椀　よつわん】
木製で本漆塗りの椀で、四つの組み合わせで一人前とする。本膳料理では飯、汁、平、坪の椀をいい、懐石では飯椀、汁椀の身と蓋を合わせていう。

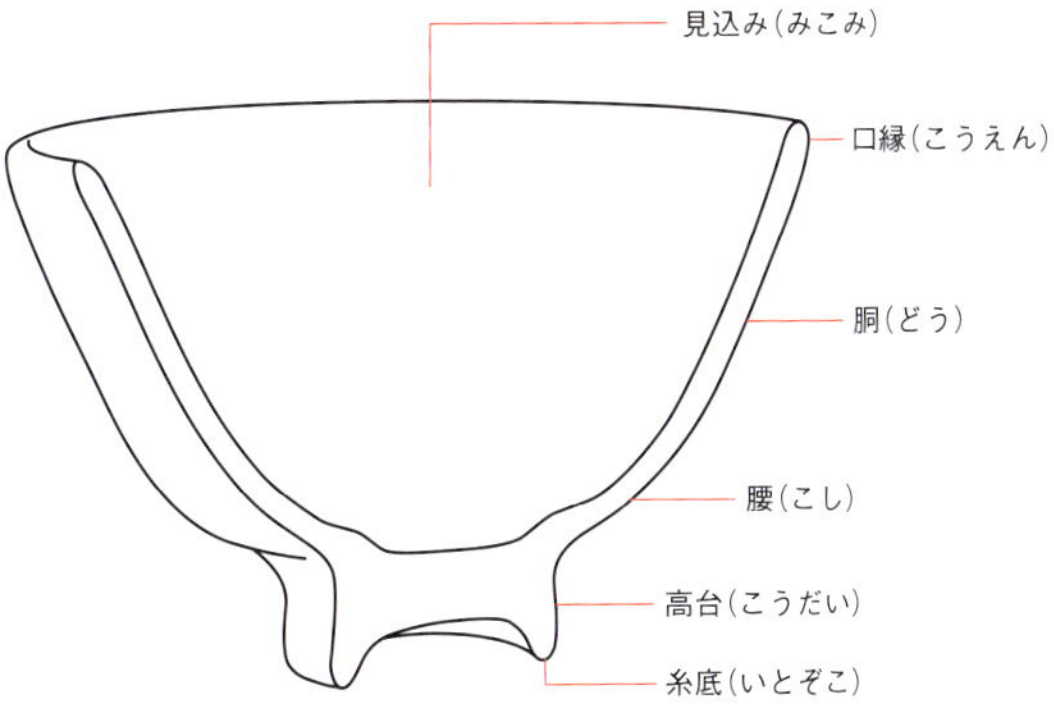

参考：「やきもの事典」（平凡社刊）

盛り付けの基礎知識

盛り付けの基礎知識

一般的な日本料理の盛り付けには厳然とした、この形にしなくてはならないというような決まりはありません。しかし、せっかくでき上がった料理を、すっきりと格調高く見せるか、野暮に見せてしまうかは、ある程度の基本的な事柄を知っているか知らないかということが大きく左右します。ここでは盛り方の基本中の基本ともいえる七種の盛り方と、器の余白、料理と器の線、取りやすく食べやすく、盛り付け数、料理の温度、彩り、天盛りの七項目を説明します。

七つの基本

●平盛り

その名が示す通り、盛り付けに極端な高低差をつけずに盛る方法です。通常、皿や鉢類に向こう側を高く、手前をなだらかに盛るのが日本料理の盛り付けの基本形といいますが、平盛りは、多くは造り（刺身）を多人数分盛り込み、取り分けて食べるのに用いることが多い方法です。

写真は縞鯵平造り、鰹焼き霜造り、間八平造りの盛り合わせです。ある程度の分量を取り分けた後でも、形が大きく崩れて見栄えが悪くならぬよう、それぞれの造り身は同じ並びで規則正しく盛る「節盛り」の形式を取っています。あしらいの茗荷、浜防風、独活、すだち、辛味の山葵などは、どの方向からでも取りやすく、盛り付け数が明確に分かるように盛る必要があります。

一見、抑揚がなく平凡で変化が少ない盛り付けのようですが、取りまわしを前提で考えると合理的であるといえるでしょう。

器の条件を満たすには、皿類、鉢類にしても底部分が平たく、ある程度の広さを持った器を選択することが大切です。

青磁牡丹唐草彫鉢

青磁丸皿

杉盛り

すっきりと立ち上がる杉の木の形に似せ、円錐形に盛り付けることをいいます。この盛り方は、細造りや和え物、浸し物に用いることが多いです。

写真では鱚昆布じめと胡麻白酢和えの二点を盛っていますが、盛り付けたものが下から頂点に向かい、すっきりとした円錐形になるように盛ることがコツです。正面から見ても真上から見ても、大きく膨れたり、はみ出したりすることがないよう意識して、切り身の形がよいものを頂点にかけるように盛ることも大切です。

あらかじめ形を整えたら器に盛り込みますが、ほんの少しだけ、器の中央より向こう側に配すると、食べ手の目線は斜め上から見ることになるので、器の真中にあるように見えます。

あしらいも、その清楚な形を生かすために多く用いないことがコツです。盛り上げる高さは使用する器に合わせて変わりますが、写真のようにやや縁が立ち上がっている器の場合は、真横から見て上三分の一が見えるくらい、深い場合は、縁より少し下に頂点があるぐらいが美しく、品よく見えます。器選びに関していえば、ここでは、造り醤油や、調味酢を直接かけて食べる方法（ぶっかけ）を基本に考えているので、手にすっぽりと入る、安定したサイズや形であるものが望ましいです。

花三島彫両切向付

土焼舟形山水絵向付

俵盛り

俵形や丸形、方形のように形がきっちりと決まった料理を、まさに米俵を上に向かって規則正しく盛り上げた形に盛り付けることから名付けられた手法です。

写真では鮎甘露煮入り玉子焼きと、鱧八幡巻きを盛り込んでいますが、色合いや大きさの違いがあっても切り口の形が似ているため、二品とも切り口を上向きに重ねて盛ってしまうと体裁、模様に変化がありません。したがって、玉子焼きの切り口を正面やや斜め向きにし、八幡巻きは切り口を真上になるよう少し盛り付けの工夫をしただけで、デザイン的にも変化が出ています。多人数分なので、一目見て数が明確に分かることも大切な要素です。

取り分けの際に、その作業がしやすいように、基本的には右利きの人が便利な方向に向け、持ち運びの際に崩れないように盛り付けたいものです。

織部長角型笹絵皿

重ね盛り

角度や向きを変えながら、料理を順に重ねて盛る方法をいいます。この盛り方をよく用いるのは切り身の焼き魚ですが、写真では鱸の筒焼きを、温めた那智黒石をおいた焙烙に盛り付けています。同じ筒切りにした材料でも、切り口の大きさ、身の厚みが違う場合には、俵盛りのように規則正しく盛り付けることはむずかしいです。したがって切り身の厚みや、切り口の形状に合わせて、いくらか角度を調整しながら、切り身の数が明確に分かるよう、かつ、崩れないよう安定した形で盛り上げたいものです。

また、そぎ切りにした造り身を、数枚ひと固まりに重ねることも「重ね盛り」といいますが、同じ厚みで切ったものでも微妙に形が違うので、べったりと貼り付けるように重ねることはせず、少しの隙間を空けたり、角度を変えたりして、さりげなく自然に重ねることができれば最高の盛り付けになります。

赤土焙烙皿

混ぜ盛り

形も色も違う料理を一つにまとめて盛り上げる方法をいいます。基本的には「杉盛り」を手本にしますが、それぞれの料理の形が違い、大きさもまちまちなので、側面に関しては杉盛りのように線を描くような盛り付けにはなりません。写真は、車海老旨煮、鴨塩蒸し、茄子揚げ煮、冬瓜・子芋含め煮、干し椎茸旨煮に、冷やしたあんをかけた料理です。まず、色数が多いので、取り分けが無理なくできるよう、盛り付け位置に配慮しながらざっくりと盛り付けます。次に、形や色合いを整えるように箸を加えるのですが、ここでの調整は最小限度にとどめないと自然さがなくなり、画一的で変化の乏しい盛り付けになってしまいます。天盛りには針切りの茗荷をのせていますが、分量が多すぎるとすっきり感がなくなり、頭でっかちの野暮な盛り付けとなります。天盛りは食べるのに十分であることも大切なので、取り分けてからの分を別に用意しましょう。

ボヘミアクリスタル輪花皿

寄せ盛り

数種類の料理を、その名の通り、器の中央にお互いが寄り添うように盛る方法をいいます。たき合わせ（煮物）に用いることが多いのですが、混ぜ盛りのようにざっくりと盛るのではなく、それぞれの料理に役割があります。

写真は鱧の子玉締め豆腐、茄子揚げ煮、子芋と青味の万願寺唐辛子のたき合わせです。この場合、形がしっかりして動物性の料理である鱧の子玉締め豆腐が主となるので、中央左にしっかりと座らせ、手前に茄子揚げ煮と子芋を主に寄り添うように盛り、青味の万願寺唐辛子はその色合いと形を生かすよう、手前右寄りに立てかけるように盛ります。最後に、木の芽と刻み茗荷を天盛りにします。茄子と子芋の位置が入れ替わっても差し支えはありませんが、子芋が手前では、食べ手の目線に白い料理が重なるので色目の違う茄子がよいでしょう。

七宝書詰絵炊合

散らし盛り

数種類の料理を、それぞれが形、色目、味を主張できるように独立させて全体に散らして盛ることをこのようにいいます。主に、前菜や口取り肴などの盛り付けに用いる手法です。

写真は石鰈酒盗焼き、車海老この子焼き、鱚竹紙巻き、穴子博多真薯、鮑柔らか煮、酢取り茗荷、枝豆塩ゆでの七種の「八寸」盛りですが、それぞれが酒肴として単独でも十分な料理なので、器も余白が取れるサイズのものを選ぶ必要があります。しかし、ただ散らすといっても、盛り付け全体に少しでも抑揚がないと形も色も生きてはこないので、軽く寄り添わせたり、立てかけたりすることは大切です。

写真では一人前盛りですが、多人数分をこの方法で盛ることもあります。その場合には、全種類が一目で分かること、どの位置からでも均等に取り分けられる配列であることなどに注意がいります。

足付欅皮天平皿

余白を取る

日本料理に限らず、料理と、それを盛り付ける器とのバランスを取ることは必要です。まずは盛り付ける料理の大きさと分量に対して、器にどの程度の隙間、余白があるかですが、無地が基調の器の場合には六～七割を料理が占めているくらいがすっきりと安定し、器の持つ姿を損なうことがないように思えます。これも、季節を夏頃に限定するならば、思い切って余白を五割くらい取ると、すがすがしい余裕が生まれるでしょうし、冬場ならば場合によっては二～三割の余白でもよいでしょう。また、絵柄の多い器に関しては夏場でも冬場でも、絵柄を十分に鑑賞できるだけの盛り付け量にしたいものです。

余白の対比（夏場、冬場の比較）

直線と曲線

●陰陽 ●丸に角 ●非対称

西洋料理は多くの場合、ナイフ、フォークで切り分けて食べるので、プレート状の皿類に材料の持つ姿のまま平面的に盛ることを基本にしますが、日本料理は箸で食べることが前提なので、材料をそれなりの大きさに切ったり、分けたりするのが大半です。このため、でき上がる料理は、基本的に丸味を帯びたものや、反対に角形に整えられた形で完成します。陰陽の考え方に立つと、直線は「陰」の形、丸や曲線を描くものは「陽」の形となります。日本料理では、盛り付けた料理と器の関係においても、陰陽が揃うものを良しとするので、たとえば四角や五角の大根の煮物を盛る器は丸い鉢を用います。また、巻物料理の切り口が円を描くなら、器は角皿を用いることになります。しかし、これはあくまで基本的な考え方なので、必ず守らなければならないということではありません。あえて崩すことで、時として斬新な盛り付けになることもあります。

料理と器の陰陽の取り合わせの一例

取りやすく食べやすく

　日本料理におけるコース料理（会席料理）や一品料理の中では、各人あての一人前盛りが基本になるので、食べ手が個人盛りの器から箸で口まで料理を運ぶことを基本に考えた盛り付けでよいです。しかし、少人数の場合でも、目で見たときの印象を考えることも必要ですし、扱う人数が多いパーティー形式のときには、大皿に盛り込んで取り分けのサービスを行う必要もあります。

　こういったときは、まず、料理は無理なく一口で食べられる大きさにすることが絶対条件です。盛り方の手法も、先に述べた七つの方法を駆使して盛り付けます。取り分けを給仕側が行うなら、一方向からの盛り付けでも差し支えはないのですが、食べ手が各自で取り分ける場合には、器の双方からまたは四方からでも盛り映えすることや、大きく手を伸ばすことがないよう同じ料理を各所に散らすこと、また、持ち運びの際に盛り付けが大きく崩れることのないような盛り付けを心がけるなどの注意が必要です。料理の形が不定形で盛り上げにくいものや、和え物などの汁気が多いものは、猪口、珍味入れなどに盛り込んで器ごと取れるように配置するなどの工夫もしたいものです。

数

　日本料理を盛り付ける際の料理数は、基本的には奇数とされます。これは前述の陰陽五行説の影響で、偶数を陰数とし、奇数を陽数としていることからの発想だと考えられます。一つの料理の数だけでなく、現在の料亭における会席料理の献立数も、五品献立、七品献立など主として奇数であり、室町期に完成したとされる本膳料理なども二汁五菜や二汁七菜など汁とその他の料理の合計が奇数になることを決まりとしていたようです。

　このことを踏まえ、造り（刺身）を盛るには、造り身の合計は奇数がよいとされますが、細造りや糸造りなどはひと固まりを一切れと計算します。しかし、日本には忌み詞というものがあり、奇数でも一切れは「人を切る」、三切れは「身を切る」に通じると考え、原則的には避けます。また、料理用語では切り身などを数える際には一貫、二貫と表現するのが一般的です。ただ、偶数であっても、八は末広がりとして慶祝の数として扱うといった例外もあります。しかし、現在の風潮をみると、一般的にはこのような意味の伝承も薄れている感がありますが、冠婚葬祭などの儀式料理に関しては事前確認が必要でしょう。

温度と器

　料理には、熱々で提供したいものもあれば、反対に、限りなく冷たさを強調したいものもあります。今日では、冷暖房器具の発達もあり、夏場でも冬場でも一定の室温で食事ができるので、昔のように、料理を口にしたときの温度だけで暖を取ったり、涼を感じたりするものではなくなりましたが、料理の提供温度は、おいしさを最大限に演出する方法であることは間違いありません。

　温かいものの代表としては煮ながら食べる鍋物、器ごと加熱する蒸し物が挙げられますが、煮物の場合は、冷めにくく厚手で深みのある器を選び、あらかじめ熱湯に浸して温めておくことはもちろん、場合によっては、鍋の要素を持ち合わせた器で、加熱しながら提供するようなことも変化があっていいものです。いずれの調理法でも、温かい料理は温めた器に盛ることは基本中の基本といえます。
　一方、冷たい料理の場合は、冷たさ、涼しさを感じさせることは当然のことです。ガラス器、青竹などは、器自体の持つ質感でそれを表わしますが、陶磁器では、絵付けの色合いが冷たさを感じさせるものを選びます。直接氷水に浸したり、冷蔵庫で冷やしたり、また、器に氷を敷いた状態で盛り付けるなどの工夫や演出がほしいものです。

彩り

●五色の使い方

　日本料理に限らず、近年の食材の豊富さには目を見張るものがあります。国内産はもとより、多くの国々からの目新しい食材がどんどん輸入されています。これらの材料には、特有の色があって、調理後も、その色合いが保てるものがあり、色彩豊かな料理が作れます。しかし、もともと日本料理では、色彩を重視します。彩りは盛り付けにおいても多大な影響を持ち、美しさは当然のことながら、おいしさにもつながります。日本料理に欠かせない色として、次の五色が挙げられます。

　まずは赤色。海老をはじめとする甲殻類、鯛を代表とする皮肌の赤い魚、身が赤いまぐろ、かつお、赤貝などの魚介類をはじめ、牛肉などの肉類、野菜類では人参、赤いピーマン、トマトなどがあります。これらは温かさを感じる暖色系の食材であるばかりか、その色から、食べ手に鮮明な印象を与えます。

　次に同じ暖色で食欲増進の色とされる黄色です。卵、かぼちゃ、栗、さつま芋、近年多く出回るようになった黄色のピーマンやズッキーニなどがあります。

　三番目は青野菜といわれる緑色の野菜です。葉物野菜が大半を占めますが、絹さや、さやいんげん、えんどう豆、空豆などの豆類のほか、緑野菜の代表でもある胡瓜、青ピーマン、海藻の若布や海苔類など枚挙にいとまがありません。人は木々の青さを見ることで精神的な安らぎを覚えるといわれます。これと同じで、何気なく添えられた造りの小さな「つま」にも、天盛りの木の芽一枚にも、ホッとする安心や安全を感じるものです。

　次に白色です。大根、蕪、蓮根、山芋、百合根などの根物野菜、魚介類では白身魚、烏賊、平貝や帆立貝の貝柱が挙げられます。白い色はなんといっても清潔や清楚を感じさせる一番の色です。

　最後は黒色です。赤、黄、青、白の四色と違い、黒色の食材は数にも限りがあり、大きなものを盛り付けることはありません。しかし、料理全体を引き締める役割を担っています。彩りよく盛り付けられた折り詰弁当の、半分を占める白いご飯の上に、わずかでも黒胡麻が散らされていると、いかに盛り付けのバランスが取れているかが分かります。黒い色の食材には、海苔、昆布、ひじき、岩茸、椎茸、黒豆などを挙げることができますが、これらの食材は健康にもよいといえるかもしれません。

　日本料理には盛り付けた料理以外にも「かいしき」が存在します。みずみずしい緑色や真紅に染まった紅葉、純白の和紙なども料理をおいしく演出する彩りの役割を持っています。

天盛りで引き締め

煮物や和え物を盛り付け、最後に香りのある季節の野菜などを細かく刻んだり、すりおろしたりしたものを、盛り付けの頂点に少量のせることを天盛りといいます。これには二つの目的、意味があります。一つ目は、料理そのものに香り、彩り、季節感を添えるという実質的な目的。二つ目は、調理する側から食べ手に対して「天盛りが変色しない、あるいは乾かぬ内に提供しています。」または「天盛りが崩れるような無造作な扱いはしていませんよ。」というメッセージです。

●木の芽

山椒の新芽（若葉）で、春先から初夏にかけての天盛りの代表で、爽やかな香りとかすかな辛味、苦味が特徴です。温かいものにはそのままのせますが、冷たいものには軽く手のひらでたたくと香りがよく出ます。

●針柚子（青柚子）

初夏から秋にかけては、清涼感のある香りが最高です。柚子の皮をむいて、裏側の白い綿質の部分をきれいにそぎ取ってから皮を細く切り、冷水でさっと洗って苦味を取ります。

●針柚子（黄柚子）

晩秋から冬にかけては柚子の皮が黄色く色づき、やんわりとした味、香りには温かさを感じます。扱いは青柚子に同じで、温かい料理には欠かせません。

●針生姜

根生姜を繊維に沿って針状に切ったものです。変色することもあるので、切った後、冷水でサッと洗って用います。香りとシャキシャキ感が持ち味です。新生姜の時期にはやや太くして、柔らかな辛味を味わうのもよいでしょう。

●おろし生姜

根生姜をおろしたもので、箸で軽くつまんでのせます。生姜の繊維が強く出ないように、繊維を立てた形ですりおろすのがコツです。

●洗い葱（青葱）

青葱を小口から薄く切り、冷水で軽くもみ洗いをして、強い辛味と粘りを除いて用います。シャリシャリ感と香りが強く、特に魚や肉類との相性がよいです。

●針葱（白葱）

白葱を縦に針状に切ったもので、青葱同様に水でサッと洗って用います。布巾に包んでもみ洗ったものは、形状から長寿を表わす「白髪葱」ともいいます。

●青芽紫蘇

青紫蘇が発芽して直後の双葉状態のものです。サッと洗ってそのまま用いるのが一般的ですが、軽く刻んで大根おろしと和えるのもよいです。

●赤芽紫蘇

赤紫蘇が発芽して直後の双葉状態のものです。青芽紫蘇に比べると味が強く、苦味があるので少量を用いるようにします。におい消しの役割があるので、生魚の料理には最適です。

●浜防風

風邪の煎じ薬であったところから「防風」と名がついたといわれます。スーッと伸びた赤い軸に、シャリシャリとした食感と、軽い辛味を持つ

のが特徴です。軸を数本に裂いて冷水に浸すと巻き上がる形（碇防風）がおもしろいものです。生のままでも用いますが、酢漬けにしてもよいでしょう。

針茗荷と柚子皮

食べすぎると物忘れをするなどといわれる茗荷ですが、縦に細く刻んで針茗荷にしても、薄く輪切りにしても、みずみずしく、青柚子の皮と組み合わせたときの清涼感はよいものです。天盛りには生で用いることが多いですが、酢漬けにしてほの赤い鮮やかな色合いを生かしてもよいでしょう。

木の芽と柚子皮

早春の頃は冬とも春ともいえない微妙な時期なので、木の芽と黄柚子の相乗りもよいものです。

セルフィーユ

天盛りは日本食材に限ったことでもありません。くせの少ないセルフィーユは用途も広く、葉の形もおもしろいものです。

スイートバジル

特有の強い香りがありますが、鳥獣肉料理や、油を用いた料理との取り合わせにはピッタリです。

糸花がつお

野菜や乾物などの、昆布とかつお節のだしで味をつけた料理なら、すべてに用いることができます。香りだけでなくうまみを追加できるのが特徴です。かつお節からかき取ったばかりの糸花がつおの香りと味は最高です。

針海苔

焼き海苔、あるいはその場で炙った海苔を、包丁でごく細く刻んだり、はさみで細く切ったりしたものです。湯気にあたるとすぐに張りがなくなってなえるので、熱い料理には向かないでしょう。小さく体裁よくのせると、黒い色が料理全体を引き締めてくれます。

糸唐辛子

赤唐辛子を細く切ったものです。真っ赤な色合いとピリッと辛い味は、料理にめりはりがつきます。

煎り土筆《つくし》

ゆでた土筆を焙烙で気長に煎って水分を抜いたものです。パリパリとした食感の中に土筆独特の風味があります。天盛り以外でも、少し贅沢ですが、白いご飯に振りかけてもおいしいものです。

煎りアーモンド

無塩のアーモンドスライスですが、香ばしさとカリカリした歯ごたえが、胡麻和えや味噌和え、白酢和えなどと相性がよいです。ほかに、松の実や落花生なども同様に使用できます。

盛り付けてみよう

向付け

向付けは配膳式の会席料理や、懐石の場合、配膳位置が食べ手から見て、向こう側に位置する料理であることからの名称です。現在の日本料理においては、造り、なます、和え物、酢の物などの調理法を用いることが多く、また、これらを盛り付ける器も「向付け」といいます。

●鱧あぶり造り

焼き〆透し入角皿

1 焼き締めの角皿に盛り付けますが、器はあらかじめ冷水に浸し、冷やすと同時にみずみずしさを与えておきます。

2 真中より向こう側半分寄りくらいに、胡瓜のけんを安定感のあるよう、底広がりの形でおきます。茗荷の薄切りを立てかけるようにおき、向こう側に高さを出します。

3 鱧のあぶり造りを器の中央に五貫盛ります。下に三貫、上に二貫を、俵盛りの要領で盛り付けます。

4 あしらいのすだち、丘ひじき（ゆでた葉の部分のみを筆先形にまとめる）は、鱧に立てかけて手前におきます。柚子胡椒は軽く箸で形を整え、食べ手が箸使いしやすいように、一番手前におきます。

5 最後に腹骨の揚げ煎餅を先が上に伸びるようにおきます。

太刀魚昆布じめ

1 木の葉形の向付けに盛ります。横に広く、奥行きがない器には、真中にまとめて盛るのがすっきりと見せる基本です。器は十分に冷やしておきます。

2 杉盛りにまとめた太刀魚を真中に盛ります。

3 温度卵の卵黄は太刀魚の左側、やや手前寄りに添わせるように盛ります。

4 長芋、穂紫蘇は、太刀魚に立てかけるように手前に盛り、山葵は軽くまとめるだけで右側手前に盛り付けます。このような場合でも、向こう側が高く、手前が低く見えるように盛るのが基本です。

染付間取芙蓉手平向付

焼き帆立貝梅肉酢和え

※料理名は「和え」となっていますが、見た目や食感を考えると、次のような盛り付けがよいでしょう。

1 器は、冷やして絵柄の向きを間違いのないようおきます。

2 焼き目をつけた帆立貝柱を十分に食感が楽しめるよう大振りに切り、器の真中よりやや向こう寄りに、高さを持たせて盛ります。

3 手前に胡瓜、白ずいきを、やや低い形で盛ります。

4 全体の姿が隠れてしまわないように、梅肉酢を手前の半分くらいにかけて(半掛け)、天盛りのより独活をのせます。器の中で全体を混ぜて食べるものなので、梅肉は半掛けにしても十分な量をかける必要があります。

南蛮一方押一筆向付

赤貝芥子酢味噌和え

1 器は、冷水に浸して冷やし、みずみずしさを与えておきます。

2 まず、盛り付けようとする約半分量を、器の真中に盛ります。

3 残りを重ねるように盛りますが、あらかじめ形を整えておいたものを自然にのせるようにしたいです。重ねてから箸を加えると、自然さがなくなることが多いからです。

4 天盛りに玉あられを三粒程度のせます。白く目立つので多くはのせないようにしましょう。

椀物

黒不見斉好青海波絵椀

椀物は吸物や汁物のように、吸地や汁などの液体が中心のものと、煮物椀とか椀盛りといわれる具（椀種、椀づま）が中心で液体量が少ないものに分けられます。ここでの盛り付けは後者の盛り付けを中心に解説します。

調理場と客席との動線が長いときは、椀にあらかじめ熱い椀種、椀づまを盛った状態で運び、部屋近くで吸地を張り、吸口をのせるようにするのが、熱く、崩さずに提供できる一番の方法なので、これを実践できるよう段取りしたいものです。

●清汁仕立 あこう葛たたき
蓮餅 蛇の目瓜 白木耳
梅肉 柚子

1 熱い湯で温めた椀の水分を拭き取り、絵柄を正面にしておきます。

2 椀種のあこう葛たたきを真中やや向こう寄りに、身側の包丁目がよく見えるように盛ります。

3 手前に蓮餅、蛇の目瓜、白木耳を、あこうの身に添わせるように盛ります。吸地を張ったとき、崩れないようにしっかりと立てかけるようにします。

4 椀を手に持ち、熱い吸地を玉杓子をゆっくり返すように注ぎます。吸地を勢いよく注ぐと、椀種や椀づまが崩れるので注意したいです。

5 吸地を適量張ったら、吸口の柚子と梅肉を、白いあこうの身にワンポイントになるよう少量だけ留めます。梅肉の量が多いと味が変化するだけでなく、野暮ったくなるので注意しましょう。

6 蓋の内側の絵の方向に注意して、静かに蓋をし、最後に手前に少しの霧を吹きます。これは、食べ手に盛り付け直後であることを表わすと同時に、サービス担当者に椀の正面を示す目印にもなります。

輪島塗朱浮草蒔絵椀

清汁仕立　鮑酒煎り
わた豆腐　つる菜
さやいんげん　針柚子生姜

1 熱い湯で温めた椀の水分を拭き取り、椀の正面を手前中心にしておきます。

2 鮑の身とわた豆腐が椀種となりますが、最初に安定感のあるわた豆腐を真中やや右向こうに盛ります。角形の場合には正対ではなく、斜めにする方が、角の形がより分かりやすくなります。

3 鮑酒煎りは形がそれぞれ違うので、わた豆腐にしっかり添わせるように積み重ね、崩れないように注意します。最後の一枚はより鮑らしい形を選びたいです。

4 椀種の右下に、椀づまのつる菜を盛り、さやいんげんを鮑にかけるよう（鞍掛け）に盛ります。つる菜、さやいんげんは、椀づまの役割り以外にも崩れを防ぐ、支えと押さえの役割もあります。

5 手に椀を持ち、熱い吸地を静かに六〜七分目を目安に張ります。

6 吸口の針柚子生姜を盛ります。吸口がこのような針切りのものの場合には、乾いてしまわないように十分注意しましょう。

7 蓋の絵柄に注意して蓋をし、少しの霧を手前に吹きます。

造り

一種盛り

造り、刺身の生物は、なんといっても新鮮さを提供することが大切です。盛り付けに余分な時間をかけず、温度の管理を十分にして取り組みたいものです。

●鯛平造り
白髪大根　青紫蘇
水前寺海苔　穂紫蘇　山葵　土佐醤油

染付開扇向付

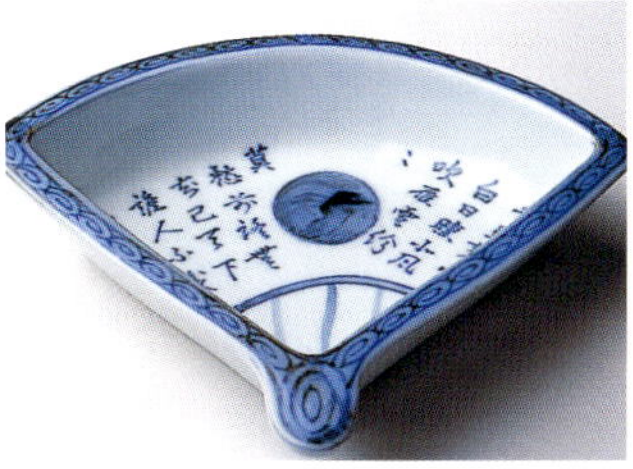

1 冷蔵庫や氷水で十分に冷やした器を用意します。

2 真中よりやや向こう側に、白髪大根を軽くまとめて盛り付けます。白髪大根は口直しに二口程度あればよいので、分量には注意します。また、食べ手が箸で簡単に解けるようなまとめ方をすることと、水分をしっかりきることが大切です。

3 白髪大根に青紫蘇の葉を立てかけ、先がピンと真っ直ぐに上を指すようにします。青紫蘇は事前に冷水に浸して張りを出したものを準備します。下になる鯛の身四貫を盛ります。

4 造り身の鯛は器の真中に高さを出すように、下に四貫、上に三貫の合計七貫盛りにしています。平造りは切り身同士の間が真っ直ぐに切れて、切り身の肩（身の端）がきれいに立っているように見せなければなりません。

5 手前に扇面に切った水前寺海苔、長さを切り揃えた穂紫蘇、自然にまとめた山葵を盛り付けます。場合によっては、冷水の霧吹きをしてもいいですが、吹きすぎは味を損なうので軽く湿らす程度にとどめます。もちろん、添える猪口、つけ醤油も冷やしておくのは当然のことです。

二種盛り

白化粧平向付

● 鯛平造り 間八切り掛け造り
長芋 浜防風 莫大海
より紅白 山葵 土佐醤油

1 よく冷やした器を準備します。

2 器にかき氷を敷きますが、時間と共に氷が溶けて一つに固まり、丸形の器ではその氷がクルクル動いてしまうので、和紙を一枚敷くと、これが防げます。また、紙を敷くと氷がより白く見える効果もあります。

3 かき氷を敷き詰めます。器の縁は1cm強は見せるようにすると、器の輪郭が感じ取れます。氷を長持ちさせるには、製氷機で作った氷を、一旦冷凍庫に入れ、硬くしてかきます。

4 白身の鯛と間八の二種盛りの場合、基本的には、「能」でいうシテ(主役)は白身の鯛なので、真中やや向こう寄りに平造りと腹身の角切りを盛ります。

5 間八はワキ(脇役)になるので、鯛の右手前に盛ります。これを造りの前盛りといいます。鯛と間八の角度は、少し変えた方が盛り付けに動きが出ます。

6 手前の空き部分に長芋、浜防風、莫大海を盛りますが、長芋と浜防風は立てかけるようにすると高低差が出ます。最後に山葵と、人参と独活のより切りを盛り、冷水の霧を吹きます。向こうが高く、手前が低い造りの基本の形「山水盛り」です。

緑金ギヤマン角向付

●鯛平造り 湯引き車海老 烏賊そぎ造り
岩茸 穂紫蘇
より胡瓜 山葵
土佐醤油 ちり酢

1 よく冷やた器を準備します。

2 かき氷を敷きつめますが、角形の器なので、底の和紙は必要ありません。自然な感じがよいので表面は軽くならすくらいにとどめます。縁の金彩は十分に見せたいので、氷の量は器の縁より1.5cm下までにします。

3 三種盛りの場合、白身の鯛がシテ、海老と烏賊がワキとなります。写真の場合、鯛平造りを真中やや向こうに盛り、左手前に赤色鮮やかな湯引き車海老を盛ります。

4 烏賊そぎ造りを海老の右側に盛りますが、少しだけ手前にします。ワキが横一列になるより動きが出るからですが、海老と烏賊が入れ替わっても構いません。烏賊は表面のきれいな切り込みが見えるよう、軽く丸みを持たせて盛ります。

5 三種盛りは、真中に隙間ができるので穂紫蘇を中央手前に立てかけてカバーします。赤い海老の手前に黒い岩茸を盛ると引き締まります。

6 山葵とより胡瓜を盛ります。ギヤマンに氷を敷いているため、どうしても白い烏賊の印象がやや希薄になるので、緑の穂紫蘇、より胡瓜、山葵で囲むとはっきりと形が出ます。仕上げに冷水の霧を少し吹きます。

切り身の一人前盛り

焼き物は椀、造り（刺身）に次いで主役になりうる調理法です。提供の方法も、基本である一人前の盛り方から多人数盛りまで、華やかに演出できます。

● 太刀魚幽庵焼き
白瓜雷干し　蛇籠蓮根
岩茸からし和ぇ

黒焼き〆反型皿
南蛮丸坪々

1 器を温めて用意します。焼き物の器は基本的に温めますが、あしらいは、冷たく盛り付けるものが大半なので、ほのかに温かい程度がよいでしょう。

2 器の真中よりやや向こうに太刀魚幽庵焼きを盛り付けます。切り身の場合でも腹側を手前に盛るのが基本です。写真の場合は、身の薄い太刀魚を端を折り曲げた「褄折れ串」で焼き上げています。形が概ね角形で焼き上がるため、盛り付けは正対ではなく、やや右肩上がりに盛る方が変化があってよいでしょう。

3 あしらいの中で、汁気のある岩茸からし和えは直盛りではむずかしいので、坪々と称する小さな坪状の器に盛り込み、左手で持ち上げやすい左寄りに盛り付けます。

4 手前に、白瓜雷干しと枝豆を巻き込んだ蛇籠蓮根を盛り付けます。最後にかいしきの楓の葉を添えます。

姿焼きの一人前盛り

黒結昌帯銀彩小判型皿

●鮎塩焼き　酢取りはじかみ生姜
さつま芋甘煮　たで酢

※以下が二尾付けの盛り方の基本ですが、鮎は何よりも焼き立てがいいと考えるなら、まず一尾とはじかみ生姜、さつま芋を盛り付けて提供し、食べ手が一尾目を食べ終わった頃合いを見計らって、焼き立ての二尾目を提供する方法もあります。

1　通称「鮎皿」と称する横長の器を温めて用意します。

2　二尾を一人前とするので、まず一尾を、器の真中よりやや左に、頭を左、腹側を手前に盛り付けます。川魚の場合、頭を右、背側を手前に盛り付けることもありますが、食べ手が右利きが多いことを考慮すると、前者の盛り付けが、鮎の特徴である腹わたの苦味を一口目から味わえます。

3　一尾目の鮎に軽く交わるように、二尾目を角度を変えて盛ります。尾の部分がより高くなり、いかにも元気よく跳ねている様子になります。酢取りはじかみ生姜を立てかけ、右端にさつま芋の甘煮を盛り付け、蓼酢の素材である青蓼(鮎蓼)を用いて彩りを添えます。

多人数盛り

あゆ籠
赤土焙烙皿

●鮎塩焼き　酢取りはじかみ生姜
さつま芋甘煮　たで酢

1　釣り上げた鮎を生きたまま囲っている様子の演出をしたいので、竹で編んだ器を用意します。竹籠以外にも、焙烙に焼き石を敷き詰めて保温性を高めて提供するのもよいでしょう。

2　食べ手に焼き立てであることを強調したいので、器の底部に小さな耐熱容器を忍ばせ、その中に赤く熾った炭を入れ、上に茶葉をのせて煙を演出します。

3　中敷きの網をのせて、笹葉を敷き詰め、焼き立ての鮎塩焼きを、自然に放り込む感じで盛り付けます。このとき手間取ると、熱々の鮎の温度が下がってしまうので注意が必要です。もちろん、これには青竹の箸を添えて、温かい取り皿に取り分けます。

たき合わせ（煮物）

錆十草絵炊合

汁気の少ない焼き物は、焼き物皿と称する平らな器に盛ることが基本ですが、時として大きな深みのある鉢類に盛ることもおもしろく、また、可能ではあります。しかし、汁気のある「たき合わせ」を盛り付けるには、深みのあることが選択の条件になります。保温の面から考えると、蓋付きのたき合わせ碗や、木製の椀が一番ですが、多人数分を提供する場合には、十分に温めた鉢類でもよいでしょう。夏場に提供する冷たいたき合わせなら、ガラス製の器なども趣があります。

●焼き穴子干瓢巻き
焼き目長芋　干し椎茸
若布　きぬさや　木の芽

1 温めたたき合わせ碗を準備します。

2 形がはっきりしており、安定感があって座りのよい焼き穴子干瓢巻きと、焼き目長芋を台(枕)としてやや向こう側寄りに盛り付けます。切り口に特徴のある焼き穴子干瓢巻きは、切り口が見えるように二段積みで高さを出し、焼き目長芋は正対ではなく、やや左上がりに盛ると安定して変化もあります。

3 手前に先の二品より少し低くして椎茸、若布を寄せるように盛り付けます。このとき、椎茸をそのまま盛ると丸い形の料理ばかりになるので、半分に切って形に変化を出します。若布などの不定形のものは箸先で軽く寄せ、形が崩れないようにします。

4 手前に絹さやを数枚合わせて立てかけるように盛り付けます。絹さやは、花がついていた部分を揃えるようにします。干瓢巻きの煮汁を底部に少したまるくらいにかけ、天盛りの木の芽をのせます。

●印籠うなぎ 湯葉 さやいんげん 木の芽生姜

1 温めたたき合わせ碗を準備します。

2 器の真中よりやや向こう側に、台(枕)として印籠うなぎを二段積みにして高さを出して盛り付けます。筒切り状ですが、基本の通り、腹側を手前にして左肩上がりに盛ります。

3 うなぎの腹側手前に湯葉を軽く丸める感じで盛り付けます。湯葉は煮汁をたっぷりと含んでいる方が味わい深いので、汁気をきりすぎないようにします。

4 手前にさやいんげんを盛り、煮汁をかけますが、印籠うなぎの煮汁をかけると味が濃いので、せっかく薄味で煮た湯葉までその味に染まってしまいます。少量のうなぎの煮汁を湯葉やさやいんげんの煮汁で割って用いるとよいでしょう。

5 最後に針生姜と木の芽を混ぜ合わせ、天盛りにします。おろし山葵、おろし生姜、薄く輪切りにした茗荷などでもよいでしょう。

揚げ物

たき合わせ碗に盛る

揚げ物は献立では、油物、揚げ肴などという表現もします。日本料理の中に頻繁に登場するようになったのはそれほど古いことではありません。しかし今日では、日本人の嗜好に合った揚げ物料理が多く登場するまでになりました。ただし、盛り付けの形を重んじる日本料理において揚げ物は、少し違う考え方をします。簡単にいうと、揚げ立てを時間をおかず、すぐに提供するのが理想だということです。ここでは、たき合わせ碗に盛り、だしをかけたやや多人数にも応用が利く形と、和紙（紙かいしき）を用いた一般的な方法を紹介します。

●茄子と豆腐の煎りだし　青唐辛子
洗いねぎ　大根おろし　糸花がつお

瓔珞紋絵炊合

1 提供がたき合わせと同じ体裁になるので、温めたたき合わせ碗を準備します。

2 揚げた茄子を、真中やや向こう側に二貫をずらすように重ねて盛ります。

3 左やや手前に、揚げ豆腐を二段重ねで盛り付け、次の青唐辛子を盛る場所を作ります。

4 青唐辛子を手前に立てかけるように盛り付けます。

5 熱い煎りだしを底に少したまる程度に注ぎ入れ、大根おろし、洗い葱を添えて天盛りに糸花がつおをふんわりとのせます。糸花がつおは湯気ですぐになえるので、時間をおかず、すぐに提供しなくてはなりません。

黒三つ丸紋焼き〆長角皿

●太刀魚アスパラ巻き
鮑おかき揚げ
木の芽塩　レモン

1 盛り付ける器は常温のまま準備すればよいです。

2 器に油分を吸収する和紙を敷きますが、この和紙を折るときは、手前を持ち上げ、左上が出るよう斜めにずらして折り曲げるのが一般的です。太刀魚で巻いたアスパラガスがよく見える部分を探し、切り口を下にして高さを出せるように真中に立てて盛り付けます。一切れの大きさは必ず一口で食べられる大きさにします。

3 一切れ目に添わせて次を盛りますが、決して重ねないようにしましょう。重ねてしまうと材料の持つ水分や油分が、下の揚げ物に染み出すことがあるからです。

4 鮑のおかき揚げを左側に添わせるように盛り付けます。レモンは右手で扱いやすいよう右寄りに盛り、木の芽塩を添えます。（更に料理がある場合でもこれ以上盛り付けず、器の中が空けば次を盛るくらいの提供の間合いがほしいものです。また、和紙に油分、水分が滲んだときは、速やかに取り替えたいものです。）

黒小丸椀

豆御飯

日本料理におけるご飯物には、料理の最後を締め括る大切な役割があります。ご飯は盛り付けるとはいわず「装う」と表現するように、あまり整えようとせず、さりげなく装うことが大切です。また、ご飯はなんといっても炊き立てに勝るものはなく、艶のあるふっくらとした米粒には、格別のおいしさがあります。提供の条件は様々でしょうが、部屋単位やグループ単位ごとに、炊飯釜や土鍋で、炊き上がりの姿をぜひとも見せたいものです。

1 真塗り(黒塗り)の椀を温めて用意します。ご飯茶碗ならばどのようなものでもいいですが、白いご飯や塩味のご飯には真塗りの椀を用いると盛り栄えがします。

2 炊き立ての豆ご飯を炊飯釜ごと食べ手に見せた後、杓文字でゆっくりと上下を返し、上部の豆を全体にまわし、同時に強い湯気を抜くことでふっくらとした食べ頃の温度にします。

3 まず、ひとすくい目で、装おうと思う分量の70%ぐらいをふんわりと盛り入れます。

4 次に、ふたすくい目で、残り30%を上に盛り入れます。杓文字使いはゆるやかに行ない、ご飯は決して押さえてはいけません。盛り入れた後も、軽く表面を整えるくらいにします。

5 一膳目のご飯量は写真くらいが適当です。ご飯を食べる量は食べ手によって様々なので、決して多くの量を装わないようにしましょう。二膳目からは食べ手の意向で分量の調整をします。

五目御飯

もみ海苔　木の芽

1 温めたご飯茶碗を用意します。

2 具の多い炊き込みご飯は、炊き上がったときは大半の具が上部にあるので、上下を返して全体にまわします。このとき、杓文字で力任せに混ぜると具が崩れるばかりではなく、動作が美しくないので注意しましょう。

3 豆ご飯同様に、最初に、装おうと思う量の70％、次に30％の量を盛ります。

4 香りよい、もみ海苔を少量振りかけますが、量が多いと全体の色合いが悪くなるし、味自体にも変化が出るので、一つまみ程度でよいでしょう。最後に木の芽を散らします。季節によっては柚子や生姜などでもおいしいでしょう。

香の物

ご飯と共に出される漬物には、適度な塩味、醤油味をご飯に加え、その味を引き立てる役目があります。また、後口に残るさっぱりとした感覚は、なくてはならぬ存在でしょう。銘々皿に適度な分量を提供する以外に、大鉢に盛ってたくさん出すのは、ご飯好きには何よりの嬉しいサービスです。

銘々盛り

●茄子・胡瓜糠漬け
壬生菜きざみ

三島輪花皿

1 冷たく冷やした皿を用意します。通常は二種、三種盛りが多いので、三寸程度の皿がよいでしょう。

2 盛り付けようとする漬物の中で、一番形の大きい茄子の糠漬けの厚切りを、真中やや向こう側寄りに盛り付けます。

3 手前右側に胡瓜を斜めに切ったものをおき、左側に覚弥風に刻んだ壬生菜を汁気を固く絞り、上に煎り胡麻をつけて盛ります。

黄瀬戸どら鉢

大鉢で出すのは追加で「もう少しいかがですか」の意味があります。漬物好きの人には何よりのもてなしになります。銘々皿で出した種類はもちろん、新しいものが加わっていれば最高です。銘々皿と同じものは切り方を変える工夫をするとよいでしょう。

●茄子・胡瓜糠漬け　赤かぶ酢漬け
沢庵漬け　壬生菜きざみ
酢取り生姜　塩吹き昆布

1 よく冷やした銅鑼《どら》形の鉢を用意します。

2 銘々盛りと同じ茄子を、左向こう側に高さを出すように積み上げて盛り付けます。大きさや切り方を変えて、手で大雑把に割った様子にします。

3 胡瓜は厚く輪切りにして右向こう側に俵盛りの要領で高く盛り付けます。盛り付けの基本である向こう側が高く、手前にだんだん低くの「山水」の山を作ります。

4 目立つ色で印象の強い赤かぶを中央に、拍子木に切った沢庵を中央右側に盛ります。

5 細かく刻んだ壬生菜、塩吹き昆布、生姜酢漬けなどの少量の漬物は、手前に体裁よく低めに盛り付けます。
この場合は、好みで食べ手自身が取り分けることが多いので、取りやすく、崩れにくく盛り付けることが大切です。取り箸には青竹のものを使うと、みずみずしく感じられてよいでしょう。

八寸

溜塗り丸形盛器
織部草文馬上杯（中左）
六角十草絵猪口（中右）

先にも少し述べましたが、八寸とは変った名称の献立名です。そもそもは懐石の中で用いるもので動物性の料理が一品、植物性の料理が同じく一品、計二品の酒肴を盛り入れた器が、杉白木で作られた八寸四角の盆状の器であったところからついた献立名です。

　会席料理においても同様の献立名「八寸」があります。料理数や材料には制限がなく、季節の食材、味の変化、彩りなどを考慮してコース中ほどに酒肴の組み合わせとして提供します。使用する器においても決まった約束はありません。

●八寸

さより・菊花・三つ葉とんぶり和え
鮑味噌漬け
穴子煮凍り
鶏松風
唐墨玉子
イクラ吸地浸し
まながつお難波焼き
甲烏賊うに焼き
車海老旨煮
栗土佐煮
生麩揚げ煮
鯛菊花ずし
そば松葉
はじかみ生姜

器を用意します。盛り付け面が広く、特に黒い色の漆器は少しの汚れでも目立つので、きれいに拭き上げることが大切です。写真の器の縁には継ぎ目はありませんが、丸い形の器で継ぎ目がある場合は、手前中央におくことが約束になっています。（丸前角向）

1 料理の中で水分を多く含むとんぶり和えとイクラ吸地浸しの二品は盃や珍味入れなどの小さな器に入れる必要があります。

2 想像する位置に、用いる器を配置してみます。縁から1.5cmくらいは空けておくと、盛り付けそのものに空間的余裕が生まれ、すっきりとします。

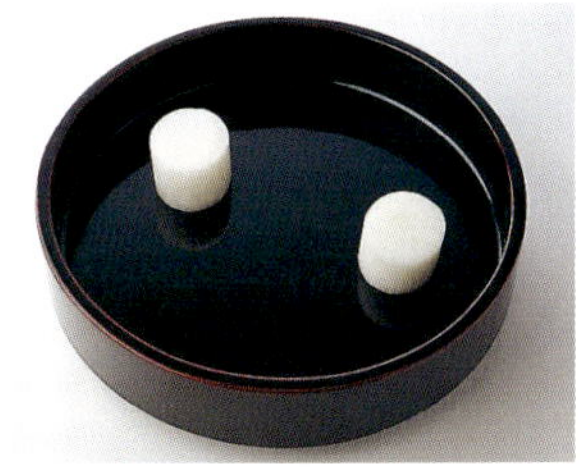

3 これらの器の盛り付け位置を想像するため、仮に大根を配置してみます。

4 直盛りをする料理を盛り付けます。基本的には、向こう側から手前に向かって盛り付けます。まずは高く形がはっきりしていて安定感のある穴子煮凍り、鶏松風を向こう側に盛ります。

5 決まりや約束はないのですが、鮑などの高級材料と思われるものや、赤い色で目立つ海老は真中に盛るとバランスが取れます。

6 手前の空いた部分に、まながつお難波焼き、鯛菊花ずし、栗土佐煮、甲烏賊うに焼きを、それぞれ少しずつ空間を持たせて盛り付けます。

7 より一層季節感を出すため、そば松葉とかいしきの銀杏の葉、楓を、料理の色合いを考えながら散らします。

8 最後に別に盛り込んでおいたとんぶり和えとイクラ吸地浸しを盛り込みます。食べ手の目線で見て、全体的に向こう側がやや高く、手前に来るにつれてなだらかに低くなるのがよいです。

〈別バージョンの盛り付け〉

同じ料理を、菊花形の向付けに盛り込んだ例です。器の盛り付け面積の都合上、詰まりすぎた感じになるので、全体を大きめの折敷に配することで、空間を持たせるように工夫してみました。

灰釉ぐい呑み（左奥）
五方なぶり染付猪口（右奥）
粟田磁小判型菊彫皿（手前）

点心縁高

大徳寺縁高は京都・大徳寺の什器を写したもので、四方の角を切り落とした隅切りで、かぶせ蓋を決まりとし、一辺が約七寸、深さ約二寸の器です。大徳寺縁高弁当の名称で広く親しまれています。一方、点心とは、もとは、正式な食事ではなく、空腹を押さえる程度の簡単な食事という意味でしたが、今日では簡略化した会席料理といえるものです。

●点心縁高

松茸・菊菜浸し
伊達巻き玉子
秋鮭柚庵焼き
花蓮根
子芋・揚げ栗麩田楽
焼き目栗蜜煮
干し子みじん粉揚げ
むかご松葉刺し
車海老酒煮
巻き穴子
さつま芋栂尾煮
南瓜含め煮
絹さや
紅葉麩
萩ご飯
かます棒寿司
はじかみ生姜

輪島溜塗大徳寺縁高
赤楽つぼつぼ珍味入(中)

1 縁高の継ぎ目を向こう側にして準備します。(丸前角向)

2 水分の多い松茸と菊菜の浸しは坪状の珍味入れに盛り入れるので、盛り込む前にイメージ作りのため、空の器を盛り付けようとする箇所においてバランスを見ておきます。

3 俵形にした萩ご飯を向こう側左寄りに、高さを出して盛り、右側には、かます棒寿司を盛り付けます。折り詰め弁当ではないので縁から1.5cmくらいは内側に盛り、余白を取るようにします。

4 真中左寄りに伊達巻きを盛り付けますが、形態や大きさがかます棒寿司と似ているので、盛り付けの角度を変えることで変化をつけます。鮭の柚庵焼きは真中やや向こう寄りに、ご飯類に立てかけて配すと鮭の形がよく見えて色合いもよいでしょう。しかし、ご飯類に味が移ることが心配なので、関所葉蘭を挟むと、これが防げると同時に、緑の彩りも加えられます。

5 真中右寄りに、揚げ粟麩田楽と紅葉麩を寄せ合うように盛り付けます。丸く安定感がない子芋田楽を積み重ねるようにすると、形もしっかりと見え、安定した形になります。真中には赤い車海老酒煮と、白い花蓮根を盛ると華やかさが出ます。また、器に盛り付けた松茸と菊菜の浸しは、左手で取り出しやすいよう左手前に盛り付けます。

6 巻き穴子は丸形で、浸しの器と同じ形なので、これと並ばないように反対の右側に盛ります。手前中央の空いた部分には南瓜含め煮、さつま芋梱尾煮、焼き目栗蜜煮を盛り付け、揃えた絹さやを立てるように盛ります。残った隙間に、干し子みじん粉揚げとむかご松葉刺しを立ち上がるように盛ると、全体に高低差が出てよいでしょう。全体に隙間なく詰まっているように見えますが、それぞれに適度な余白があります。窮屈だと感じさせない盛り付けが理想です。

白木曲輪弁当
万歴花鳥絵珍味入（一段目中）

単に弁当と称していますが、有名な松花堂弁当や大徳寺弁当などは、料理店や出前先の屋内での簡単な食事として提供するものなので、生物や汁気のある料理を盛り込むことがあります。しかし、ここで紹介する折り詰め弁当は行楽やお花見といった野外での食事を目的としたものなので、持ち運びを考えた盛り付け（汁気が出ない、崩れにくい）、衛生上の管理（常温でも傷みにくい）、冷めてもおいしいといった三つの条件を満たさなくてはなりません。食べ手が弁当の蓋を取った瞬間に「きれい」「おいしそう」の言葉が自然に出るような盛り付けにすることも条件に追加したいものです。

●白木曲輪弁当

〈一段目（上段）〉
子芋・白木耳・
さやいんげん胡麻クリーム掛け
サーモン砧巻き
車海老酒盗煮　キス湯葉巻き揚げ
きんき味噌漬け焼き
海老芋含め煮　小倉蓮根
鶏丸旨煮　干し椎茸旨煮
花百合根　絹さや　柚子

〈二段目（下段）〉
海胆入り細巻き玉子
鮎一汐うるか焼き　鶏肝生姜煮
鯖棒寿司　菊花かぶら
はじかみ生姜　酢取り生姜

〈白木・折り詰め弁当の準備〉

白木の器の場合、乾燥していると料理の水分を吸収しすぎてしまうし、逆に事前に湿り気を与えすぎると料理の変質を早めてしまう可能性があります。汚れがないことを確認する意味でも、固く絞ったぬれ布巾で全面を少し湿らせる程度に拭き、食品用のアルコールスプレーを噴霧して準備します。写真の場合は白木の曲輪弁当なので継ぎ目は手前にします。

〈一段目〉

1 子芋・白木耳・さやいんげん胡麻クリーム掛けは、じかに盛り付けることはできません。珍味入れを準備し、事前に、安定する縁側に盛り付け位置を決めておきます。

2 盛り付けは向こう側から手前に向かって行いますが、一品ずつ縁に向かって軽く押し込む感じで、持ち運びの際に緩まぬように盛り付けます。八寸や点心縁高の盛り付けと同じで、海老の赤い色は盛り映えがするので真中に盛りたいものです。

3 器の中央部の広い部分には、きんき味噌漬け焼き、海老芋含め煮、花百合根などやや形の大きなものを盛ると、融通がききます。海老芋と花百合根は崩れやすいので中央寄りに盛ります。また、花百合根は美しい形をアピールしたいことと、海老とは紅白の対象的な組み合わせになるので、海老に近い位置に配します。

4 手前の残った隙間には、サーモン砧巻き、干し椎茸旨煮を盛り込みます。青味の絹さや、香りの柚子皮は空いた隙間を詰めるように添えます。蓋をきっちりする必要があるので、全体の盛り付けは縁よりやや低い位置になるのがよいでしょう。

〈二段目〉

1 一段目同様に継ぎ目を手前にします。向こう側から海胆入り細巻き玉子、鮎一汐うるか焼き、鶏肝生姜煮を盛り付けますが、次の鯖棒寿司を横一列に盛りやすいように手前の線を揃えるようにしておきます。

2 菊花を挟んだ鯖棒寿司は適当な大きさに切り、その後、それぞれを少しずつ左上がりの形に並べ変えると、一切れずつの形がはっきりし、盛り付けたときの動きも出てきます。また、先の料理との間に関所葉蘭を立てると、味移りを防げ、彩りもよくなります。

3 先ほどの棒寿司は仕上げに菊花を挟んだものなので、彩りや味に変化をつけるために、今度は鯖の腹の銀色を生かした棒寿司を盛り付けます。

4 左右の空きの部分に形の小さい菊花かぶら、はじかみ生姜、酢取り生姜を半ば埋め込むように盛り付け、持ち運びの際に崩れぬようにします。全体的に一段目同様に、縁よりやや低く盛り付けないと、重ねたときに一段目の底で押さえ込まれ、料理が崩れてしまいます。

盛り付けを楽しもう

料理内容で器を決める

料理を考え、作る場合の多くは、でき上がった料理の状態、つまり、季節感はどうか、熱いか冷たいか、汁気が多いのか少ないのか、全体の大きさや分量をどうするか、料理の色合いは、器を手に持って食べてもらうか……などという様々な条件を考慮して器選びをするのが通常です。器選びは単に容器を選ぶということだけでなく、いかに料理をおいしそうに、きれいに見せられるかを考えて行うことが重要です。

汁気の多いもの

輪島塗黒内霞雲絵吸物椀

●鯛潮汁
独活　針葱
木の芽

熱々の汁気が多い料理です。椀種となる鯛、独活、針葱を箸で食べつつ、熱い汁(吸地)を吸いながら味わう料理なので、おのずと器の条件は決まってきます。まず、熱い汁の温度が下がりにくいこと、骨付きの鯛を食べながら汁を吸うため、必ず手に持てる器であることが最低の条件になります。木地に漆を施した椀が最も適した器で、まず、保温性が高いので椀種も吸地も熱く味わうことができます。しかも温度が下がりにくいということは、器自体の温度が上がりにくいともいえるので、器を素手で持ち、手のひらにのせることが可能です。また、骨付きの鯛が中央に盛り付けられるので、椀の中でも大振りの煮物椀が最適です。

汁気の多い椀物でも、盛り付けの基本は向こう側をやや高く、手前に向かって低くなるよう盛り付けることです。中心になる椀種の鯛は、椀の真中よりやや向こう側に盛り付けます。写真は、胸びれのついたかまの部分ですが、象徴的なひれが上にピンと立ち上がるように盛り、手前に短冊の独活を動きあるように盛りました。独活は重ね合わせて鯛に立てかけてもまとまった感じになりますが、汁気が入ると持ち運びの間に崩れる心配があります。最後に、針葱と木の芽を混ぜ合わせてふんわりと左側にまとめて盛り、すぐに蓋をして提供します。

朱塗天竜寺型流水桜絵煮物椀

●若筍汁
木の芽

若布と筍という春を代表する材料を取り合わせた「出会いもの」の椀物です。春のさかりなので、朱塗りで桜絵を施した椀を用いました。椀種の取り合わせが春の象徴そのものなので、椀は無地の朱や黒のシンプルなものでもよいでしょう。

筍は安定感のある一つを台(枕)として、真中やや向こう側寄りに盛り付け、竹がすくすくと成長する様を描くように台に立てかけるように盛り上げます。手前に、色よく柔らかく煮た若布を、体裁よくまとめて盛り付けます。熱々の吸地を張り、木の芽をのせたら、すぐに蓋をして提供します。

鯛のあっさり煮
白葱　木の芽

輪花染付間取芙蓉手皿

汁気の多いものと同じ食材を用いても、味付けを濃くして汁気を吸わなくてもよい味になっていれば、多くの汁をためる形でない器でも十分に対応ができます。鯛のあっさり煮は、鯛潮汁の味付けに、少しのみりん、薄口醤油を加え、鯛にごく薄味の喰い味をのせた煮物なので、盛り付けには、保温性の高い蓋付きの椀でなくても使用できます。写真の器は、やや深みがあり、少しの汁気をかけても広く流れないものです。もちろん、熱い料理を盛るからには、前もって熱湯に浸すなどして温めておくのは当然です。

盛り付ける部分が広い皿類であっても、温かい料理なので、真中に体裁よくまとめて盛ります。向こう側がやや高く、手前に低いという基本の形は変わりません。器の真中やや向こう側に主材料である鯛のかまと目の部分を、少しだけ高さを出すように組み合わせて盛り、手前に白葱を鯛に寄せるように、こんもりと盛り付けます。少しの煮汁をかけ、香りの木の芽を天盛りとしてのせます。木の芽は、汁気が多い場合には、汁に香りが滲み出るのでわずかでもよいですが、煮汁が少ない場合には、食べるごとに十分な香りを添えられるだけの量をのせるのが望ましいです。

ここでは染付けの磁器皿を用いましたが、保温力のある陶器や、焼き締めの厚みがある皿類でもよいでしょう。また、煮物用の見込み部分が広い碗類でも対応できます。

若筍煮
蕗　わらび
木の芽

ゆず肌丸平向付

器はやや深みのある、直径七寸程度の大振りの皿を使って盛り付けました。温かい料理なので、色合いからは不向きとも感じましたが、春先のみずみずしさが表現できると思い、あえて使用してみました。

汁気が多いときよりも、蕗とわらびが追加になり、横にも広がりが必要になったので、筍の勢いある盛り付けを表現してみました。筍はすくすくと伸びる様子を表わすように一本を真中に真っ直ぐに立て、手前左から、わらび、若布、蕗を高さをおさえて盛り付けました。器が広く、盛り付けに高さが出せないので、通常の盛り付け方法とは少し雰囲気を変え、ここでは木の芽は天盛りではなく、散らしてみました。

日本料理の味付けや季節を表現するには、多種多様の器が必要であり、それが日本料理の特徴であることは前述しました。しかし、定番の料理を型通りの器に盛り付けるという考え方では応用性も広がりませんし、手持ちの器が登場する機会も少なくなります。あんな器を使ってみてはどうだろう、これを盛り付けてみてはどうだろうといった遊び心を持ち、少しの冒険もしながら、盛り付けを楽しむことができれば料理が一段とおもしろくなるでしょう。

[柿なますを盛る]
[さごし生ずしを盛る]

深向

志野隅入向付

志野の向付けに「柿なます」と「さごし生ずし」を盛り付けました。どちらも同じなますですが、形の違うものです。柿なますは、五色の色鮮やかな料理です。鼠志野の肌色が影響してか、しっくりと落ち着いた感じに仕上がっています。細く切った野菜類なので盛り付け方法は杉盛りで、天盛りには香り高い煎り胡麻を用いました。

一方、さごし生ずしは、同じく酢の味を生かした料理ですが、器の落ち着いた色によって、より一層深みを増した印象に仕上がります。口の狭い器なので、さごしの切り身はいささか小振りに切り、盛り付けも、胡瓜、長芋を適当に交互重ね合わせるようにします。おろし生姜を天盛りにすると高さと同時に、器との間の余白が生まれます。

染付け舟形中皿

染付舟形高山寺絵向付

先の「柿なます」と「さごし生ずし」を、ここでは染付けの向付けに盛り付けました。この器は底部が広く、地が白く、器自体が明るいイメージを持っているので、自然と料理の色合いがクローズアップされるのが特徴といえます。柿なますは深い向付け同様に、すっくりと盛り上げる「杉盛り」にします。上からの目線だけでなく、斜め横からの形にも注意が必要で、まんべんなく五色が見えるように盛りたいものです。また、さごし生ずしは、包丁の切り口がすっきりとした角度で見えるようにし、胡瓜と長芋は手前にまとめ、浜防風を添え、生姜酢を注ぎます。

●柿なます

●さごし生ずし

朱塗大徳寺盆
三方なぶり黄伊羅保猪口

［八寸を盛る］

朱塗りの盆(皿)に数多くの酒肴を取り合わせた八寸を盛り付けます。水分の多い芥子酢味噌掛けは、酒器のぐい呑みに盛り付け、左手で持ちやすい左の向こう側におきます。真中右寄りに平貝木の芽焼きを盛り、車海老・味噌漬け玉子・胡瓜の青竹串刺しは、持ち手を右にして横位置にします。手前には、比較的小さな料理で箸を運ぶ回数が多くなる白魚含め煮を配し、色合いの菜種を添えました。右手前には空豆おかき揚げを盛り付けます。品数と器を比較すると余白を十分に生かせます。スペースがあるので広く、ゆったりと盛り付けたいものです。

●八寸
平貝木の芽焼き
赤貝・分葱の芥子酢味噌掛け
煎り土筆
白魚含め煮
菜種
車海老・味噌漬け玉子・胡瓜の
青竹串刺し
空豆おかき揚げ

［焼き物八寸を盛る］

同じ器に焼き物と八寸の二種類を組み合わせた盛り付けを紹介します。この組み合わせは近頃、頻繁に用いられる方法です。焼き物を提供する際に、あしらい風にいくつかの酒肴を取り合わせると、コース全体に華やかさが加わり、有効な方法といえるでしょう。

漆塗りの器に、焼き上がりの熱い料理を直接盛ると、変色する危険性があるので、焼き物だけは、陶器の舟形皿に盛り、真中に右肩上がりに盛り付けます。朱の皿に対して白色の器なのでめりはりがつき、焼き物の主張ができます。先の八寸同様に、筍・わらびの木の芽和えは左手で持ち上げやすい位置、向こう側やや左に配置します。手前には、遠山鮑変わり揚げを、切り口が見える角度で盛り、左手前には、小さな鯛の子含め煮にえんどう豆を添えて盛ります。全体に、春を思わせる花びら生姜を散らし、焼き物のかいしきには桜の花を添えました。

●焼き物八寸
甘鯛翁焼き
花びら生姜
筍・わらびの木の芽和え
遠山鮑変わり揚げ
鯛の子含め煮
えんどう豆

御本三島彫舟形長皿

朱塗大盃

［焼き物を盛る］

この朱塗りの器は、酒を注ぐ大盃を形取ったものです。祝儀に用いる鯛の尾頭付きを、筏に見立てた焼き物にして盛り込んでみました。まず、塗り物に直接盛り入れたのでは、骨が器の表面を傷つけるかもしれないので、和紙を敷いてこれを防ぐのが常套手段ですが、器の明るい朱色を生かしたいので、葉の大きい「大王松」を敷きました。真中やや向こう側に尾頭のみを残して塩焼きにした筏状の鯛を、頭と尾が持ち上がった状態に盛り付け、中骨の部分にうに焼きと胡麻を振った利久焼きを、交互に見えるように小高く、高さが出るように盛り付けます。手前左右には、焼き蛤と丸形ににぎった赤飯を添わせるように盛り、一番手前には、酢取り蓮根を盛り付けます。全体が向こう側に高く、手前がやや低い「山水盛り」になるようにします。これは、取りまわし料理になるので、個数を合わせて過不足のないようにしたいです。料理の量は写真程度が限度と理解してください。これ以上の量を盛り入れると、縁側に空いた余白がなくなり、窮屈で野暮な盛り付けとなってしまいます。

●焼き物

鯛二種焼き筏盛り
焼き蛤
赤飯
酢取り花蓮根

［点心を盛る］

明るい朱塗りの色は春を表現するにはふさわしい色合いなので、春の点心の二人前を盛り込んでみました。焼き物を盛り付けたときと同様に、大盃の特徴を生かすため、盛りすぎないように注意したいです。盃形であるため、底部に集中した盛り付けになりますが、汁気が多い、三つ葉・アスパラ・独活の浸しは、浅い猪口に盛り込んで真中に並べ、向こう側には、焼き物の鱒木の芽味噌焼きと、細巻き玉子を高さを出して盛り付けます。手前左には、煮物の車海老旨煮を中心にして、飯蛸桜煮、桜生麸を寄せ盛りにし、手前右には、小鯛笹漬け寿司を重ね盛りの要領で盛ります。桜の枝のかいしきでより華やかに春の演出をしてみました。器が小さい場合の盛り付けでは、変化が出しにくいものですが、このように大きな器を使って、それぞれのブロックごとに少しの高低差をつけると、全体として意外に変化に富んだ盛り付けとなり、適度な余白も生まれます。

●点心

小鯛笹漬け寿司
細巻き玉子
車海老旨煮
飯蛸桜煮
桜生麸、鱒木の芽味噌焼き
三つ葉・アスパラ・独活の浸し

御本手丸猪口

白磁深鉢

［煮物を盛る］

醤油色に染まった蛸の足と、白磁深鉢の二色の組み合わせがシンプルで清潔感を出しています。伊勢海老とうにの料理のような、鮮やかさ、豪華さはありませんが、十分な存在感があり、甘辛い味付けの蛸の煮汁の香りが、漂ってきそうです。蛸の足を食べやすいように切らず、柔らかさを生かし、歯で食い切る料理に仕上げています。あえてあしらいものをつけず、生の針生姜のみ天盛りにしました。

蛸に限らず、野菜では筍、大根、里芋の根菜類を大振りに煮て、あしらいをつけず、天盛りだけで盛り付けるのもおもしろいでしょう。

［焼き物を盛る］

白磁深鉢に、伊勢海老を半割りにして、生うにを組み合わせてバター醤油で半生に焼いた料理を盛ってみました。鉢類には煮た物や浸し物など、汁気があるものが定番ではありますが、時として、こんな盛り付けも大胆で迫力があり、活きのいい伊勢海老そのものを表現できます。器に深さがあるので、周囲に余白を持たせながら、高さのある重ね盛りがよいでしょう。

●蛸柔らか煮
針生姜

●伊勢海老二見焼き
たらの芽

唐津風松絵鉢

「揚げ物を盛る」

前述の「盛り付けてみよう」の項では、揚げ物という料理は、極力盛り込みをせず、揚がったものから順に提供するのがおいしい食べ方であると説明しましたし、実際、その通りなのですが、条件によっては、大皿などで供する必要も生じてきます。

そういった場合は、まず、皿に余分な油を吸い取るための和紙を重ねて敷きます。そして、山のように積み重ねたり盛り上げたりする盛り方は避けたいものです。揚げ立てを二重、三重に積み上げると、中の揚げ物は、必ず蒸れしまい、表面にべたつきが出て、うまいものとはいいがたいです。したがって、一枚の皿に写真程度の分量を限度として、器を複数用意するのがよいでしょう。油取り和紙の代わりに、すだれや網を用いても風情が出てよい場合もあります。

● 油目唐揚げ
ふきのとう素揚げ
酢だち
うまみ塩

「たき合わせを盛る」

四種類の春野菜と山菜の煮物の盛り付けです。これは、寄せ盛りが基本の形となります。大皿に盛ることは複数人数での取りまわしが前提なので、一人前の分量や数が読めることや、最後まで崩れない盛り付けが大切です。写真のように、全体がゆるやかに盛り上がった状態に盛りますが、筍は無理な組み合わせ方をすると、バタバタと見苦しく倒れる場合があるので、形に合わせて素直に重ねるくらいがよいでしょう。蕗も独活も同じ要領でよいですが、三種類が同じパターンでは、動きや表情が出せないので、独活の一本とわらびだけは立てかけるようにします。木の芽はまとめて天盛りにしてもいいし、二〜三枚をセットにして散らしても趣が変わってよいでしょう。また、かける煮汁は、それぞれの味や香りが出ているので、少量ずつを合わせるとよいでしょう。

● 春野菜
たき合わせ
筍
ふき
わらび
独活
木の芽

同じ料理を器を変えて盛る

器を変えて造りを盛る

前項では一つの器に二種類の料理を盛り付けましたが、ここからは、一種類の料理を二種類の器に盛ってみます。基本的な考え方としては「一器多様」と同じであり、この料理にはこの器が一番というような既成の考え方ではなく、自由な発想から器の選択をした例です。ただし、自由とはいっても料理のおいしさを損なうことがあってはなりません。

●鯛松皮造り　鮪平造り

黒小判盆
染付菱形向付（右）
黄釉猪口（中）
唐津透し入筒向（左）

同じ鯛松皮造りと鮪平造りを盛り付けますが、雰囲気を変えて、鯛と鮪を別々の器に盛り込み、盆に並べることで一品として取り扱う演出にしてみました。鯛は陶器の落ち着いた筒形の向付けに、かき氷を敷き詰めて高さのある盛り付けにします。

一方の鮪は染付けの小皿に、山葵だけを添えて盛り付けます。造りが三種になれば先の器とは違う種類を取り合わせ、器を三種にしてもおもしろいし、大振りの器に二種、小振りな器に一種と盛り付け、器の組み合わせでも楽しめます。

萩焼七宝透し向付
志野渦入り丸猪口（手前）

七宝透かしの入った深い形の萩焼の向付けに鯛の松皮造りと鮪の平造りを盛り付けました。底の部分が狭い器なので、自然と盛り上げる形になります。鯛と鮪を比べると通常は白身魚の鯛が主役といえるので、中心の真中の位置に配します。下に三貫をおき、積み重ねるように二貫を盛り付け、左手前に二貫の鮪を盛ります。

手前中央に、穂紫蘇を立てかけ、莫大海を盛り、山葵は右手前の箸がつけやすい位置に添えます。通常、造りはこの盛り付け方法が基本の形です。

穂紫蘇
莫大海
山葵
土佐醤油

松菜
水前寺海苔
土生姜
山葵
土佐醤油

仁清磁団子絵丸小皿

半開扇形の器とは材質も形も違う皿に、サラダ感覚で盛り付けてみました。定番の山葵に土佐醤油でもよいのですが、油を加えた生姜醤油ドレッシングを注ぎ、混ぜ合わせて食べることを考慮し、やや大き目の平皿を選びました。あしらいの野菜を二〜三種類にしてみるのも、従来の造りの感覚と変わって盛り付けの枠が広がるでしょう。

白磁丸紋半開扇向付
赤絵魁丸猪口（右）

半開扇の向付けに、平貝焼き霜造りと赤貝をごくシンプルに盛り付けました。扇を少し開いた形のポピュラーな器ですが、この器は横に広げて料理を盛ると実に野暮になり、清楚な感じがなくなってしまいます。盛り付け面の広い部分に、小さくまとめて盛るのがよいでしょう。したがって、あしらいも芽かんぞうと辛味の山葵のみにしてみました。

●平貝焼き霜造り　赤貝

芽かんぞう
山葵
割り醤油

芽かんぞう
青とさかのり
山葵
生姜醤油ドレッシング

重詰の盛り込み方

富貴蒔絵重箱

もともと節目の行事や節句の際の料理は、すべて「おせち」といい、中でも正月のおせち料理は重要視されました。現在でも、雑煮と並んで重詰は、正月料理の中心的な役割を果たしています。本来、重詰は新しい年を迎えるにあたり、年神様と人間が食事を共にする「直会《なおらい》」に供する料理を収めた家庭料理ですが、近年は料理屋等が競って販売することになり、料理の内容も変化しているのが現状です。

いずれにしても祝儀を表わし、数多くの料理をきれいに詰め合わせるには、いくつかの法則を守らなくてはなりません。地域や家庭によって多少の違いはありますが、壱の重（一段目）は子宝に恵まれるようにとの数の子、まめで健康で過ごせるようにとの黒豆、五穀豊穣を願っての田作り、強壮の働きの叩き牛蒡など祝儀肴類を盛ります。弐の重（二段目）は酢の物やなます類、参の重（三段目）は焼き物、与の重（四段目）は煮〆（煮染め）と呼ばれる煮物類などを入れるという約束ごとがあります。

どの段を盛り付けるにしても、お重の高さに合わせた寸法に材料を切ることが大切です。切る寸法はものさしをあてがって切るくらいの注意が必要です。

しかし、近年は同居家族数の減少や食事情の変化に伴い、二段～三段程度ですませたり、一段のみにするなどの簡素化が進んでいます。ここでは祝儀を意味する料理と焼き物を組んだ一段目と、酢の物、なますと煮物を組んだ二段目を重ねた詰め方を説明します。

ぶどう豆
切り竹千車唐
厚焼き玉子
叩き牛蒡
田作り
鮑二見蒸し
車海老酒煮
身巻き唐墨
甘鯛月環
数の子粉鰹まぶし
きんとん
まながつお西京焼き
酢取りはじかみ
鶉甲州焼き
烏賊うに焼き
芥子蓮根
鰆幽庵焼き
紅白相生結び
穴子八幡巻き

● 祝儀肴

身巻き唐墨
鮑二見蒸し
車海老酒煮
数の子粉鰹まぶし
甘鯛月環
厚焼き玉子
きんとん
田作り
叩き牛蒡
ぶどう豆
切り竹千車唐

● 焼き物

まながつお西京焼き
鰆幽庵焼き
烏賊うに焼き
穴子八幡巻き
鶉甲州焼き
芥子蓮根
酢取りはじかみ
紅白相生結び

1　ここでは一段目を横半分に葉蘭で仕切り、向こう側を祝儀肴、手前を焼き物と分けています。お互いの料理が水気が少ないので、汁気で味を損ねることなく、においが移りにくいので、この組み合わせにしました。まず、ぶどう豆は形が小さく、ばら盛りでは存在感がありません。表面にしわが寄って見た目がよくないので、青竹に盛り込み、左向こう側に配置しました。中心近くに配置すると黒が目立ち、華やかさが失せるのと、沈んだ感じに見えるので、この位置が最適の盛り付け場所でしょう。

2　次に、甘鯛月環は切り口が丸くなるので、形の重なりを考えて青竹から離れた右向こう側にしました。色が黄色いので、同じ色の厚焼き玉子と離した方がよいでしょう。

3　八寸のときと同じように、海老の鮮やかな赤色や高級食材は真中に盛り付けて存在感を持たせます。数の子粉鰹まぶしを右手前にし、叩き牛蒡、田作り、身巻き唐墨などの小さいものは手前にまとめて盛ります。きんとんは盛り込みやすさと、取りやすさを考えて小さく茶巾に絞るとよいでしょう。

1　焼き物は祝儀肴に比べると大きく、色合いや形に変化が少ないものです。まず、切り身のままで焼き上げたまながつお西京焼き、鰆幽庵焼きで両端をしっかりと固めます。

2　空いた部分に他のものを詰めればいいのですが、穴子八幡巻きは特徴ある切り口を、鶉甲州焼きは干しぶどうや松の実などが見えるように切り面を見せます。

3　彩りのある烏賊うに焼きと、形の変わった芥子蓮根を真中に盛り付けました。赤い色の酢取りはじかみ生姜と、長芋と人参の相生結びで彩りを添えます。

祝儀肴、焼き物いずれも重箱の大きさを考えて通常よりも小さく仕上げているので、詰め込みすぎると高低差や、少しの隙間もなくなり、画一的で息苦しい印象を与えてしまいます。若干、角度を変えて見て、適当な間を作るように盛り付けたいものです。

弐の重

（二段目）

五色なます胡麻和え
もろこ南蛮漬け
岩茸生姜煮
酢取り蓮根
さごし生ずし
鯛生ずし
紅白餅花
平目白板昆布巻き
サーモンマリネ
木の葉針魚
鰻干瓢巻き
菜種
伊勢海老菜種煮
鰊昆布巻き
新筍土佐煮
椎茸旨煮
きぬさや
芽くわい旨煮
あん肝生姜煮
蛸柔らか煮
人参香梅煮

●酢の物・なます

さごし生ずし
鯛生ずし
平目白板昆布巻き
木の葉針魚
サーモンマリネ
もろこ南蛮漬け
五色なます胡麻和え
酢取り蓮根
岩茸生姜煮
紅白餅花

1　壱の重同様に横半分に仕切り、向こう側に酢の物・なますを盛り入れます。まず、直接盛ることができない五色なます胡麻和えは、柚子釜に盛り入れます。しかし、なますは時間経過と共にどうしてもかさが減ると予測されるので、やや多めに詰め込む必要があります。重箱に盛り入れる箇所は左向こう側が手に取りやすく、安定した場所といえるでしょう。

2　鯛とさごしの生ずしは切り方が同じなので、盛り付けは並びの角度を変えるだけでも動きが出てきます。白身魚の鯛は皮目の色もきれいで高級材料とみなされるので、真中の位置とします。

3　平目白板昆布巻きは、特徴がある切り口を見える角度にします。生ずしと木の葉針魚の間に盛ると、形が違うのでめりはりがつきます。

4　手前の部分にもろこ南蛮漬け、酢取り蓮根、サーモンマリネ、岩茸生姜煮を差し込む要領で盛り付けます。

●煮〆（煮染め）

椎茸旨煮
新筍土佐煮
芽くわい旨煮
人参香梅煮
鰻干瓢巻き
鰊昆布巻き
あん肝生姜煮
蛸柔らか煮
伊勢海老菜種煮
きぬさや
菜種

1　先ほどの、酢の物・なますが、並ぶような盛り付けになったので、煮〆の方は、あえてブロックにまとめるのではなく、散らし盛りにして変化を作ってみました。

2　干瓢巻きは切り口を意識して盛り付けましたが、平目白板昆布巻きと形が似ているので、距離を離して左手前に盛り込みます。横に伊勢海老菜種煮を盛り付けます。これを伊勢海老だと知らせるために、象徴的な赤い尾びれを添えます。

3　醤油色の料理が重なり合わないように意識して盛り付けます。煮〆の場合は青味野菜の使い方が新鮮味を表現するには大事です。ポイントになるべきところに少しだけ配すようにします。

酢の物となます、煮〆に共通していえることは、料理の仕上がり時点では水分を多く含んでいるので、盛り付ける前に、あらかじめ網や巻きすだれの上に並べて水分をきったり、ものによってはペーパータオルや布巾で水分を拭き取ったりする作業が何より大切です。

重箱は、正月料理の重詰の印象が強いためか、日常使いの器として活躍が少なく、収納庫や食器棚を占拠しているのが実情ではないでしょうか。また縁高は、縁高弁当という名が一般的なので、用途は弁当に限ると思っていませんか。ここでは、これらの器を、蓋を用いないで身の部分のみを盛り器として使ってみました。また、保温性の高さを生かして蓋付きで用いると、温かい料理の持ち出しサービスにも利用できるでしょう。

重箱

高蒔絵入角重箱

［焼き物を盛る］

通常、塗りの重箱に熱い焼き物を盛ることはありませんが、変わった趣向にしたいと思う場合には、こういう器選びも、変化があっておもしろいものです。塗りの部分に直接盛り付けると変色してしまうといったアクシデントが生じるので、ここでは、杉白木のへぎを敷きました。杉は香りもよく、保温効果も期待できるし、白木はその自然さが何よりです。三品あるので各ブロックに分けて盛り付けますが、周囲に余白を取り、画一的に積み重ねるのではなく、切り身の数が分かるように、それぞれ間を持たせて盛り付けたいものです。たらの芽やはじかみ生姜は数を合わせましょう。重箱を傷つけないためには、へぎだけでなく、陶磁器の皿、朴や柏の葉、または竹の皮などを使っても、目先が変っておもしろい盛り付けとなるでしょう。

●焼き物
鰆幽庵焼き
まながつお西京焼き
甘鯛塩焼き
たらの芽
はじかみ生姜

春慶塗大徳寺縁高
南蛮高台珍味入(右奥)
志野草文絵隅入小皿(右前)
志野風櫛目ぐい呑み(左奥)
青白磁一方とじ目珍味入(左前)

［酢の物を盛る］

大徳寺縁高を折敷替わりにして、酢の物を盛り付けました。もちろん、縁高にじかには入れられないので、小鉢や猪口に盛り付けたものを配しましたが、四人分の器をすべて違うもので構成しています。日本料理では時として一人一人の器が違うことも風情、趣向があるとして評価されます。時期によって、より冷たく提供するために、縁高にかき氷を敷いて酢の物を盛り込んでもよいし、季節の木の葉や花をあしらうと、季節感と彩りが増します。

●蛤・赤貝・鮑の
三杯酢ゼリー掛け

赤口朱塗盛器

［造りを盛る］

外が朱塗りで、内が黒塗りの丸縁高に、尾頭付きの目板鰈の姿造りを盛り付けました。黒地の器は盛り付けた料理がくっきりと浮かび上がり、陰陽が明確になるのが特徴です。鰈を鯛に変えるだけでも、祝儀料理の造りとして利用できるし、造り身を鮑や赤貝の殻に盛り入れて、かき氷を敷き詰めた縁高に配置すれば、彩り鮮やかで豪華な複数盛りの造りができます。

●目板鰈姿造り
白髪大根
青紫蘇
より紅白
赤芽紫蘇
山葵
土佐醤油

洋皿に盛る

材料や調理法の多様化や食べ手の味覚変化により、料理を洋皿に盛り付けることも多くなりましたが、どんな日本料理にも、洋皿の盛り付けが似合うとは限りません。器の持つ特異性が、盛り付けの重要なポイントであることを十分に理解することが大切です。

焼き物や揚げ物は盛り付けがプレート状の洋皿に変化しても対応できるので、ここでは焼き物二種を盛り付けてみました。

白磁丸変形皿

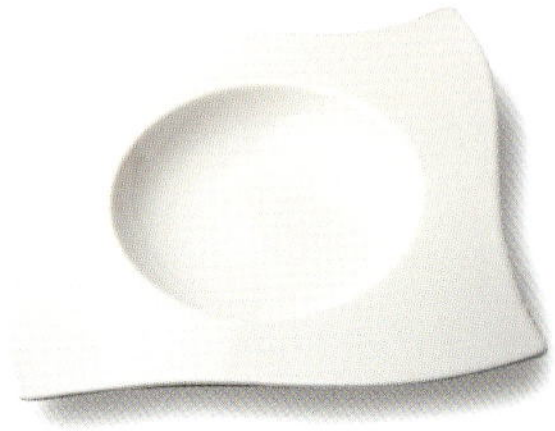

魚の切り身は柔らかいので、箸で食べられますが、鮑は柔らかいとはいっても切り離すという行為は箸ではむずかしいので、あらかじめ適当な大きさに切った切り身を二～三切れ盛ります。ソースをかけ、日本料理の盛り付けの特徴といえる高さを出せるよう、揚げ若布と、アスパラガスを鮑に立てかけるように盛り付け、針葱をのせました。鮑の形や大きさを強調したい場合は、あえて姿のまま盛り付け、ナイフ・フォークで食べる趣向としても、これからの日本料理の提供方法としてはよいでしょう。

●鮑ステーキ
揚げ若布
アスパラガス
バター醤油ソース
針葱

白磁角変形皿

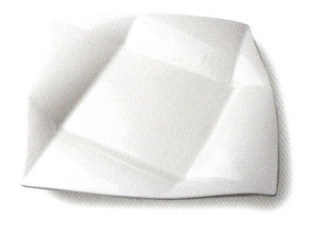

料理名はステーキとはなっていますが、鰤の照り焼きに大根を付け合わせた「鰤大根」の焼き物バージョンを洋皿に盛り付けました。

日本の焼き物皿に盛り付けるのと差異はほとんどありません。日本料理の基本では、あしらいを手前におくことが常道ですが、ここでは、大根は、箸で簡単にはつまめない大きさなので、手前では主材料の鰤の存在が乏しくなるため、あえて向こう側に盛り付けました。大根を輪切りにしたのは、盛り付け面積の広い器であることと、輪切りの方が大根らしさを強調できるからですが、これは、広い見込みのあるプレート状の皿だからできる切り方です。魚の切り身を盛り付ける場合の基本は、腹側が手前で皮目が上ですが、この場合は、切り身を斜めに切っているので、皮が向こう側になり、身が上を向く横位置に盛るのがよいでしょう。

●鰤ステーキ
焼き大根
山椒ソース
針葱

より熱く、より冷たく盛る

どの国の料理にも熱い料理、冷たい料理はあるでしょうが、食卓でグツグツ煮ながら食べる鍋物や、氷水から引き上げてキュッと目を閉じるくらいに冷たさを味わう感性は日本料理ならではでしょう。こういった独特の感性は大切にしたいものですが、熱さや冷たさといった温度ばかり気にするのではなく、適度な量や提供するタイミングを逃さぬように注意しなければなりません。

土鍋に盛る

飴釉懐石小鍋
黄伊羅保丸こんろ

この料理は、煮物椀とか羹物《あつもの》と称して椀に盛って提供するのが一般的ですが、ここでは、一人前の土鍋に盛り付け、コンロで温める程度に加熱しながら提供する方法にしました。寒さが厳しい冬期には、熱い料理が何よりですが、椀を温め、料理を十分加熱しても、多人数に対して熱々を提供することは至難の業です。コンロを用いることで、こういう問題が解決されるだけでなく、目先の変化が出せるし、食べ手も取り皿に取り分ける楽しさなどが加味されてよいでしょう。

●焼き甘鯛
蕪
筍
焼き白葱
菜種
木の芽

銅鍋に盛る

木の葉型銅鍋
黄伊羅保胴張型こんろ

日本料理の場合、肉類を提供するときは、加熱調理したものを一口大に切って器に盛り付けるのが一般的です。しかし、これでは切るごとに肉汁がこぼれ出てしまい、おいしさが半減してしまいます。肉類を献立に組み込むときは、ぜひとも生で持ち出し、食べ手に調理の一部を楽しんでもらうのがよいのではないでしょうか。写真は一人前コンロと銅鍋ですき焼き風に煮ながら、好みの火通りで味わう趣向です。生で肉質のよさを見せることも売りの一つになります。

●牛肉すき煮
焼き麩
白葱
粉山椒

切り出し丸型こんろ(右)
黒釉角型こんろ

日本料理では、寒い時期には「鍋を囲む」という表現があるように、温かい料理の代表に鍋がありますが、一品料理としても、会席料理の流れの中に取り入れても目先が変わるだけでなく、若干のお遊びの要素も加わっておもしろいでしょう。

ここで紹介する野菜鍋は、新キャベツの柔らかい葉と、大きな丸大根を薄切りにしたものを、それぞれ受け皿形の網に敷き詰めて鍋替わりにしたものです。

いずれも、材料を生の状態から煮るのでは容量も熱量も確保しにくいので、すでに加熱した材料のみを用い、煮汁は葛粉などで濃度をつけたほうがよいでしょう。炭火を用いて、コトコトとゆるやかな火加減で熱く提供できるという程度です。

キャベツ、大根共に、生のままでは固くて底に敷いた網の形に密着させることができないので、軽くゆでて柔らかさを持たせる必要があります。しかし、ゆですぎると箸先で軽く触れただけでも穴があくので、ゆで方には注意が必要です。

この他、朴葉、柿の葉などの広葉樹の葉も鍋替わりとして利用できます。

雪鍋

鴨鍋

氷で見た目にも冷たく

織部透し六角鉢
吹き墨さざえ型珍味入

織部の六角鉢に、クラッシュアイスを敷き、三種の造りを盛り付けて涼感を出す趣向にしてみました。白い器以外に氷を用いる場合には、器の底部に和紙を敷くと氷の白さが際立ちます。この場合は、盛り付けた造りと器との間に、余白が十分あるので、割り醤油を入れた猪口も入れ込んで、冷たく提供できるようにしました。

●平目
肝みぞれ
車海老
青紫蘇
芽かんぞう
岩茸
山葵
割り醤油

風船氷でより涼しく

銀製八角型皿

すのこの機能を持たせた銀皿に、クラッシュアイスを敷き、造りの三種盛りを提供します。造りは、氷の冷たさと共に提供するのはもっともですが、氷を用いると、見た目により清涼感を味わえます。更に、写真のように風船に入れた水を薄く凍らせ、横半分に切って被せると、風情が出て、ちょっとした遊び感覚を楽しんでもらうことができます。薄く作り上げた氷なので、箸先で突いて手前に口を作り、そこから箸をつけるようにするのもおもしろい演出でしょう。

●鯛
赤貝
あおり烏賊
白髪大根
より人参
碇防風
岩茸
山葵
土佐醤油

珍味入れ十二ヵ月

黒脇引

珍味とは、文字通り珍しく、稀少である食材を酒肴としたものです。かつては、米から作り出した甘い部類の日本酒に合うように、塩を効かせた塩辛（塩蔵品）が主なものでしたが、今では味わう酒の種類も多くなり、食材の多様化もあって、「珍味」とは少量で味わい深いものを指す言葉と変化してきたようです。これらの料理を盛り付けるための器を「珍味入れ」と称しますが、もとは香料を入れる「香合《こうごう》」を転用したものです。一月の宝珠、三月の雛形、四月の桜絵、九月の兎形、十月の菊花形のように、身と蓋に分かれているものが基本形ですが、今日では二月の椿絵、五月の菖蒲形、六月のさざえ形、七月の団扇形、十一月の紅葉絵などのように、季節を表わす形や、絵柄を配した猪口や豆皿なども、広く珍味入れ、珍味皿と称しています。日本料理は器を手で持ち上げ、箸でつまみ上げて食べるのを基本としていますから、これらの器をうまく取り入れると、変化に富んだ盛り付けの組み合わせができます。

● 一月 数の子味噌漬け

仁清磁源氏こま宝珠型珍味入

● 二月 あん肝みぞれおろし

乾山写椿絵珍味入

● 三月 海鼠腸《このわた》

万暦錦絵おひな様珍味入

● 四月 海胆塩蒸し

白磁丸型さくら絵珍味入

● 五月　鯛白子味噌煮

あやめ型珍味入

● 六月　鮑肝

吹き墨さざえ型珍味入

● 七月　鮎うるか

仁清磁団扇型小皿つゆ草絵

● 八月　烏賊塩辛

九谷角型珍味入

● 九月　海老塩辛

仁清磁うさぎ珍味入

● 十月　イクラ醤油漬け

赤巻菊置上珍味入

● 十一月　蟹みそ和え

仁清磁もみじ絵珍味入

● 十二月　黒豆蜜煮

赤楽つぼつぼ珍味入

酒肴を盛る

料理を盛り付ける器に様々な材質、形、大きさがあるように、酒器にも負けないだけの種類があります。日本料理には、酒の味を何倍にも膨らますことを目的とした酒肴、珍味というものがあります。いずれも、少しの量で独特の強い味や香りを持ちますから、多くの量を提供することはありません。したがって、小さな猪口、ぐい呑み、盃を盛り器として用いると洒落気が出てよいでしょう。

黒四方盆
赤土小皿（右奥）
掻合朱塗珍味入（右前）
染付山水絵丸猪口（中）
仁清磁一筆刷毛杯（左前）
わらび波絵引盃（左奥）

酒を注ぎ、呑むのが酒器本来の役割です。しかし、酒器は素材、色合い、大きさ、形などが様々であり、組み合わせてみると、思いがけないおもしろさが出ます。ここでは、色合いの違う朱盃三種と、陶磁器を二種、真塗り（黒塗り）の八寸盆に配置しました。時期によっては様々なガラス酒器を揃えたり、青竹の一式揃えなどを使ったりしてもいいでしょう。また、酒器ではありませんが、各種の貝殻やかいしきを組み合わせてみても、変化に富んだ演出ができます。ここでは、珍味中心の酒肴を例に挙げていますが、例えば、五種類の造りを五種類の器に盛ってみるのも、従来の基本からは外れてしまいますが、時にはよいアイデアかもしれません。

●イクラ醤油漬け
筍木の芽和え
からすみ大根
さより昆布締め
火取り一夜干し鰈

月別の料理を盛り付ける

一月

正月会席料理

①赤巻菱形寿字入珍味入
②黄瀬戸一方押珍味入
③黒塗羽子板皿
④土盃
⑤朱塗あじろ網丸盆
⑥黒蓋裏飛翔鶴絵椀
⑦粟田磁小判型雪笹絵向付
　共猪口
⑧麦わら十草絵箸洗碗
⑨飴釉長角型蓋物
⑩飴釉信楽すっぽん鍋
⑪搔合塗黒井桁型台
⑫高山寺絵木の葉型小皿
⑬白刷毛目深鉢

一月は、なんといっても新年に年神様を迎えることを表現した料理と器にした方がよいでしょう。前菜の折敷は、螺鈿細工を施した朱塗り、前菜各種を盛り付けるのは、羽子板形の八寸盆。かいしきとして裏白を取り合わせています。そして、箸は直会《なおらい》用の柳材で作った祝い箸、盃は神事に使う土器製、続く椀は、祝いの雑煮風なので、器は鶴蒔絵の煮物椀にするなど、正月や祝儀を表わす器を多用しています。焼き物は保温性に優れた箱形の蓋物に盛り付けています。蒸し物は厚手の土鍋を盛り付けの器に転用し、那智黒を敷き詰めて加熱して熱々を提供する工夫をしています。

●前菜

なまこ親子和え
蟹酢・芽かんぞう・二杯酢
平目博多押し
さより黄身寿司
海老真薯　唐墨
千枚蕪柚子巻き
叩き牛蒡　田作り
子持ち昆布、黒豆
松葉刺し・人参梅煮
ちしゃとう味噌漬け・
厚焼き玉子
慈姑せんべい

●椀　清汁仕立

鶉丸　蕪　焼き餅
うぐいす菜　人参
干し子　柚子

●造り

おこぜ湯引き
皮きざみ
肝あさつき
浜防風
ポン酢

●しのぎ

すっぽんスープ
しのび生姜
芽葱

●焼き物

まながつお西京焼き
蓮根おかき揚げ
長芋塩焼き
ふきのとう衣揚げ
すだち

●蒸し物　柚香蒸し

伊勢海老
あいなめ　生うに
鮑　菜の花
若布　生姜あん

●食事

香箱ご飯
香の物

二月

節分に因む点心

①掻合溜塗大徳寺縁高
②青磁猪口

会席料理を大徳寺縁高に盛り込んだ点心弁当です。弁当の体裁は、一つの器にすべての料理を盛り付けるか、あるいは、椀や造りが別の器で提供されて二～三つの器に盛り分けるとしても、すべての料理が一度に食べ手の目にふれるので、盛り付けの高低差や、彩りに注意が必要です。加えて、なんといっても箸がつけやすい、盛り付けが崩れにくいといった基本を忘れてはなりません。

節分に因み、豆撒き大豆、福や鬼の名を冠した料理、最近は恵方巻きという料理名が定着した感のある巻き寿司などを、分かりやすく盛り付けましょう。かいしきには、鬼が嫌がるとされる棘のある柊を用いるのが定番です。

- 五目大豆旨煮
- 鰯生姜煮
- 油目木の芽焼き
- ばい貝旨煮
- 車海老旨煮
- 子持ちきんこ
- 鬼くるみ素揚げ
- お多福百合根
- 高野豆腐けんちん鋳込み
- 絹さや
- 稲荷寿司
- 細巻き寿司
- はじかみ生姜

三月

上巳《じょうし》の節句会席

①染付桜川絵向付
②青磁丸型猪口
③黒花筏絵吸物椀
④仁清磁霞型雲錦絵向付
⑤灰釉小皿
⑥楽両切向付
⑦白磁瓔珞紋炊合
⑧黒小丸椀

上巳の節句会席と名づけましたが、桃の節句、雛節句に因んだ会席料理です。現在では、この節句は三月三日と定まっていますが、もとは、三月最初の巳の日に行われた節句なので上巳（上は最初、巳は十二支の巳の意味）の節句といいます。

この提供の仕方で特徴的なのは、焼き物と酒肴を組み合わせた八寸を、一つの器に盛り付けた料理を登場させ、品数が少ないコースにボリューム感を出しているところです。雛段飾りで左側に桜を配するところから、先付けには桜絵の向付け、椀と造りの器には桜と紅葉を描いたものを用いて春の演出をしました。料理も平安時代に貴族の間で行われた遊戯である「貝合わせ」（左右二つのグループに分かれて同じ種類の貝を出して比べ、優劣を競う遊び）を意識し、帆立貝と蛤を組み込んでいます。

※器の解説の貝殻のところで「貝覆い」の解説をしています。貝覆いを貝合わせということもありますが、ここでは、古い形の貝合わせを意識して料理に取り入れました。

●先付
あぶり帆立貝
温度玉子
あさつき
キャビア
揚げじゃが芋
旨酢

●椀
蛤酒煎り
胡麻豆腐
菜種
木の芽

●造り

鯛そぎ造り
長芋
より独活
山葵
割り醤油

●焼き物八寸

筍味噌幽庵焼き
甘鯛白酒焼き
蕗のとう田楽
空豆はさみ揚げ
白魚唐墨和え
菱形穴子蒲鉾
桜花長芋
金柑イクラ
花弁百合根

●煮物

鯛の子玉締め
新牛蒡旨煮
木の芽

●食事

筍ご飯
赤だし
香の物

四月

花見の点心

線付柳桜絵重箱

近頃は、花見といえば満開の花の下にブルーシートを敷き、焼肉を食べるのが定番のようで、花の風情や香りを鑑賞するといった楽しみ方ではなくなり、非常に残念です。日本には四季があり、日本人は日々変化する自然の移ろいを肌で、耳で、目で感じ、生活に取り入れてきました。ここでは、枝垂れ桜の漆絵が施された二段重ねの重箱に、春の香りがいっぱいの点心弁当を盛り込みました。伝統的な花見の雰囲気を味わうことができればうれしいです。

一の段には酒の肴を盛り込んでいます。弁当は「なんでもあります。少しずつ」といわれる通り、色々な調理を施した料理を数多く用意することが、ご馳走の根本であるところから、十数種類を取り合わせました。盛り付けは重箱の周囲に少しの余白を持たせ、全体を寄せ合うようにしていますが、それぞれの料理の形や色合いがよく見え、少しの高低差がある盛り付けが理想的です。

また、二段目は様子を変え、正確に並べたり、積み上げたりする盛り付けにしました。寿司類は形も大きさも同じものを組み合わせることが多いので基本の俵盛りで盛り付けました。巻き寿司は切り口の方向を揃えるだけでも整ってきれいに見えますが、桜の葉に包んだきすの寿司は、やや隙間を空けて盛り込むことで、盛り付け全体に適度な間が出ます。

● 一の段

鰆西京焼き
帆立貝木の芽焼き
白魚この子焼き
まながつお南蛮漬け
鯛の子旨煮
筍土佐煮
飯蛸桜煮

子芋白煮
蕗旨煮
百合根紅白金団
こごみ
花弁百合根
たらの芽

● 二の段

きす桜の葉包み寿司
手まり寿司
細巻きずし
花びら生姜
はじかみ生姜

五月

端午の節句会席

①輪島溜塗台盆
②灰釉小判型小皿
③黒水車蒔絵吸物椀
④仁清磁輪花荒磯絵向付
⑤黄瀬戸丸型猪口
⑥御本手楓絵小茶碗
⑦粉引御本りんぐ絵手付鉢
⑧両手銅製小鍋
⑨八角切り出しこんろ
⑩萩風丸小皿
⑪伊羅保葵皿
⑫御本手舟形向付
⑬輪島溜塗片木目角椀

端午の節句に因む食べ物は、粽《ちまき》や柏餅が代表的ですが、食材としては、鯉、鯛、鰹など成長や祝物儀を表わすもの、また、かいしきでは、菖蒲やよもぎなどがあります。

前菜では、よもぎと粽で厄除けを願い、盛り付けは姿形が分かりやすいように三個を一まとめにして立てました。椀は黒水車蒔絵の吸物椀に盛り、造りは波絵の深向付けに盛り付けて菖蒲を象った独活を立てかけ、端午の節句を象徴的に演出しています。しのぎの後は、春が旬の鱒の木の芽焼きを、あしらいなしのシンプルな懐石風の取りまわし式にして目先の変化をつけました。煮物は小鍋でのしゃぶしゃぶにし、ボリューム感と調理参加型の要素を含めて盛り付けに変化を出しました。揚げ物は単独で提供するのもよいですが、食事のおかずとして提供してもおもしろいでしょう。

●前菜
粽寿司
鮑旨煮・木の芽ジュレ

●椀　潮仕立
甘鯛酒蒸し
さやいんげん
独活
木の芽

●造り

鰹いぶし造り
黒目張洗い　針茗荷
碇防風　菖蒲うど
山葵　土生姜　土佐醤油

●しのぎ

煮蛤の飯蒸し

●焼き物

川鱒木の芽焼き

●煮物

しゃぶしゃぶ
牛ロース肉
青葱
黄身おろし酢

●揚げ物

貝柱うに鋳込み揚げ
えんどう豆かき揚げ
レモン
うまみ塩

●食事

アスパラご飯
あさりの赤だし
香の物

六月

水無月の松花堂弁当

①溜塗松花堂縁高
②吉字吹墨角小皿
③茄子色切子猪口
④赤絵角小皿
⑤ダイヤ紋輪花皿
⑥黒波車絵煮物椀

松花堂弁当の四つの仕切りに何を盛るかの規定はありませんが、調理法から考えるならば生の造り、焼き物、煮物、ご飯、他に椀がつくのが基本といえるかもしれません。しかし、この献立では先付けに氷のかたまりを三角形で表現した胡麻豆腐を付け、お値打感を上げるようにしました。造りを別盛りにし、空いたところに揚げ物を盛り付ける方法もあります。冬期の寒い時期は椀の代わりとして、汁気の多い熱々の蒸し物を「椀物替わり」と名づけて提供するのもよい方法です。

いずれにしても、松花堂弁当や大徳寺弁当をはじめとする弁当類は、一時にすべてを盛り付け、一斉に提供するという条件があるので、手間のかかる盛り付けや安定感のない盛り付けは向かないでしょう。

● 先付

水無月胡麻豆腐
生うに
黒豆
山葵
割り醤油

●造り
鯛そぎ造り
車海老揚げ造り
碇防風　水前寺のり
山葵　土佐醤油

●焼き物八寸
厚焼き玉子
いぼだい幽庵焼き
あまご甘露煮
揚げ川海老　鱧ざく
酢取り茗荷
青唐辛子
丸十・蓮餅青竹刺し

●煮物
夏鴨旨煮
南瓜含め煮
ずいき旨煮
ほうれん草
針生姜木の芽

●ご飯
じゃこご飯
香の物

●椀　清汁仕立
寄せ鱧
生椎茸
つる菜
柚子

七月

七夕の涼味パーティー

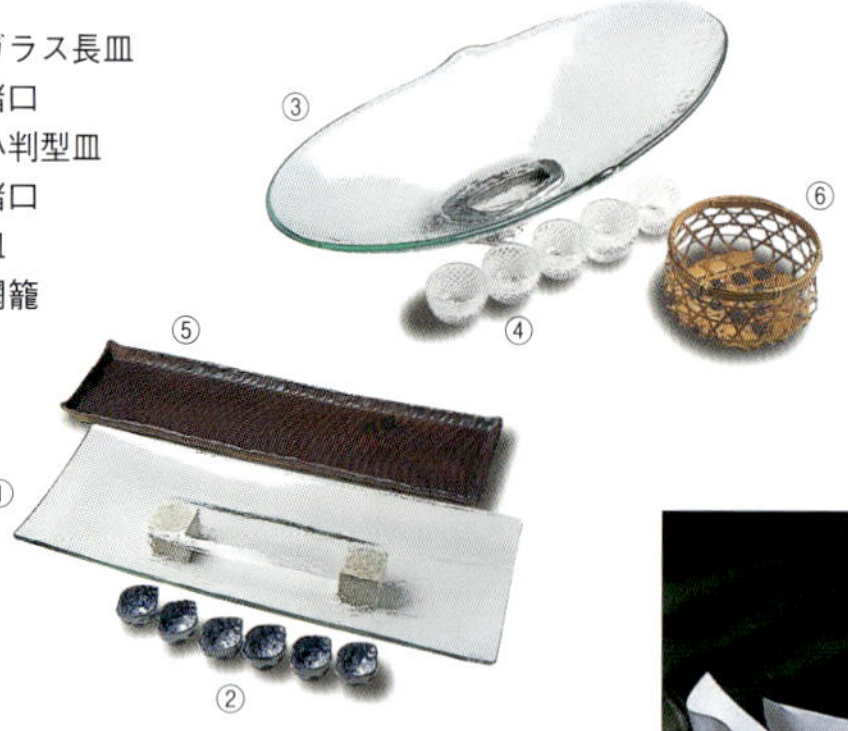

①まな板型ガラス長皿
②貝型染付猪口
③泡ガラス小判型皿
④網目切子猪口
⑤焼き〆長皿
⑥白六つ目網籠

伝統的な日本料理には決まったパーティー用の盛り付け方法はありません。方法がないというより、かつては大きなテーブルに多人数分を盛り込み、取り分ける食事方法がなかったという方が正解です。とはいえ、近年、各所で立食形式のパーティーも増えました。こういう場合、熱々を提供したい汁気の多い料理、天ぷらや串揚げといった揚げ物は、なんといっても、手からじかに渡せる屋台スタイルに勝るものはありません。しかし、西洋料理や中国料理と同様に、大皿で提供する機会も多くなっていますので、ここでは盛り方の基本的な考え方をご紹介します。

　まず、大皿には常温か冷製の料理を考えるのが妥当で、盛り方は、順に売れても残り物感がないよう、一列に並べるのが基本でしょう。二段三段と積み上げると形が崩れてしまい、食べ手が二の足を踏むので、売れ行きが悪くなります。可能な限り大皿盛りにしますが、一枚の皿にすべてを盛るのではなく、数枚に盛り分け、料理の残りが少なくなれば、次の皿と入れ替える方法が好ましいです。水分の多い和え物や浸し物は、手でつまめる程度の小鉢や柑橘類を釜にした盛り付けにすると取りやすく、食べやすくなります。盛り付けに用いる大皿も、奥行きがあったり、円が大きかったりすると迫力の点ではよいのですが、料理が取りにくい場合もあるので、写真のように横に広い皿が持ち出しやすく、取り分けが容易でしょう。

●ギヤマンまな板皿盛り
鱧の子ゼリー寄せ
擬製豆腐 枝豆かき揚げ
川海老おかき揚げ
家鴨塩蒸し
蓮根とサーモンの黄身酢
山桃蜜煮

●氷鉢ほおずき盛り
味噌漬け玉子
穴子八幡巻き
豆乳ムース
枝豆豆腐

●焼き〆長皿盛り
鯵にぎり
きす笹葉寿司
穴子寿司
車海老黄身ずし
いちじく胡麻クリーム

●籠盛り
鯛煎餅
海老煎餅
きす骨煎餅

八月

盛夏の会席料理

①朝顔絵井戸形向付
②杉目団扇盆
③輪島塗銀研出煮物椀
④輪花銀製盛器
⑤赤絵花鳥絵小茶碗
⑥金銀水玉散し皿
⑦白磁福禄寿入炊合
⑧篭目紋ギヤマン向付
⑨御深井小皿
⑩白磁呉須ライン入飯茶碗
⑪輪島塗黒夕顔絵小吸椀

夏の会席料理は蒸し暑さを忘れさせる演出が必要ですが、冷たい料理を多く並べるばかりではいけません。熱い料理であっても、すっきり感を出して盛り付け、暑苦しそうに感じさせない盛り付けが大切です。この盛夏の料理では、まず、白木の団扇に先付けを盛りました。白木であることを利用し、水に浸して提供すると、見た目にも触れた感じにも清涼感があり、季節の葛葉の緑との相性もピッタリです。朝顔絵の井戸形向付けも、まさに夏の風情です。椀物も銀塗りの浅形で夏向きの煮物椀を用いました。造りは、まさに八月の盆時期を思わせる蓮の葉に、余白を十二分に取ってラフで無造作な感じとし、思いきり冷たく盛り込みました。焼き物の皿は丸が欠けた様子です。変形の目新しさ、新鮮さが覗えておもしろいでしょう。また、煮物は熱い料理ですが染付けに盛り、酢の物はカット模様のあるギヤマン鉢にし、涼感を呼ぶ器を多用して組み立てました。

●先付
鮑旨煮共わた掛け
ずいき
花丸胡瓜
海苔

●椀　清汁仕立
鱧葛叩き
茄子
管牛蒡
じゅんさい
梅肉
柚子

●造り 蓮の葉盛り

あこう洗い
車海老おろし和え
南瓜 花付き胡瓜
より胡瓜
水前寺のり
山葵 梅醤油

●しのぎ

鮒ずし飯蒸し
ふり柚子

●焼き物

鱸蓼味噌焼き
谷中生姜酢漬け
納豆醤油漬け

●煮物

火取り穴子
冬瓜含め煮
湯葉旨煮
針生姜
山葵

●酢の物

ちぢれ蛸
叩きオクラ
若布
針茗荷
三杯酢

●食事

白ご飯
赤だし
香の物

九月

秋の点心

①根来塗丸盆
②耳付莫蓙目籠
③染付丸猪口
④仁清風丸紋碗

九月は花見、月見、雪見の三見《さんけん》の一つである月見の季節で、これを連想させる料理と盛り付けです。かいしきには、秋の七草の内から萩と薄《すすき》を用いていますが、注意したいのは薄です。すぐに花が開いて穂が落ちてしまうので、若く新鮮なものを選ぶことが大切です。

点心の器には、落ち着いた印象のある、煙で燻した竹で編んだ籠を用いましたが、献立全体に、やがて訪れる実りの秋のイメージも含ませたので、欲張りな盛り付けになっています。しかし、全体に山や谷の部分を作り、狭い面積の中で抑揚をつけて、息苦しく見えないよう工夫しています。汁物は本来なら、漆器が定番ですが、ここでは陶器の器を用いてみました。直接持つには少し熱いのですが、逆に手に温かさが伝わるのもおいしさと解釈し、あえて用いました。もちろんこういった場合には、器を持ち上げなくとも食べやすいよう、木製や竹製のスプーンを取り合わせてください。

●点心
鱧南蛮漬け
鶉山椒焼き
甘鯛若狭焼き
鴨ロース燻製
海老菊花ずし
海老芋うに焼き
子持ち鮎煮浸し
豚味噌煮
巻き湯葉旨煮
いちょう玉子
銀杏
松茸ご飯

●汁　薄葛仕立
すくい取り豆腐
独活
さやいんげん
おろし生姜

十月

菊節句の料理

菊花に被せた真綿の含む露を口にすること（着綿）で厄を除き、健康に繋がるとの故事に因んだ会席料理献立です。重陽の節句は旧暦の九月九日ですが、新暦でいうとおおよそ十月頃の少し肌寒さを感じる時期にあたります。まず、前菜は、深まりはじめた秋のイメージに合う焼き締めの長皿に、菊づくしの盛り付けとしました。秋の椀物には鱧と松茸を土瓶蒸しで提供するのが定番ですが、ここでは、従来のように材料すべてを土瓶に入れて加熱する方法ではなく、焜炉にかかった土瓶には吸地のみを入れ、鱧や松茸などは別盛りで添え、火を通しながら味わい、調理にも少し参加する形の提供方法にしてみました。造りは形通りですが、焼き物は土瓶蒸しで用いた焜炉を再び用い、牛肉の石焼きを提供します。肉類は加熱して箸で扱いやすい大きさに切ると、肉汁が流れ出てしまい、うまさが半減するので、生を食卓で焼く方法で盛り付けました。煮物はあんかけで、熱さを保つことが一番大切なので、漆器を用い、色合いも、深い秋を表わす紅葉の色を選びました。ご飯茶碗も熱い蒸し寿司に相応しい、厚手の陶器の蓋物にしました。

①黒焼き〆彫り文長角皿
②南蛮千筋土瓶蒸し
③飴釉羽反型こんろ
④黒織部掛分丸皿
⑤分胴型向付
⑥仁清磁雲錦絵猪口
⑦赤楽丸こんろ
⑧織部角向付
⑨錆十草絵小判皿
⑩魯山人好朱塗煮物椀
⑪乾山写芦鶴絵炊合

●前菜　菊畠盛り

鮎うるか
イクラ味噌玉子和え
甘海老親子和え
渋皮栗蜜煮
蟹小菊巻き
うに百合根塩蒸し
〆鯖菊花添え

● 椀代わり　土瓶蒸し

鱧　松茸

菊菜　銀杏　すだち

● 造り

甘鯛焼き霜造り

白髪大根

青紫蘇　菊花

浜防風　岩茸　山葵

煎り米醤油

● 焼き物　焜炉で

牛肉石焼き

小玉葱

青唐辛子

芥子　柚子胡椒

● 煮物

海老芋煎りだし

しめじおかき揚げ

銀杏　百合根

三つ葉　蟹あん

おろし生姜

● 食事　蒸し寿司

焼き穴子

まながつお西京焼き

とびあら海老

甲烏賊　絹さや

錦糸玉子　針柚子

十一月

紅葉狩り会席

春は花見と称して桜の花を愛でるのに対し、秋には、楓や柿などが真紅に紅葉するさまを野山に出て肌で感じ取る「紅葉狩り」の行事があります。十一月はこの紅葉狩りに因んで、晩秋から初冬の料理内容と盛り付けで、行く秋の味を惜しみ、来る冬の味を待ちわびる献立にしました。まず、前菜は、寒さを増すと共においしくなる蟹、あんこうの肝、帆立貝に新の唐墨を組み合わせ、燻し竹の籠に盛り込み、いっぱいの紅葉に囲まれた風情に仕立てました。造りは落ち着いた侘び寂び色のいちょう型の器に盛り、ふかひれの茶碗蒸しは、思いきり温かく提供したいのいで大振りの蓋茶碗で「羹《あつ》物《もの》」としました。焼き物は大きな焙烙を熱くして、杉の香りを生かし、まながつお丹波焼きと松茸を、落ち葉が秋風で吹き寄せられた様子の吹き寄せ盛りにしました。煮物替わりには脂がのりはじめた鮪を、銀鍋でしゃぶしゃぶにしています。食事はご飯替わりに新蕎麦を提供していますが、油物の車海老干し子揚げと同時に持ち出してもよいでしょう。

①溜塗長角竹皿
②小判型亀甲編籠
③輪花染付間取小皿
④黄交趾竜彫丸小皿
⑤緑交趾竜彫小判小皿
⑥欅木出し日の出煮物椀
⑦いちょう型向付
⑧小判型小皿麻の葉絵
⑨高山寺絵炊合
⑩白焙烙
⑪あられ鍋
⑫黄瀬戸丸こんろ
⑬飴釉長角皿
⑭両切型粟田磁向付
⑮交趾角入小皿
⑯黒刷毛目千家盆
⑰黒相良椀もみじ絵
⑱朱塗片口猪口

●前菜
かに黄身酢
あん肝生姜煮
焼き目帆立の唐墨はさみ

●椀　みぞれ仕立
焼き目甘鯛
焼き白子
軸蓮草　針柚子

●造り

鯛薄造り

長芋　浅葱　岩茸

生姜　割り醤油

●羹物

ふかひれ羽二重蒸し

しのび生姜

●焼き物　杉板焼き

まながつお丹波焼き

松茸　煎り銀杏

●煮物替わり

鮪のしゃぶしゃぶ

針葱　胡麻ポン酢

●油物

車海老干し子揚げ

子芋けしの実揚げ

巻き湯葉

●食事

新蕎麦

辛味大根　白葱

山葵　つゆ

十二月

師走の鍋仕立会席

①青白磁四方型盛皿
②唐津写千鳥絵向付
③赤銅太鼓型おでん鍋
④花三島猪口
⑤青磁ぐい呑み
⑥信楽緋色猪口
⑦焼き〆切り合わせ猪口
⑧織部隅切四方皿
⑨揺合塗朱有職絵縁高

師走はいよいよ本格的な寒さを感じる時期です。正月迎えの準備がはじまる季節の、温かい「おでん」を中心とした会席仕立ての献立です。おでんというと煮物、鍋物のイメージが強いのですが、味を淡く、一つ一つの作りを小振りにすれば、十分に会席鍋で通用します。まずは、サラダ風でさっぱりとした車海老、河豚、帆立貝の先付けと、抜群のうまみのあるこってりしたかわはぎ肝あえの二品です。「先付け造り」の感覚で、白い角皿と落ち着いた鉄絵の深向で二品同時に提供します。品数豊富でゆっくりと味を含ませたおでんを、ふっくらと丸みを帯びた太鼓胴の赤銅おでん鍋を用いて提供します。湯気の温かさと共に、好みの薬味で食べていただきます。食事では、一口サイズのおにぎりを、小振りの重箱に詰めて食べ手に預け、好き好きで取り分けて頂く提供方法とします。おでんの煮麺を椀に取って汁物の代わりとし、のどぐろ一夜干しをおかずとする仕上げの食事は、気取らないほっこりとした温かさや安心感を与えます。

●先付

ゆで車海老
河豚焼きちり
揚げ霜帆立貝
水菜
山わさび醤油

●造り替わり

皮はぎ肝あえ造り
浅葱
ポン酢

●おでん

大根 里芋
こんにゃく
焼き豆腐
さつま揚げ
ひろうす
結び昆布
白菜
鯨ころ
さえずり
牡蠣
海老真薯
半熟玉子
湯葉 煮麺
柚子胡椒
練り芥子
生姜味噌
かんずり

●焼き物

のどぐろ一夜干し
焼きさつま芋
すだち

●食事

おにぎり

盛り付けの用語

【相乗り　あいのり】

二種類以上の料理を一つの器にのせること。蕎麦とうどんを同じザルにのせると「相乗りざる」となる。柚子と木の芽など二種類以上のものを同時に天盛りにすることもいう。

【青かいしき　あおかいしき】

かいしきとは、料理に季節感や彩りを添えるためのものであるが、花、枝、葉類などをこのようにいう。種類によっては、防腐や防臭の働きを持つものもある。

【覚弥　かくや】

古漬けの漬物を塩抜きをし、細かに刻んで醤油などで味を加えた物をいう。江戸時代に岩下覚弥がはじめたとされるのでこの名がある。

【替わり　がわり】

ある料理が出されるところに、別料理を登場させる場合に使う献立名。椀を出すべきところに土瓶蒸しを出す場合は「椀替わりの土瓶蒸し」となる。煮物替わりに蒸し物、焼き物替わりに揚げ物などが代表的。「代わり」「変わり」と書くこともある。

【鞍掛け　くらかけ】

「くらがけ」ともいう。馬の背に鞍をかけてのるように、料理の上に別素材をかけ渡すようにのせること。「椀種の甘鯛に、ほうれん草の軸を鞍掛けにする。」のようにいう。

【山水盛り　さんすいもり】

日本料理の盛り付けの基本形。自然の景色を描いた山水画のように、向こう側を山のように高く、手前は川の流れのように低く盛り付ける方法。

【関所葉蘭　せきしょばらん】

隙間なく詰めるように盛り付けた料理と料理の間に、葉蘭を仕切りとして入れること。一般的には寿司の盛り付けによく見られる。味が混ざり合うのを防ぎ、彩りを添え、防臭効果もある。同様の役割として、笹葉を用いることもある。

【吸口　すいくち】

椀物に香りを添える香味野菜のこと。吸物を吸う際、口元において香りも共に吸い込むことが名の由来。春から初夏の木の芽、夏の青柚子、秋から冬の黄柚子が代表。

【台　だい】

煮物などを寄せ盛りにする際、一番もとになる素材のこと。「枕《まくら》」ともいう。

【半掛け　はんがけ】

盛り付けた料理の上からあんや味噌類を、全面ではなく半分程度にかけること。下の素材の形や色を損ねない盛り付け方法の一種。

【吹き寄せ　ふきよせ】

盛り付け方法の一種。秋風に舞う木々の落ち葉が一ヵ所に集まった風情を表わす。赤、黄、茶などの色合いの料理を寄せ集めるような盛り付けにすること。

【前盛り　まえもり】

主になる食材の手前側に盛る食材のこと。また、このように盛る方法のこと。

【まぜまぜ】

二種類以上の食材を混ぜ合わせること。「針生姜と針茗荷をまぜまぜにする」という。献立名の中で用い、造りのけん、天盛り、あるいは和え物などに用いる表現。

料理解説

盛り付けの基礎知識

●七つの基本

⬇P42
【平盛り】縞鯵平造り　鰹焼き霜造り　間八平造り

材料 4人前

- 縞鯵（1kg）……½尾
- 鰹（2kg）……½尾
- 間八（2kg）……¼尾
- 茗荷……2個
- 青紫蘇……4枚
- 独活……5cm
- 浜防風……4本
- すだち……2個
- 山葵……⅓本

莫大海ゼリー寄せ
- 莫大海……1個
- 水……100cc
- 板ゼラチン……2枚（6g）

土佐醤油
- 濃口醤油……400cc
- 酒……50cc
- 味醂……50cc
- たまり醤油……50cc
- 削り鰹……10g

ポン酢
- 柑橘類の絞り汁……200cc
- 酢……150cc
- 濃口醤油……200cc
- たまり醤油……30cc
- 煮切り味醂……50cc
- 削り鰹……10g
- 昆布……3g

作り方

1. 土佐醤油を作る。鍋に濃口醤油、酒、味醂を合わせて弱火で1割ほど煮詰める。冷めたらたまり醤油と削り鰹を加え、5〜6時間おく。ネル地で漉し、2〜3週間寝かせる。
2. ポン酢を作る。材料を合わせて、5〜6時間おき、ネル地で漉して冷蔵庫で1週間寝かせる。
3. 鰹は節おろしにし、血合い肉の部分を除き、冷蔵庫に入れて身をしめる。
4. 莫大海ゼリー寄せを作る。莫大海は水で戻し、皮や種などを除く。分量の水を煮立て、戻したゼラチンを加えて溶かす。粗熱を取り、莫大海を混ぜ、冷やし固め、7mm角に切る。
5. 茗荷と青紫蘇は細切りにする。独活は厚めに桂むきし、斜めに細く切る。丸箸に巻きつけて形をつけ、水にさらす（より独活）。浜防風は軸を十字に裂き、水にさらす（碇防風）。
6. 山葵は葉つきの部分をそぎ取り、いぼを削り取り、たわしでこすって洗い、汚れを取る。
7. 上身の縞鯵は皮を引き、7mm幅の切り掛け造りにする。鰹は扇形に金串を打ち、薄く塩を振る。直火の強火で皮目を焼き、身の方はさっと焼き、串を抜いて引き造りにする。上身の間八は皮を引き、平造りにする。
8. 器に茗荷と青紫蘇をおき、縞鯵、鰹、間八を盛る。より独活、碇防風、すだち、おろし山葵、莫大海ゼリー寄せをあしらう。土佐醤油とポン酢を添える。

※もう一方の平盛りは、浜防風を使用せず、独活はけんにし、胡瓜のけんとおろし生姜を追加している。

⬇P43
【杉盛り】① 鱚昆布じめ

材料 4人前

- 鱚（100g）……4尾
- 浜防風（碇防風。前項参照）……4本
- 岩茸……適量
- 山葵……¼本
- 白板昆布……2枚

立塩
- 水……1000cc
- 塩……30g
- 昆布……5cm角

岩茸のつけ地
- だし汁……200cc
- 塩……小さじ⅓
- 薄口醤油……5cc

煎り酒
- 酒……200cc
- 水……100cc
- 梅干し……2個
- 米……大さじ1
- 爪昆布……1枚
- 削り鰹……5g
- 薄口醤油……10cc

作り方

1. 煎り酒を作る。米をさっと洗ってざるに上げ、乾燥させてから空鍋でこんがりと色がつくまで煎る。鍋に酒、水、梅干し、爪昆布を合わせ、弱火で半量まで煮詰める。削り鰹、煎り米を加えて火を止め、5〜6時間おく。ネル地で漉し、薄口醤油を加える。
2. 岩茸は水に5〜6時間つけて戻す。石づきを取り、重曹少量を加えた熱湯に入れ、約1時間ゆでる。1時間水にさらし、再び真水でゆで、10分水にさらす。
3. 立塩を作る。水と塩を混ぜ、昆布を加えて20分おく。
4. 鱚はおろし、上身を立塩に10分つけ、白板昆布で挟んで冷蔵庫に3〜4時間入れて昆布じめにする。
5. 岩茸のつけ地を煮立てて冷まし、岩茸をつける。
6. 鱚は皮を引き、5mm幅の細造りにする。
7. 器に鱚を杉盛りにし、碇防風、岩茸、おろし山葵をあしらい、煎り酒を少量かける。

⬇P43
【杉盛り】② 胡麻白酢和え

材料 4人前

- 鶏ささ身……2本
- 胡瓜……1本
- 板生麸……¼枚
- 松の実……適量

板生麸の煮汁
- だし汁……400cc
- 味醂……40cc
- 塩……少量
- 薄口醤油……35cc

胡麻白酢
- 木綿豆腐（350g）……1丁
- 当たり胡麻……大さじ3
- 砂糖……大さじ2½
- 塩……小さじ½
- 薄口醤油……15cc
- 酢……45cc
- 生姜の絞り汁……5cc
- だし汁……60cc

作り方

1. 胡麻白酢を作る。木綿豆腐は軽い重石をし、1時間30分おいて水切りをする。裏漉ししてすり鉢に入れ、当たり胡麻と調味料、だし汁を順に加えて混ぜる。
2. 鶏ささ身は筋を包丁で引く。厚みを半分に切り、薄く振り塩をし、約10分おく。さっと霜降りにし、氷水に落とす。斜めに5mm幅に切る。
3. 胡瓜は板ずりし、色だしする。縦に切って種を除き、薄切りにして立塩（前項参照）に10分つける。
4. 板生麸は煮汁でさっと煮て、そのまま冷ます。汁気をきり、5mm幅、3cm長さに切る。
5. 松の実は空鍋で煎って、粗く刻む。
6. 2〜4の材料を合わせ、胡麻白酢適量を加えて和える。器に盛り、松の実を天盛りにする。

⬇P44
【俵盛り】① 鮎甘露煮入り玉子焼き

材料 4人前

- 鮎（60g）……4尾
- 大根……10cm

蓼葉……⅓束

鮎甘露煮の煮汁

だし汁……500cc
酒……150cc
酢……5cc
氷砂糖……50g
濃口醤油……60cc
たまり醤油……30cc
爪昆布……1枚
有馬山椒……大さじ2

卵生地

卵……8個
だし汁……320cc
味醂……10cc
薄口醤油……20cc
塩……少量

作り方

1．鮎甘露煮を作る。鮎を素焼きにする。頭と尾を切り、中骨を抜く。霧吹きで酒をかけながら、中火で1時間蒸す。鍋に薄板を敷いて鮎を並べる。だし汁、酒、酢、爪昆布を加えて弱火で10分、氷砂糖を加えて10分、濃口醤油を加えて15分煮て1日おく。再び火にかけ、煮汁が少なくなったら爪昆布を取り出し、たまり醤油、有馬山椒を加えて煮る。照りが出たら火からおろして味を含ませる。

2．卵生地を作る。だし汁に調味料を加える。卵を溶きほぐし、合わせだしを加えて混ぜる。

3．大根はすりおろし、刻んだ蓼葉を混ぜる。

4．卵焼き鍋を中火で熱し、サラダ油を薄く引く。卵生地を広げるように流し、鍋底全体に鮎甘露煮をおき、卵を折るように巻く。出し巻きを焼く要領で何度か巻いて焼き上げ、巻きすに取って、形を整える。

5．適当な大きさに切って器に盛り、大根おろしを添える。

➡P44

【俵盛り】②
鱧八幡巻き

材料 4人前

鱧（500g）……1尾
牛蒡……2本
白瓜……1本
さつま芋……1本
くちなしの実……2個

牛蒡の煮汁

だし汁……500cc
味醂……50cc
薄口醤油……15cc
濃口醤油……15cc

さつま芋の煮汁

水……200cc
グラニュー糖……80g

たれ

酒……180cc
味醂……180cc
濃口醤油……150cc
たまり醤油……50cc
氷砂糖……40g
鱧（白身魚）の中骨……1尾分

作り方

1．たれを作る。鱧の中骨をこんがりと焼く。鍋に調味料と中骨を合わせ、弱火で1割煮詰め、漉して冷ます。

2．鱧はおろして1～2mmの間隔で骨切りする。

3．牛蒡は4～6つに割り、水にさらす。鍋に水、米ぬか、牛蒡を入れ、かためにゆでて水にさらし、牛蒡の煮汁でさっと煮て、そのまま冷ます。

4．白瓜は色だしをし、打ち抜きで種を抜く。立塩（前頁参照）に10～15分つけ、しんなりとすれば、中心に昆布をさし込み、昆布でまわりを巻き、重石をして3時間おく。1cm幅に切る。

5．さつま芋は皮つきで乱切りにする。くちなしの実を加えた水でゆで、柔らかくなったら水にさらす。鍋に煮汁とさつま芋を入れて5分煮てそのまま冷ます。

6．牛蒡を10cm長さに切り、骨切りした鱧で巻き、竹の皮で結ぶ。4～5本の扇串を打って強火で焼き色をつけ、たれをかけて焼き上げる。3cm幅に切る。

7．器に鱧を盛り、白瓜、さつま芋をあしらう。

➡P44

【重ね盛り】
鱸筒焼き

材料 4人前

鱸（1.2kg）……1尾
蓮根……½節
独活……6cm
蓼葉……½束
すだち……2個

酒塩

だし汁……200cc
酒……200cc
塩……小さじ⅓
薄口醤油……10cc
昆布……5cm角

甘酢

酢……100cc
水……100cc
砂糖……45g
たかの爪……1本

独活の煮汁

濃口醤油……50cc
酒……50cc
氷砂糖……10g

作り方

1．酒塩を作る。材料を合わせて20分おく。

2．甘酢を作る。たかの爪以外の材料を合わせて火にかけ、砂糖が溶ければ手早く冷ます。たかの爪を加える。

3．鱸は水洗いをし、8cmの筒切りにし、薄く塩を振って30分おく。水で洗って水気をふき取る。

4．蓮根は1・5cm幅の半月切りにし、面取りをして水にさらす。酢水でゆで、水に落とす。甘酢に6時間つける。

5．独活は7mm角に切り、水にさらす。熱湯で塩ゆでし、おか上げする。鍋に煮汁を合わせて独活を入れ、煮汁がなくなるまで弱火で煮る。

6．鱸に串を打ち、酒塩を2～3回かけながら焼き色がつくよう強火で焼く。刻んだ蓼葉を振る。

7．器に鱸を盛り、蓮根、松葉に刺した独活、すだちをあしらう。

➡P45

【混ぜ盛り】
車海老旨煮　鴨塩蒸し　茄子揚げ煮　冬瓜含め煮　子芋含め煮　干し椎茸旨煮　冷やしあんかけ　針茗荷　振り柚子

材料 4人前

●車海老旨煮

車海老（35g）……4尾

煮汁

だし汁……400cc
酒……50cc
味醂……75cc
薄口醤油……40cc
塩……小さじ½

●鴨塩蒸し

合鴨胸肉……1枚

煮汁

だし汁……200cc
酒……100cc
味醂……5cc
塩……小さじ2
薄口醤油……15cc

●茄子揚げ煮

中長茄子……2本

煮汁

だし汁……500cc
砂糖……小さじ2
味醂……60cc
薄口醤油……50cc

●冬瓜含め煮

冬瓜……¼個

煮汁

だし汁……400cc
味醂……20cc
塩……小さじ⅔
薄口醤油……15cc
干し海老……5g
鶏の皮……½枚分

●子芋含め煮

子芋……8個

煮汁
だし汁……400cc
酒……50cc
砂糖……大さじ2
塩……小さじ½
薄口醤油……20cc
削り鰹……5g

●干し椎茸旨煮
干し椎茸……4枚
煮汁
だし汁……100cc
干し椎茸の戻し汁……100cc
砂糖……大さじ½
味醂……10cc
濃口醤油……10cc

冷やしあん
だし汁……400cc
酒……10cc
味醂……25cc
塩……小さじ½
薄口醤油……15cc
水溶き葛粉……大さじ2

茗荷……2個
柚子……1個

作り方

1．**車海老旨煮**を作る。車海老は頭と背わたを取る。鍋に煮汁と共に入れて3分煮、鍋ごと氷水につけて冷まし、味を含ませる。殻をむく。

2．**鴨塩蒸し**を作る。合鴨胸肉の皮目に細かく切り込みを入れる。フライパンに皮目を下にして入れ、中火で焼き、きれいな焼き色がついたら裏返して身の方をさっと焼く。熱湯をかけて脂を抜き、水気をふき取る。鍋に煮汁を合わせて一煮立ちさせ、鴨肉と共に真空パックにし、弱火で18〜20分蒸す。パックごと水につけて急冷する。そのまま1日おいて味を含ませる。パックから鴨肉を取り出し、3㎜厚さに切る。

3．**茄子揚げ煮**を作る。茄子は適当な大きさに切り、皮に軽く切り込みを入れる。165℃の油で揚げ、熱湯をかけて油抜きをする。煮汁と共に弱火で2〜3分煮る。ざるに取り出してうちわであおいで冷まし、煮汁も急冷する。それぞれ冷めれば茄子を煮汁に戻し、味を含ませる。

4．**冬瓜含め煮**を作る。冬瓜は一口大に切る。皮を厚めにむき、面取りする。塩ゆでし、流水にさらして冷ます。煮汁のだし汁と調味料を合わせ、冬瓜を干し海老、霜降りにした鶏の皮と共に入れて約10分煮る。そのまま冷まして味を含ませる。

5．**子芋含め煮**を作る。子芋は皮をむき、米のとぎ汁でゆでる。串が通るようになれば、流水にさらす。鍋に子芋、だし汁、酒、砂糖、削り鰹(追い鰹)を入れ、弱火で5分煮る。塩と薄口醤油を加えて約10分煮る。そのまま冷まして味を含ませる。

6．**干し椎茸旨煮**を作る。干し椎茸を水に浸して5〜6時間おく。軸を除き、熱湯で5分ゆでる。鍋にだし汁、戻し汁、椎茸を入れて約10分煮る。砂糖と味醂を加え、½量に煮詰まったら濃口醤油を加える。約5分煮て火からおろし、そのまま冷まして味を含ませる。

7．針茗荷を作る。茗荷は縦半分に切り、繊維に沿って細く切る。水にさらす。

8．冷やしあんを作る。鍋に冷やしあんのだし汁と調味料を入れて火にかける。沸いてくれば、軽く煮立っている状態で水溶き葛粉を加えてとろみをつけ、冷やす。

9．器に車海老、鴨肉、茄子、冬瓜、子芋、椎茸を盛り、冷やしあんをかけて針茗荷をのせ、振り柚子をする。

⬇P45

【寄せ盛り】

鱧の子玉締め豆腐　茄子揚げ煮　子芋含め煮　万願寺唐辛子　輪切り茗荷　木の芽

材料 4人前

●鱧の子玉締め豆腐
鱧の子……200g
土生姜……20g
鱧の子旨煮の煮汁
だし汁……400cc
酒……50cc
味醂……45cc
砂糖……小さじ1
薄口醤油……20cc
塩……少量
鱧の子玉締め豆腐の生地
卵……6個
だし汁……600cc
味醂……30cc
塩……小さじ⅔
薄口醤油……15cc

●茄子揚げ煮(前項参照)

●子芋含め煮(前項参照)

●万願寺唐辛子
万願寺唐辛子……4本
万願寺唐辛子の煮汁
だし汁……100cc
味醂……30cc
砂糖……大さじ2
濃口醤油……75cc
生姜の絞り汁……10cc

茗荷……2本
木の芽……12枚

作り方

1．**鱧の子玉締め豆腐**を作る。まず、鱧の子の旨煮を作る。土生姜は1㎝長さの細切りにする。鱧の子はばらして水で洗い、弱火で約5分ゆでて火を通す。約30分流水にさらして水気をきる。鍋に煮汁を煮立て、鱧の子と生姜を加えて中火弱で2〜3分煮、そのまま冷まして味を含ませる(鱧の子旨煮)。溶き卵にだし汁と調味料を合わせ、裏漉し器で漉す。汁気をきった鱧の子旨煮を加え、流し缶に流し入れる。弱火で12分蒸す。冷めれば適当な大きさに切る。

2．**茄子揚げ煮、子芋含め煮**を作る(前項参照)。

3．**万願寺唐辛子**は、へたを切り落とし、種を取り除いて、串を打つ。サラダ油をぬって強火で焼き、煮汁でさっと煮る。

4．茗荷は小口から薄切りして水にさらし、水気をきる。

5．それぞれを温め直し、器に鱧の子玉締め豆腐、茄子、子芋、万願寺唐辛子を盛り、茗荷、木の芽をのせる。

⬇P46

【散らし盛り】

石鰈酒盗焼き　車海老この子焼き　鱚竹紙巻き　穴子博多真薯　鮑柔らか煮　酢取り茗荷　枝豆

材料 4人前

●石鰈酒盗焼き
石鰈(500g)……1尾
酒盗地
酒盗……60g
だし汁……250cc
酒……250cc
塩……小さじ½
薄口醤油……小さじ½

●車海老この子焼き
車海老(40g)……4尾
とびあら海老のすり身……80g
白身魚のすり身……25g
煮切り酒……20cc
煮切り味醂……5cc
薄口醤油……5cc
干しこのこ……⅓枚

●鱚竹紙巻き
鱚(100g)……4尾
スモークサーモン……適量
長芋……適量
胡瓜……¼本
白板昆布……1枚
竹紙昆布……2枚

●穴子博多真薯
穴子(100g)……8尾
木の芽……4枚
穴子の煮汁
だし汁……800cc
酒……600cc
味醂……300cc

砂糖……大さじ6
薄口醤油……30cc
濃口醤油……160cc

真薯生地
白身魚のすり身……1kg
卵白……100g
煮切り味醂……100cc
砂糖……大さじ1
薄口醤油……20cc
昆布だし……350cc
水溶き葛粉……大さじ1

●**鮑柔らか煮**
鮑(500g)……2杯

柔らか煮の煮汁
水……600cc
酒……400cc
砂糖……大さじ3
薄口醤油……20cc
濃口醤油……60cc
干し貝柱……5個
鶏の皮……1枚
昆布……5cm角
土生姜……適量

肝有馬煮の煮汁
酒……200cc
濃口醤油……100cc
たまり醤油……10cc
砂糖……大さじ1
有馬山椒……小さじ1

●**枝豆**
枝豆……12さや

●**酢取り茗荷**
茗荷……2本

甘酢
酢……100cc
水……100cc
砂糖……30g

作り方

1. **石鰈酒盗焼き**を作る。鍋に酒、酒盗を入れて火にかける。沸騰直前に漉す。残りの調味料とだし汁を合わせて冷ます(酒盗地)。石鰈は五枚におろし、酒盗地に20分つけて陰干しにする。金串を打ち、皮目に飾り包丁を入れる。皮の方から中火で焼き、火が通ったら、酒盗地を全体にかけては焼く作業を2回繰り返す。

2. **車海老この子焼き**を作る。車海老はのし串を打って塩ゆでし、殻をむき、腹開きにする。すり鉢にとびあら海老のすり身、白身魚のすり身を入れ、調味料を加えてよく混ぜる。車海老に金串を打ち、すり身の生地を車海老の腹側に薄くぬって焼く。腹側が焼き上がれば卵黄をぬり、刻んだ干しこのこをまぶして軽くあぶる。

3. **鱚竹紙巻き**を作る。鱚は上身を立塩(p. 126参照)に10分つけ、白板昆布で挟み、3~4時間昆布じめにする。胡瓜は縦8等分に切って種を除く。薄く塩をして約10分おく。スモークサーモン、長芋は、5mm角の棒状に切る。鱚の皮を引き、片面開きにする。竹紙昆布の幅に合わせて鱚を縦にすきまなく並べ、スモークサーモン、胡瓜、長芋を巻き込む。全体を竹紙昆布で巻き、形を整え、1cm幅に切る。

4. **穴子博多真薯**を作る。穴子は背びれとぬめりを取り、頭を切り落とし、腹骨を除く。抜き板に皮目を上にしておき、熱湯をかけて水に落とす。皮目のぬめりを包丁でこそげ取り、水で洗って水気をきる。鍋に煮汁を煮立て、穴子を入れる。沸騰直前の細かい泡が立つぐらいの火加減でアクを取りながら弱火で20~30分煮る。穴子が柔らかくなったら皮目を下にしてざるに上げる(煮穴子)。流し缶の長さに合わせて切る。すり鉢に真薯生地の材料を順に加えてよく混ぜる。流し缶に生地適量を入れ、表面を平らにし、葛粉を打ち、穴子を並べる。これを繰り返して生地と穴子を層にする。弱火で1時間蒸す。流し缶からはずして抜き板で挟み、押しをかけて一晩おく。適当な大きさに切る。

5. **鮑柔らか煮**を作る。鮑は殻から身をはずし、わた、口、縁を取り除く。鍋に酒、水、水100ccで戻した干し貝柱と戻し汁、霜降りにした鶏の皮、昆布、生姜を入れ、弱火で2時間煮る。残りの調味料を入れて15分煮、一晩おく。適当な大きさに切る。鮑の肝を煮汁で約5分煮る(肝有馬煮)。適当な大きさに切る。

6. **枝豆**は水で洗い、表面を塩でこすり、塩ゆでする。

7. **酢取り茗荷**を作る。甘酢の材料を合わせて火にかけ、砂糖が溶ければ手早く冷ます。茗荷は、縦半分に切り、さっと熱湯に通しておか上げし、薄く塩を振る。冷めたら甘酢に20分つける。

8. 器に石鰈、車海老、鱚竹紙巻き、博多真薯、鮑と肝、枝豆、酢取り茗荷を盛り付ける。

盛り付けてみよう

⬇P52

【向付け】①
鱧あぶり造り

材料 4人前
鱧(400g)……1尾
胡瓜……2本
茗荷……2個
岩茸……適量
丘ひじき……適量
すだち……2個
柚子胡椒……少量
岩茸のつけ地(「鱚昆布じめ」p. 126参照)

作り方

1. 胡瓜はけんにする。茗荷は縦に2mm幅に切る。岩茸はゆでて戻し(「鱚昆布じめ」p. 126参照)、つけ地につける。丘ひじきはさっと塩ゆでし、葉の部分のみを揃える。すだちは半月に切り、種を取り除く。

2. 骨切りした鱧は約20cm長さに切り、縦串を打ち、バーナーで皮側と身側の表面だけをあぶって1cm幅に切る。腹骨は油で素揚げにし、薄く塩を振る。

3. 器に胡瓜、茗荷をおき、鱧を盛り、すだち、岩茸、丘ひじき、柚子胡椒、鱧の腹骨を添える。塩を猪口に入れて添える。

⬇P53

【向付け】②
太刀魚昆布じめ

材料 4人前
太刀魚(1.2kg)……½尾
卵(S玉)……4個
長芋……6cm
花穂紫蘇……8本
山葵……½本
白板昆布……3枚

加減醤油
土佐醤油(【平盛り】p. 126参照)……60cc
煮切り酒……15cc
だし汁……15cc
レモンの絞り汁……15cc

作り方

1. 加減醤油の材料を合わせる。

2. 太刀魚は三枚におろし、塩を振って30分おく。腹骨と血合い骨を除き、水でさっと洗い、水分をふき取って白板昆布に挟む。冷蔵庫に3~4

時間入れて昆布じめにする。

3. 鍋に湯を沸かし、弱火にして65～70℃に保つ。卵をざるに入れ、ざるごと静かに湯の中につけて、20～25分火を通す。水に落として冷ます（温度玉子）。

4. 長芋は3cm長さの棒状に切る。

5. 太刀魚は、5mm幅で細造りにする。

6. 器に太刀魚を盛り、温度玉子の黄身、長芋、花穂紫蘇、おろし山葵（p.126参照）を添える。別に加減醤油を添える。

⬇P54

【向付け】③

赤貝芥子酢味噌和え

材料 4人前

赤貝（80g）……4個
分葱……8本
玉あられ……適量

白練り味噌
白味噌……200g
卵黄……2個
酒……200cc
砂糖……30g
味醂……30cc

芥子酢味噌
練り芥子……大さじ½
白練り味噌（右記より）100g
酢……35cc
薄口醤油……5cc
だし汁……適量

作り方

1. 白練り味噌を作る。鍋に材料を合わせ、湯煎にかけ、もとの味噌のかたさになるまで練る。

2. 芥子酢味噌を作る。すり鉢で材料をすり混ぜる。

3. 赤貝は殻から身を取り出して下処理し、身は3mm幅に、ひもは適当な長さに切る。

4. 分葱は根と葉先を切り、熱湯でさっとゆでる。抜き板に広げ、軽く塩を振り、冷ます。青い葉の上にすりこ木をおき、先の方に向かって転がし、ぬめりをしごき出す。2cm長さに切る。

5. 赤貝と分葱を合わせ、芥子酢味噌を加えて和える。器に盛り、玉あられを天盛りにする。

⬇P54

【向付け】④

焼き帆立貝梅肉酢和え

材料 4人前

帆立貝の貝柱……4個
胡瓜……2本
白ずいき……¼本
独活……5cm

梅肉酢
梅肉（白）……大さじ2
煮切り味醂……10cc
砂糖……小さじ1
薄口醤油……5cc
煮切り酒……60cc
昆布……5cm角

ずいきのつけ地
だし汁……300cc
味醂……25cc
塩……少量
薄口醤油……10cc

作り方

1. 梅肉酢を作る。ボウルに昆布以外の材料を混ぜ合わせ、昆布を加えて5～6時間おく。

2. 帆立貝の貝柱は筋を除く。フライパンにサラダ油を薄く引き、貝柱を入れ、強火で表面に焼き目をつける。二枚にへぐ。

3. 胡瓜は色だしする。縦半分に切って種を取り、斜めに薄切りにする。立塩（p.126参照）に10分つける。

4. 白ずいきは両端から皮をむき、適当な太さに裂き、細く裂いた竹の皮で束ねる。塩ゆでし、水に落として水気をきる。煮立てて冷ましたつけ地に30分つける。

5. 独活はより独活にする（p.126参照）。

6. 器に帆立貝の貝柱、汁気をきった胡瓜とずいきを盛り、梅肉酢をかけ、より独活を天盛りにする。

⬇P55

【椀物】①

清汁仕立　あこう葛たたき
蓮餅　蛇の目瓜　白木耳
梅肉　柚子

材料 4人前

あこう（1kg）……½尾
白瓜……½本
白木耳……適量
柚子……1個
梅肉……少量

卵の素
卵黄……2個
サラダ油……60cc

蓮餅
蓮根（おろし）……350g
卵白……½個分
浮き粉……30g
卵の素（右記より）……大さじ5
塩……小さじ½
松の実……12粒

吸地八方
だし汁……300cc
塩……小さじ¼
薄口醤油……5cc

昆布だし
水……500cc
昆布……10g
塩……小さじ1

吸地
だし汁……600cc
塩……小さじ⅓
薄口醤油……5cc

作り方

1. 卵の素を作る。卵黄をボウルに溶く。サラダ油を少しずつ加えながら、泡立て器で攪拌する。

2. 吸地八方を作る。鍋にだし汁と調味料を合わせ、一煮立ちさせて冷ます。

3. 蓮餅を作る。蓮根は皮をむいてすりおろし、適度に汁気をきる。350gをはかり、卵白、浮き粉、卵の素、塩を混ぜ、容器に広げて15分蒸す。熱いうちによく練って、煎った松の実を加え、小判形にまとめる。葛粉をつけ、165～170℃の油で揚げる。

4. 白瓜は板ずりし、打ち抜きで種を抜く。3mm幅の薄切りにして塩ゆでし、冷ました吸地八方につける。

5. 戻した白木耳はさっと熱湯でゆで、吸地八方でさっと煮てそのまま冷ます。

6. 三枚におろしたあこうの上身を切り分け、葛粉をつける。鍋に昆布だしを沸かし、沸騰直前の火加減にする。あこうを静かに入れて約1分火を通し、取り出して汁気をきる。

7. 吸地のだし汁を温め、塩と薄口醤油で味を調える。

8. あこう、蓮餅、白瓜、白木耳を椀に盛り、熱い吸地をはる。扇面に切った吸口の柚子をのせ、あこうの上に梅肉をとめる。

⬇P56

【椀物】②

清汁仕立　鮑酒煎り
わた豆腐　つる菜
さやいんげん　針柚子生姜

材料 4人前

鮑（400g）……1杯
つる菜……適量
さやいんげん……8本
柚子……1個
土生姜（針生姜）……20g

わた豆腐
白身魚のすり身……140g
鮑のわた……1杯分
卵の素（前項参照）……大さじ2
味醂……10cc
薄口醤油……5cc
水溶き葛粉……大さじ2
昆布だし……30cc

吸地八方・吸地（前項参照）

作り方

1. 鮑は下処理し、わたは熱湯でゆでて裏漉しする（わた豆腐に使用)。

2. わた豆腐を作る。材料をすり鉢ですり合わせる。流し缶に生地を入れ、平らに整える。中火弱で20～30分蒸す。

3. つる菜は塩ゆでし、冷ました吸地八方につける。

4. さやいんげんは縦半分に切って塩ゆでし、冷ました吸地八方につける。

5. 柚子皮は細く切り、さっと水で洗い、水気を取る(針柚子)。

6. 鮑は薄くそぎ切りする。沸騰させた少量の酒でさっと火を通す。

7. 器に温め直したわた豆腐、鮑を盛り、つる菜とさやいんげんを添え、吸地をはる。吸口に針柚子と針生姜を混ぜたものをのせる。

⬇P57～59

【造り】

●一種盛り

鯛平造り
白髪大根　青紫蘇
水前寺海苔　穂紫蘇　山葵
土佐醤油

材料 4人前

鯛(1・5kg)……¼尾
大根……⅕本
青紫蘇……4枚
水前寺海苔……3cm角
花穂紫蘇……8本
山葵……¼本
土佐醤油(【平盛り】p. 126参照)

作り方

1. 鯛は7mm幅の平造りにする。

2. 大根は横けんにする。水前寺海苔は5～6時間水につけて戻し、さっとゆでて冷水に落とす。

3. 器に大根、青紫蘇をおき、鯛を盛り、水前寺海苔、花穂紫蘇、おろし山葵(p. 126参照)をあしらい、土佐醤油を添える。

●二種盛り

鯛平造り　間八切り掛け造り
長芋　浜防風　莫大海
より紅白　山葵　土佐醤油

材料 4人前

鯛(1・5kg)……¼尾
間八(3kg)……¼尾
莫大海……1個
浜防風……4本
長芋……4cm
独活……4cm
人参……4cm
山葵……¼本
土佐醤油(【平盛り】p. 126参照)

作り方

1. 鯛は背身を7mm幅の平造りに、腹身は角切りにする。間八は7mm幅の切り掛け造りにする。

2. 長芋は3mm角の棒状に切る。独活、人参はより独活、より人参にする(p. 126より独活参照)。

3. 器に鯛、間八を盛り、水で戻して皮や種を除いた莫大海、碇防風(p. 126参照)、長芋、おろし山葵(p. 126参照)をあしらい、より独活、より人参をのせ、土佐醤油を添える。

●三種盛り

鯛平造り　湯引き車海老
烏賊そぎ造り
岩茸　穂紫蘇
より胡瓜　山葵
土佐醤油　ちり酢

材料 4人前

鯛(1・5kg)……¼尾
剣先烏賊(400g)……½杯
車海老(35g)……4尾
胡瓜……1本
岩茸……適量
岩茸のつけ地(「鱚昆布じめ」p. 126参照)
花穂紫蘇……8本
山葵……¼本
土佐醤油(【平盛り】p. 126参照)
ちり酢
ポン酢(【平盛り】p. 126参照)……100cc
大根おろし……適量
浅葱……適量

作り方

1. ポン酢に大根おろしと浅葱を混ぜ合わせてちり酢を作る。

2. 鯛は7mm幅の平造りにする。上身にした剣先烏賊は身の表面に浅く斜めに切り込みを入れ、2・5cm長さ、2cm幅に切る。車海老は背わたと頭を取り、熱湯にくぐらせて、氷水に落として殻をむき、2等分にする。

3. 胡瓜はより胡瓜にする(p. 126より独活参照)。

4. 器に鯛、車海老、剣先烏賊を盛り、つけ地につけた岩茸(「鱚昆布じめ」p. 126参照)、花穂紫蘇、おろし山葵(p. 126参照)をあしらい、より胡瓜をのせ、土佐醤油とちり酢を添える。

⬇P60

【焼き物】①

太刀魚幽庵焼き
白瓜雷干し　蛇籠蓮根
岩茸からし和え

材料 4人前

太刀魚(1・2kg)……½尾
蓮根……1節
枝豆……50g
白瓜……½本
粉鰹……適量
岩茸……適量
岩茸のつけ地
だし汁……200cc
味醂……15cc
薄口醤油……15cc
練り芥子……小さじ1
幽庵地
酒……100cc
味醂……100cc
濃口醤油……100cc
粉山椒……適量
甘酢(「鱸筒焼き」p. 127参照)

作り方

1. 蛇籠蓮根を作る。蓮根は皮をむき、酢水でゆでる。縦に桂むきして7～8cm長さに切り、甘酢に約1時間つける。

2. 枝豆は塩ゆでして実を取り出し、薄皮を取り、汁気をきった蓮根で巻き込む。

3. 白瓜雷干しを作る。白瓜は板ずりし、熱湯にさっとくぐらせて冷水に落とす。芯を打ち抜きで抜き、立塩(p. 126参照)に10～15分つけ、しんなりすれば、中心に昆布をさし込み、更に昆布でまわりを巻き、重石をして3時間おく。1cm幅に切り、粉鰹をまぶす。

4. 岩茸からし和えを作る。水で戻してゆでた岩茸(「鱚昆布じめ」p. 126参照)はつけ地につけて味を含ませる。

5. 太刀魚は三枚におろす。薄く振り塩をして約30分おく。塩を洗い流して10～15cm幅に切り、幽庵地に約20分つける。褄折れ串を打ち、幽庵地を2～3回かけては乾かしながら焼く。

6. 太刀魚に粉山椒を振って器に盛り、蛇籠蓮根、白瓜、岩茸をあしらう。

⬇P61

【焼き物】②

鮎塩焼き
酢取りはじかみ生姜
さつま芋甘煮　たで酢

材料 4人前

鮎(18cm)……4尾
はじかみ生姜……4本
さつま芋……½本
くちなしの実……1個
さつま芋の煮汁
水……200cc
グラニュー糖……80g
たで酢
蓼葉……30g
ご飯……大さじ4

塩……小さじ½
煮切り酒……30cc
酢……100cc
甘酢（「酢取り茗荷」p.129参照）

作り方

1. はじかみ生姜は白い根の部分を、ぬれ布巾でこするようにして、薄皮や変色した部分を除く。軸を適当な長さに切り、熱湯にさっとくぐらせておか上げし、薄く振り塩をして冷ます。そのまま甘酢につける（酢取りはじかみ生姜）。

2. さつま芋甘煮を作る。さつま芋は皮つきを7㎜厚さの輪切りにする。くちなしの実を加えた水でゆで、水にさらす。鍋に煮汁とさつま芋を入れて5分間煮て、そのまま冷ます。

3. たで酢を作る。蓼葉をすり鉢ですりつぶし、ふやかしたご飯を加えてよくすり混ぜ、裏漉しする。塩、煮切り酒、酢を加えてのばす。

4. 鮎は水で洗い、水気をふき取る。一本串を打ち、3本くらいまとめて添え串を打つ。血が流れ出ていれば全体をさっと水で洗い、水気をふき取る。両面に薄く振り塩をし、強火の遠火で焼く。

5. 器に鮎、はじかみ生姜、さつま芋を盛り、たで酢を添える。

⬇P62

【たき合わせ】①
焼き穴子干瓢巻き
焼き目長芋
干し椎茸　若布　きぬさや
木の芽

材料 4人前

●焼き穴子干瓢巻き
穴子（開き120g）……2尾
独活……¼本
干瓢……20g
煮汁
だし汁……900cc
酒……50cc
砂糖……25g
味醂……45cc
塩……少量
薄口醤油……15cc
濃口醤油……15cc

●焼き目長芋含め煮
長芋……⅕本
煮汁
だし汁……600cc
酒……20cc
味醂……20cc
砂糖……大さじ1
塩……小さじ½
薄口醤油……15cc
削り鰹……5g

●干し椎茸旨煮（【混ぜ盛り】p.128参照）

●若布　きぬさや
若布（乾燥）……5g
絹さや……50g
つけ地
だし汁……400cc
味醂……30cc
塩……少量
薄口醤油……25cc
木の芽……12枚

作り方

1. **焼き穴子干瓢巻き**を作る。干瓢はたっぷりの水に約10分つけて水を含ませ、水気をきり、塩を多めに振って塩もみする。塩をしたまま熱湯でゆで、十分にふくらんで爪が立つ程度になればざるに上げて水気をきり、広げて冷ます。鍋に煮汁を煮立て、適量を取って干瓢を10分煮て、そのまま冷ます。独活は1㎝角の棒状に切り、塩ゆでする。冷水に落とし、水気をきる。煮汁適量で独活をさっと煮て、そのまま冷まして味を含ませる。穴子は串を打ち、強火で白焼きにし、独活に合わせた棒状に切る。穴子と独活を2本ずつ束ね、干瓢を巻きつけ、直径4㎝に仕上げ、竹の皮で結ぶ。残りの煮汁に入れて火にかけ、沸騰したら弱火にし、約10分煮る。そのまま冷まして味を含ませる。

2. **焼き目長芋含め煮**を作る。長芋は皮をむき、表面にガスバーナーで焼き目をつけ、1㎝幅に切る。米のとぎ汁でゆで、流水にさらす。鍋にだし汁、酒、味醂、砂糖、長芋を入れて火にかけ、沸騰したら削り鰹（追い鰹）を入れて弱火で約5分煮る。塩、薄口醤油を加えて5分煮る。そのまま冷まして味を含ませる。

3. **干し椎茸旨煮**を作る（【混ぜ盛り】p.128参照）。

4. **若布**と**絹さや**のつけ地を合わせて一煮立ちさせ、鍋ごと水につけて冷ます。戻した若布は適当な大きさに切る。塩を加えた熱湯にさっとくぐらせて色だしし、冷ましたつけ地につけて味を含ませる。絹さやは塩ゆでし、冷ましたつけ地につけて味を含ませる。

5. それぞれを温め直す。器に2㎝幅に切った穴子干瓢巻き、長芋を盛り付け、椎茸、若布、絹さやを添え、木の芽をのせる。

⬇P63

【たき合わせ】②
印籠うなぎ
湯葉　さやいんげん
木の芽生姜

材料 4人前

●印籠うなぎ
鰻（250g）……2尾
煮汁
酒……400cc
白ざらめ糖……20g
味醂……50cc
濃口醤油……50cc
たまり醤油……15cc
土生姜……20g

●湯葉旨煮
引き上げ湯葉……½束
煮汁
だし汁……300cc
砂糖……小さじ½
味醂……30cc
塩……少量
薄口醤油……30cc

●さやいんげん
さやいんげん……20本
つけ地（前項若布と絹さやのつけ地参照）
土生姜（針生姜）……30g
木の芽……適量

作り方

1. **印籠うなぎ**を作る。鰻は4㎝長さの筒切りにし、内臓を除いて素焼きにする。強火で15分蒸し、中骨を抜き取る。鍋に薄板を敷き、鰻を並べ、煮汁の酒と細切りの生姜、白ざらめ糖、味醂と共に弱火で約10分煮る。濃口醤油とたまり醤油を加えて約20分煮る。そのまま冷まして、味を含ませる。

2. **湯葉旨煮**を作る。湯葉を食べやすい大きさに切り、熱湯に浸して水気をきる。鍋に煮汁を煮立て、湯葉を加えてさっと煮る。

3. **さやいんげん**のつけ地を煮立てて、冷ます。塩ゆでしたさやいんげんをつける。

4. それぞれを温め直す。器に鰻を盛り付け、湯葉、さやいんげんを添える。針生姜と木の芽を混ぜて天盛りにする。

⬇P64

【揚げ物】①
茄子と豆腐の煎りだし
青唐辛子
洗いねぎ　大根おろし　糸花がつお

材料 4人前
賀茂茄子……1個
絹漉し豆腐……1丁
丁字麩……4個
青唐辛子……8本

青葱……3本
大根おろし……200g
糸花鰹……適量
煎りだし
だし汁……400cc
味醂……50cc
薄口醤油……50cc
濃口醤油……50cc
水溶き葛粉……適量

作り方

1. 煎りだしを作る。鍋に味醂を入れて火にかけ、沸いてくればだし汁と残りの調味料加える。軽く煮立っている状態で、水溶き葛粉を加えてとろみをつける。

2. 豆腐は軽く水切りをし、適当な大きさに切る。茄子はへたを切り落とし、皮だけを薄くむき、水でさっと洗って水気をふき取る。適当な大きさに切る。丁字麩はおろし金ですりおろし、ざる漉しする。青唐辛子はへたを切り落とし、種を除く。

3. 茄子、青唐辛子を160℃の油で揚げる。豆腐は丁字麩を全体に薄くまぶし、1~2分おいてなじませ、170℃の油で揚げる。

4. 器に茄子、豆腐、青唐辛子を盛り付け、煎りだしをかけ、洗い葱(青葱)、大根おろしを添え、糸花鰹を天盛りにする。

⬇P65

【揚げ物】②
太刀魚アスパラ巻き 鮑おかき揚げ 木の芽塩 レモン

材料 4人前

太刀魚(1・2kg)……1尾
グリーンアスパラガス……4本
鮑(450g)……1杯
小麦粉……適量
卵白……適量
おかき(醤油味)……50g
レモン……1個
天ぷら衣
卵黄……1個
水……200cc
小麦粉……120g
木の芽塩
木の芽……½箱
昆布だし……適量
塩……適量

作り方

1. 木の芽塩を作る。濃いめの昆布だしに塩を入れ、火にかけてパラパラになるまで煮詰める。すり鉢で細かくする(うまみ塩)。木の芽は150℃の油で揚げて布巾に挟んで油気をきる。細かくたたき、うまみ塩と混ぜ合わせる。

2. 太刀魚は三枚におろす。薄塩をし、30分おく。水で洗って水気をふき、尾の方でつなげたまま縦半分に切って紐状にし、身の厚い部分は片面開きにする。

3. アスパラガスははかまを除き、かたい皮をむいて、かために塩ゆでする。芯になるように、太刀魚を巻きつける。両端を楊枝でとめる。

4. 鮑はわたを取る。身に塩を振ってこすり洗いし、水で洗う。5mm幅に切り、表面に格子状の切り込みを入れる。

5. 天ぷら衣を合わせる。

6. 鮑は小麦粉と卵白をつけて、細かく砕いたおかきをまぶし、170℃の油で揚げる。太刀魚アスパラ巻きは小麦粉をまぶし、天ぷら衣をつけ、170℃の油で揚げる。一口大に切る。

7. 器に太刀魚アスパラ巻きと鮑を盛り付け、レモン、木の芽塩を添える。

⬇P66

【ご飯物】
豆御飯

材料 4人前

えんどう豆(さやつき)……1kg
米……3カップ
酒(仕上げ用)……30cc
ご飯だし
昆布だし……900cc
塩……小さじ1½

作り方

1. 米は洗ってざるに上げ、30分おく。

2. えんどう豆はさやから取り出し、さっと洗う。水気をきって塩適量を振りかけ、軽くかき混ぜて約10分おく。水で洗い、水気をきる。

3. 昆布だしに塩を入れ、かき混ぜて溶かす。炊飯用の鍋に洗い米、ご飯だし、えんどう豆の半量を入れて炊く。

4. 残りの半量のえんどう豆は塩を加えた熱湯で落とし蓋をして柔らかくなるまでゆでる。落とし蓋の上から流水を少しずつ加えながら冷まし、水気をきる。

5. ご飯が炊き上がれば、一緒に炊いたえんどう豆を取り出す。塩ゆでしたえんどう豆をご飯に加え、酒を振りかけ、布巾をかぶせて蓋をし、5分蒸らす。

⬇P67

【ご飯物】
五目御飯 もみ海苔 木の芽

材料 4人前

鶏もも肉……½枚
こんにゃく……½丁
人参……¼本
牛蒡……½本
生椎茸……4枚
油揚げ……1枚
米……3カップ
焼き海苔……2枚
木の芽……適量
酒(仕上げ用)……15cc
ご飯だし
だし汁……800cc
酒……15cc
味醂……30cc
塩……小さじ½
濃口醤油……50cc

作り方

1. 米は洗ってざるに上げ、30分おく。

2. 鶏もも肉は1cm角に切る。霜降りにして、水気をふき取る。

3. こんにゃくは短冊切りにし、塩もみをして5分おき、熱湯でゆでておか上げして冷ます。人参は短冊切りにする。牛蒡は笹がきにし、水につけてアクを抜く。生椎茸は薄切りにする。油揚げは油抜きをし、短冊切りにする。

4. ご飯だしを合わせる。炊飯用の鍋に洗い米、具、ご飯だしを入れて炊く。

5. 焼き海苔は乾いたさらしに包み、もんで細かくする(もみ海苔)。

6. ご飯が炊き上がれば、酒を振りかけて5分蒸らす。茶碗によそい、もみ海苔、木の芽をのせる。

⬇P70~71

【八寸】
さより・菊花・三つ葉とんぶり和え 鮑味噌漬け 穴子煮凍り 鶏松風 唐墨玉子 イクラ吸地浸し まながつお難波焼き 甲烏賊うに焼き 車海老旨煮 栗土佐煮 栗生麩揚げ煮 鯛菊花ずし そば松葉 はじかみ生姜

材料 4人前

●さより・菊花・三つ葉とんぶり和え
さより……2尾
白板昆布……2枚
食用菊(黄)……2個
三つ葉……¼束
とんぶり……大さじ4
とんぶりのつけ地
だし汁……100cc
味醂……10cc
塩……少量
薄口醤油……10cc
三杯酢
酢……100cc
だし汁……200cc
薄口醤油……35cc
砂糖……大さじ1

●鮑味噌漬け

鮑（350g）……1杯
鮑味噌床
- 白粗味噌……1kg
- 赤味噌……200g
- 酒……100cc
- 味醂……100cc

●穴子煮凍り

穴子（100g）……10尾
土生姜……適量
穴子の煮汁（「穴子博多真薯」p.128参照）

●鶏松風

鶏挽き肉……300g
赤だし用味噌……10g
山の芋（おろし）……大さじ1½
食パン（5mm厚さ）……½枚
昆布だし……25cc
卵の素（【椀物】①p.130参照）……大さじ1½
卵……2個
砂糖……50g
濃口醤油……25cc
たまり醤油……25cc
粉山椒……小さじ½
松の実……30g
干しぶどう……35g
赤ワイン……25cc
卵黄……適量
けしの実……適量

●唐墨玉子

唐墨……¼腹
練り玉
- 卵黄……5個
- 砂糖……大さじ1

●イクラ吸地浸し

イクラ（すじこ）……50g
イクラの吸地
- だし汁……400cc
- 塩……小さじ⅓
- 薄口醤油……15cc

●まながつお難波焼き

まながつお（1・2kg）……½尾
白葱……2本
難波焼きの地
- 酒……100cc
- 塩……小さじ1
- 味醂……100cc
- 薄口醤油……100cc

●甲烏賊うに焼き

紋甲烏賊（上身）……200g
たれ
- 鶏内臓卵……5個
- 卵黄……2個
- 生海胆……½箱

●車海老旨煮

車海老……4尾
煮汁
- だし汁……400cc
- 酒……50cc
- 塩……小さじ½
- 味醂……75cc
- 薄口醤油……40cc

●栗土佐煮

栗……4個
くちなしの実……1個
煮汁
- だし汁……500cc
- 砂糖……大さじ2
- 味醂……50cc
- 塩……少量
- 薄口醤油……25cc
- 削り鰹……5g

●栗生麩揚げ煮

栗生麩……½本
煮汁
- だし汁……400cc
- 味醂……50cc
- 薄口醤油……30cc

●鯛菊花ずし

小鯛……¼尾
昆布……適量
食用菊（紫）……4個
すし飯（「鯖棒寿司」p.137参照）……適量
割り酢
- 酢……450cc
- 水……150cc
- 砂糖……大さじ2
- 薄口醤油……10cc
- 昆布……5cm角

甘酢（「酢取り茗荷」p.129参照）

●そば松葉

茶そば……適量
海苔……適量

●はじかみ生姜（「鮎塩焼き」p.132参照）

作り方

1．**さより・菊花・三つ葉とんぶり和え**を作る。さよりはおろして腹骨をすき取る。立塩（p.126参照）に15～20分つけ、白板昆布に挟み、冷蔵庫に2～3時間おいて昆布じめにする。食用菊は花びらを摘み取り、酢水でゆでる。ざるに取って流水にさらす。三つ葉は軸のみをさっと塩ゆでし、1・5cm長さに切る。とんぶりはよく洗って水気をきる。煮立てて冷ましたつけ地につける。汁気をきる。さよりの皮を引き、5mm幅の斜めの細造りにする。さより、食用菊、三つ葉、とんぶりを混ぜて器に盛り、三杯酢をかける。

2．**鮑味噌漬け**を作る。鮑は下処理し、バットに身を上にしておき、酒を振りかけ、弱火で約3時間蒸す。蒸し上がったら冷まし、殻から身をはずす。わた、口、縁も手で除く。味噌床の材料を混ぜ合わせ、深めのバットに入れる。鮑の身とわたを味噌床につけ込み、冷蔵庫に10～12時間おく。味噌をふき取り、薄切りにする。

3．**穴子煮凍り**を作る。煮穴子を作り（「穴子博多真薯」p.129参照）、流し缶に穴子を並べ、煮汁を入れて冷ます。土生姜は針生姜にする。

4．**鶏松風**を作る。鶏挽き肉の半量を少量の酒で煎り、汁気をきる。すり鉢に煎った挽き肉と残りの肉を合わせてすり、赤だし用味噌、山の芋、分量の昆布だしで戻した食パン、卵の素、溶き卵、砂糖、濃口醤油、たまり醤油、粉山椒の順に加え、そのつどよく合わせる。赤ワインで戻した干しぶどうと、軽く煎った松の実を加えて混ぜる。流し缶に入れる。湯煎にかけて180℃のオーブンで焼く。表面に卵黄をぬり、煎ったけしの実を散らす。流し缶から取り出し、適当な大きさに切る。

5．**唐墨玉子**を作る。唐墨は表面の薄皮をむき取り、すりおろす。鍋に卵黄と砂糖を合わせ、湯煎にかける。鍋底からゆっくりと混ぜながら均一に火を通す。手につかなくなれば裏漉しする（練り玉）。約1cmに丸めて唐墨をまぶす。

6．**イクラ吸地浸し**を作る。下処理したイクラ（「イクラ醤油漬け」p.150参照）を、煮立てて冷ました吸地につける。

7．**まながつお難波焼き**を作る。まながつおは三枚におろし、薄く振り塩をして約40分おく。塩を洗い流し、3mm厚さのそぎ切りにし、皮目に細かく切り込みを入れる。3cm幅に切った白葱を芯にして巻き、串を打って中火で焼く。難波焼きの地を2～3回かけては乾かして焼き上げる。

8．**甲烏賊うに焼き**を作る。鶏内臓卵は中身を絞り出して卵黄を加えて溶き、裏漉しした海胆を加える（たれ）。烏賊は表側に切り込みを入れ、縫い串を打つ。軽く振り塩をして焼く。薄く焼き色がついたら、表側にたれをぬっては乾かして焼き上げる。

9．**車海老旨煮**を作る（【混ぜ盛り】p.127参照）。頭と尾の部分を切り揃える。

10．**栗土佐煮**を作る。栗は鬼皮をむき取り、形を整えながら渋皮をむく。鍋に砕いたくちなしの実、たっぷりの水と共に栗を入れてゆで、水にさらす。鍋にだし汁、栗、砂糖、味醂、削り鰹（追い鰹）を入れて弱火で10分、塩、薄口醤油を加えて5分煮る。そのまま冷まして味を含ませる。

11．**栗生麩揚げ煮**を作る。生麩を適当な大きさに切り、175℃の油で揚げる。鍋に煮汁を煮立て、揚げた生麩をさっと煮る。

12．**鯛菊花ずし**を作る。小鯛

は三枚におろし、振り塩をして約1時間おく。血合い骨を抜き、さっと水で洗って割り酢に10分つけ、ざるに上げて酢をきる。昆布に挟んで冷蔵庫に2～3時間おく。食用菊は花びらを摘み取り、酢水でゆで、流水にさらす。水気をきって甘酢につける。すし飯を作る（「鯖棒寿司」p．137参照）。小鯛は斜めに2～3㎜厚さの薄切りにする。食用菊の汁気をよく絞り、すし飯に混ぜ込む。すし飯を一口大に丸め、小鯛の酢じめをのせ、さらしに包んで丸く形を整える。天に食用菊をのせる。

13．**そば松葉**は、茶そば2本を海苔でとめ、油で揚げる。**はじかみ生姜**を甘酢漬けにする（「鮎塩焼き」p．132参照）。

⬇P72～73

【点心縁高】

松茸・菊菜浸し　伊達巻き玉子　秋鮭柚庵焼き　花蓮根
子芋・栗麩田楽
焼き目栗蜜煮　干し子みじん粉揚げ　むかご松葉刺し
車海老酒煮　巻き穴子
さつま芋栂尾煮　南瓜含め煮
絹さや　紅葉麩　萩ご飯

かます棒寿司　はじかみ生姜

材料　4人前

●松茸・菊菜浸し
松茸……½本
菊菜……½束
柚子……¼個
つけ地
　だし汁……240cc
　味醂……30cc
　塩……少量
　薄口醤油……20cc

●伊達巻き玉子
海老のすり身……100g
白身魚のすり身……200g
卵……12個
砂糖……80g
蜂蜜……大さじ1
酒……15cc
味醂……15cc
塩……少量

●秋鮭柚庵焼き　花蓮根
鮭……200g
柚子……½個
蓮根……¼節
幽庵地（「太刀魚幽庵焼き」p．131参照）
甘酢（「鱸筒焼き」p．127参照）

●子芋・栗麩田楽
子芋……4個
粟生麩……¼本
けしの実……少量
木の芽……4枚
子芋の煮汁（「子芋含め煮」p．127参照）
赤田楽味噌
　赤だし用味噌……100g
　白味噌……50g
　酒……150cc
　砂糖……50g
　卵黄……1個
白田楽味噌（「赤貝芥子酢味噌和え」p．130白練り味噌参照）
粟生麩の煮汁
　だし汁……400cc
　味醂……30cc
　薄口醤油……30cc

●焼き目栗蜜煮
栗……4個
くちなしの実……1個
シロップ
　水……600cc
　砂糖……200g

●干し子みじん粉揚げ　むかご松葉刺し
干しこのこ……1枚
卵白……適量
みじん粉……適量
むかご……12個

●車海老酒煮
車海老（30g）……4尾
煮汁
　酒……200cc
　水……200cc
　塩……12g
　昆布……5g

●巻き穴子
穴子（80g）……2尾
さやいんげん……12本
穴子の煮汁（「穴子博多真薯」p．128参照）

●さつま芋栂尾煮（「鮎塩焼き」p．132さつま芋甘煮参照）

●南瓜含め煮
菊南瓜……⅙個
煮汁
　だし汁……400cc
　酒……20cc
　砂糖……大さじ2
　味醂……15cc
　薄口醤油……15cc
　濃口醤油……15cc

●絹さや　紅葉麩
絹さや（【たき合わせ】① p．132参照）……12枚
紅葉生麩……½本
紅葉生麩の煮汁（上記「粟生麩の煮汁」参照）

●萩ご飯
とびあら海老（殻つき）……200g
銀杏……10個
人参……30g
しめじ……30g
小豆……適量
米……3カップ
萩ご飯のだし
　だし汁……800cc
　味醂……15cc
　塩……小さじ½
　薄口醤油……40cc

●かます棒寿司　はじかみ生姜
かます……1尾
白板昆布……1枚
すし飯（「鯖棒寿司」p．137参照）
割り酢（「鯛菊花ずし」p．134参照）
はじかみ生姜（「鮎塩焼き」p．131参照）

作り方

1．**松茸・菊菜浸し**を作る。つけ地を煮立てて冷ます。菊菜は葉のみを塩ゆでし、冷水で冷ます。軽く水気を絞り、適当な長さに切り、つけ地につける。松茸は石づきをそぎ落とし、手早く洗って水気をふき取る。振り塩をして直火で焼く。手で裂いて菊菜と同じつけ地につける。柚子皮は細く切り、さっと水で洗い、水気を取る（針柚子）。

2．**伊達巻き玉子**を作る。すり鉢に海老のすり身と白身魚のすり身を入れ、なめらかになるまでする。溶き卵を加えてすり混ぜ、他の材料を順に加えて混ぜ、裏漉しする。熱してサラダ油を薄くぬった卵焼き鍋に、生地を流し入れ、アルミ箔で覆う。弱火の焼き床で両面に均一な焼き色がつくように焼く。鍋から取り出し、巻きすで巻き、そのまま冷ます。適当な大きさに切る。

3．**秋鮭柚庵焼きと花蓮根**を作る。蓮根は花形にむき、酢水でゆで、甘酢に6時間つける。鮭は三枚におろし、薄塩をして1時間おく。水で洗って水気をふき、約50gの切り身にし、幽庵地に15分つける。鮭に串を打ち、中火強で焼き、幽庵地を2～3回かけては乾かして焼き上げる。すり柚子を振る。

4．**子芋・栗麩田楽**を作る。赤田楽味噌を作る。鍋に材料を合わせて弱火にかけ、ゆっくりと流れ落ちるくらいまで練り上げる。赤田楽味噌同様に白田楽味噌を作る。子芋含め煮を作る（p．128参照）。粟生麩は2㎝角に切り、170℃の油で揚げる。煮汁を合わせて粟麩をさっと煮る。子芋を温め直し、赤田楽味噌をのせ、けしの実を振る。粟麩を温め直し、白田楽味噌をのせる。どちらも味噌に焼き色をつける。木の芽をのせる。

5．**焼き目栗蜜煮**を作る。栗は皮をむき、バーナーで表面

に焼き色をつけ、くちなしの実を割り入れた水でゆで、水にさらす。鍋にシロップの水と砂糖150gを煮立てて栗を入れ、弱火で10分煮、そのまま冷まして1日おく。シロップに砂糖50gを加えて一煮立ちさせ、そのまま冷まして1日おく。

6. **干し子みじん粉揚げとむかご松葉刺し**を作る。干しこのこは4cm長さの三角形に切り、一部に卵白をつけ、みじん粉をつける。160℃の油で揚げる。むかごは160℃の油で揚げて皮をむき、薄く塩を振って松葉に刺す。

7. **車海老酒煮**を作る。車海老は頭と背わたを取る。鍋に煮汁を煮立て、車海老を3分弱火で煮て、鍋ごと冷水につけ、味を含ませる。殻をむく。

8. **巻き穴子**を作る。さやいんげんは塩ゆでにする。穴子は背びれを引き、ぬめりをこそげ取る。頭を切り落として腹骨を除き、水で洗う。さやいんげん6本を束ね、穴子の皮目にのせ、尾の方から巻き、竹の皮で結ぶ。煮汁を煮立てて穴子を入れ、中火でアクを取りながら20分煮る。適当な大きさに切る。

9. **さつま芋梅尾煮**を作る。さつま芋を皮つきのまま4cm長さに切り、縦4等分にして面取りする。ゆでて煮汁で煮る(p.132さつま芋甘煮参照)。

10. **南瓜含め煮**を作る。菊南瓜はくし形に切り、皮の部分が少し残るようにむく。鍋にだし汁、酒を合わせて南瓜を入れ、落とし蓋をして火にかける。竹串がすっと通るくらいになれば砂糖、味醂を加えて10分煮て、薄口醤油、濃口醤油を加えて更に20分煮る。そのまま冷ます。茶巾絞りにする。

11. **紅葉麩**の煮汁を鍋に合わせ、紅葉麩を入れてさっと煮て、そのまま冷ます。適当な大きさに切る。

12. **萩ご飯**を作る。米は洗ってざるに上げ、30分おく。小豆はさっと洗ってたっぷりの水と共に10分ゆでる。ゆで汁に色がついてきたらゆで汁を捨てる。小豆を新しい水と共に鍋に入れ、弱火で柔らかくなるまでゆで、塩少量を加えてそのまま冷ます。とびあら海老は頭と背わたを取り除き、熱湯にさっと通し、水に落として冷ます。殻をむき、半分に切る。銀杏は殻をむき、縦半分に切る。人参は5mm角のあられ切りにし、塩ゆでする。しめじは小房に分け、石づきを切り落とし、水で洗う。炊飯用の鍋に洗い米、とびあら海老、人参、しめじ、ご飯のだしを入れて炊き、炊き上がりに銀杏と汁気をきった小豆を加え、15分蒸らす。全体を混ぜ、俵形にする。

13. **かます棒寿司**を作る。かますは三枚におろし、たっぷりの振り塩(強塩)をして40分おく。腹骨と血合い骨を除き、水で塩を洗い流し、割り酢に10分つける。ざるに上げ、汁気をきる。白板昆布に挟んで冷蔵庫に5時間おく。すし飯を作る(「鯖棒寿司」p.137参照)。かますの身の厚い部分をへぐ。かたく絞ったぬれ布巾の上に皮目が下になるようにおき、身の薄い部分にへいだ身を重ねる。少し練って棒状にまとめたすし飯をかますの上におき、形を整える。適当な大きさに切る。

⬇P74~75

【白木曲輪弁当】

＜一段目＞

子芋・白木耳・さやいんげん胡麻クリーム掛け　サーモン砧巻き　車海老酒盗煮

キス湯葉巻き揚げ　きんき味噌漬け焼き　海老芋含め煮

小倉蓮根　鶏丸旨煮

干し椎茸旨煮　花百合根

絹さや　柚子

＜二段目＞

海胆入り細巻き玉子　鮎一汐うるか焼き　鶏肝生姜煮　鯖棒寿司　菊花かぶら

はじかみ生姜　酢取り生姜

材料　4人前

＜一段目＞

●子芋・白木耳・さやいんげん胡麻クリーム掛け

- 子芋含め煮(【混ぜ盛り】p.127参照)
- 白木耳……2枚
- さやいんげん……4本
- 八方だし(【たき合わせ】①p.132若布と絹さやのつけ地参照)
- 胡麻クリーム
  - 当たり胡麻……大さじ4
  - 砂糖……10g
  - 味醂……5cc
  - 薄口醤油……10cc

●サーモン砧巻き

- スモークサーモン……12枚
- 蕪……1個
- 甘酢(「鱸筒焼き」p.127参照)

●車海老酒盗煮

- 車海老(25g)……4尾
- 煮汁
  - 酒盗……50g
  - だし汁……300cc
  - 酒……150cc
  - 味醂……5cc
  - 薄口醤油……10cc

●キス湯葉巻き揚げ

- 鱚(中)……20尾
- 平湯葉……4枚
- ミニアスパラガス……12本
- 人参……¼本

●きんき味噌漬け焼き

- きんき……½尾
- 味噌床
  - 白粗味噌……500g
  - 甘酒……65g
  - 煮切り酒……150cc

●海老芋含め煮

- 海老芋……1個
- 煮汁
  - だし汁……800cc
  - 砂糖……大さじ⅔
  - 味醂……50cc
  - 塩……小さじ1
  - 薄口醤油……35cc
  - 干し海老……5g
  - 削り鰹……5g

●小倉蓮根

- 蓮根……½節
- 小豆……50g
- 煮汁
  - だし汁……500cc
  - 酒……80cc
  - 砂糖……大さじ1
  - 味醂……50cc
  - 薄口醤油……10cc
  - 濃口醤油……5cc
  - 干し海老……5g

●鶏丸旨煮

- 鶏丸
  - 鶏挽き肉……150g
  - 山の芋(おろし)……大さじ1
  - 卵白……½個分
  - 塩……少量
  - 砂糖……小さじ1
  - 酒……15cc
  - 薄口醤油……10cc
  - 水溶き葛粉……大さじ1
  - 昆布だし……30cc
- 煮汁
  - だし汁……400cc
  - 味醂……30cc
  - 砂糖……大さじ4
  - 濃口醤油……50cc
  - たまり醤油……15cc

●干し椎茸旨煮(【混ぜ盛り】p.128参照)

●花百合根

- 百合根……2個
- シロップ
  - 水……200cc
  - 砂糖……100g

絹さや(【たき合わせ】①p.132参照)

柚子(【椀物】②p.131針柚子参照)

＜二段目＞

●海胆入り細巻き玉子

細巻き玉子生地

卵……3個
だし汁……120cc
味醂……5cc
薄口醤油……10cc
塩……少量
生海胆……⅓箱

●**鮎一汐うるか焼き**

鮎……2尾
白うるか……30g
子うるか……30g
卵白……適量

●**鶏肝生姜煮**

鶏肝……200g
煮汁
だし汁……300cc
酒……100cc
味醂……35cc
砂糖……大さじ3
濃口醤油……50cc
土生姜……20g

●**鯖棒寿司**

鯖……1尾
食用菊(黄)……4個
白板昆布……6枚
米……3カップ
菊用の甘酢(「酢取り茗荷」p.129参照)
白板昆布の甘酢
酢……100cc
水……100cc
砂糖……45g
割り酢(「鯛菊花ずし」p.134参照)
すし酢
酢……100cc
砂糖……60g
塩……20g
昆布……5cm角

●**菊花かぶら　はじかみ生姜　酢取り生姜**

蕪……½個
蕪用の甘酢(「鱸筒焼き」p.127参照)
はじかみ生姜甘酢漬け(「鮎塩焼き」p.131参照)
土生姜……適量
生姜用の甘酢(「酢取り茗荷」p.129参照)

作り方

<一段目>

1. **子芋・白木耳・さやいんげん胡麻クリーム掛け**を作る。子芋は含め煮にする(p.128参照)。白木耳は戻し、八方だしでさっと煮る。さやいんげんは2cm長さに切って塩ゆでし、冷ました八方だしにつける。胡麻クリームを作る。ボウルに当たり胡麻を入れ、混ぜながら調味料を加える。子芋、白木耳、さやいんげんを盛り、胡麻クリームをかける。

2. **サーモン砧巻き**を作る。蕪を2mm厚さの桂むきにし、立塩(p.126参照)にしんなりするまでつけ、水気をきって甘酢につける。スモークサーモンを蕪の幅の1cm角に切る。甘酢につけた蕪でスモークサーモンを巻く。

3. **車海老酒盗煮**を作る。酒盗を酒適量(分量外)で洗い、軽く塩分を抜く。煮汁を合わせて火にかけ、沸騰すれば漉す。車海老は頭、背わたを取り除き、煮汁で煮る。車海老に火が通れば鍋底を冷水につけて冷ます。殻をむく。

4. **キス湯葉巻き揚げ**を作る。鱚は三枚におろして立塩に10分つける。ミニアスパラガスと人参は4cm長さの細切りにする。平湯葉に鱚を並べ、アスパラガスと人参を巻く。170℃の油で揚げ、うまみ塩(【揚げ物】② p.133参照)を振る。

5. **きんき味噌漬け焼き**を作る。味噌床の材料を混ぜ合わせる。きんきを三枚におろして薄塩を振り、30分おく。塩を洗い流して水気を取り、味噌床に一晩つける。きんきを味噌床から取り出し、味噌をふき取り、適当な大きさに切り、串を打って焼く。

6. **海老芋含め煮**を作る。海老芋は両端を落として皮をむき、適当な大きさに切って面取りをし、水に1時間さらす。米のとぎ汁に入れて火にかけ、竹串が通るまでゆでる。火からおろし、水にさらす。干し海老を水で洗って水気をきる。鍋に煮汁のだし汁、砂糖、味醂を合わせて火にかけ、海老芋を入れ、沸騰したら干し海老とガーゼに包んだ削り鰹を加え、紙蓋をする。コトコトとゆるやかに躍るくらいの火加減で約5分煮て、塩、薄口醤油を加えて約10分煮る。火からおろして味を含ませる。

7. **小倉蓮根**を作る。蓮根は皮をむき、水にさらしてアクを抜く。小豆は熱湯でさっとゆでてアクを抜き、蓮根の穴にしっかりと詰め、ガーゼで包んで竹の皮でしばり、鍋に水から入れて柔らかくなるまでゆでる。煮汁を合わせ、干し海老と蓮根を入れて弱火でじっくりと味を含ませる。

8. **鶏丸旨煮**を作る。すり鉢で鶏丸の材料を合わせてすり混ぜる。沸騰直前の昆布だし適量に生地をうずらの卵大に取って入れる。火が通ったらざるに上げる。煮汁で煮て味を含ませる。

9. **干し椎茸旨煮**を作る(【混ぜ盛り】p.128参照)。

10. **花百合根**を作る。百合根を花形にむき、塩ゆでし、シロップにつける。

<二段目>

11. **海胆入り細巻き玉子**を作る。海胆に薄く塩を振り、さっと蒸す。生地の他の材料を合わせて海胆を加え、卵焼き鍋で細く巻き上げる。

12. **鮎一汐うるか焼き**を作る。鮎は三枚におろして立塩に約15分つける。表面がしっとりするまで干す。白うるか、子うるかはそれぞれ水にひたして塩抜きをする。水気を取り、白うるかは粗みじんにして子うるかを混ぜ、卵白を加える。鮎を軽く焼き、皮目にうるかをのせて上火で火を通す。

13. **鶏肝生姜煮**を作る。鶏肝を適当な大きさに切り、水にさらして血抜きする。霜降りにして煮汁の材料と共に鍋に入れ、煮汁が約半量分になるまで弱火で煮る。

14. **鯖棒寿司**を作る。すし酢の調味料を合わせて火にかけ、砂糖が溶ければ手早く冷まし、昆布を加えて1日おく。鯖を三枚におろして塩をまぶし、約1時間おく。塩を洗い流し、腹骨、血合い骨を取り、割り酢に約20分つける。ざるに上げて汁気を切り、白板昆布4枚に挟み、一晩冷蔵庫におく。米は洗ってざるに上げ、30分おく。やや固めに炊き上げ、半切りに移し、すし酢を混ぜ合わせ、冷ます(すし飯)。食用菊の花びらは酢水でゆでて流水にさらし、水気を切って甘酢につける。鯖の皮を頭の方からむき取り、身の厚い部分をへぐ。練って粘りを出したすし飯を鯖と合わせて棒寿司に形を整える。半身分は甘酢で煮た白板昆布1枚を、もう半身分は甘酢につけた食用菊と甘酢で煮た白板昆布1枚をのせてしばらく寝かせる。

15. **菊花かぶら　はじかみ生姜　酢取り生姜**を作る。蕪は菊花形になるように切り、立塩にしんなりするまでつける(菊花かぶら)。水気を絞り、甘酢に3時間つける。はじかみ生姜甘酢漬けはp.132参照。生姜は薄切りにし、さっとゆでておか上げにし、塩を振り、冷めたら甘酢につける(酢取り生姜)。

盛り付けを楽しもう

●料理内容で器を決める

⬇P76

鯛潮汁　独活　針葱　木の芽

材料　4人前

- 鯛(1・5kg)のあら……1尾分
- 独活……⅙本
- 水……1000cc
- 爪昆布……1枚
- 酒……30cc
- 白葱……1本
- 木の芽……12枚

作り方

1．独活は皮を厚めにむき、1・5cm幅、5cm長さの短冊切りにし、水にさらす。さっと塩ゆでし、水に落とす。
2．白葱は4cm長さの針葱にする(白髪葱)。
3．鯛の頭は6等分に切り分け、中骨などと共にボウルに入れ、振り塩をして1時間おく。塩がまわったら、霜降りにして冷水に落とし、うろこ、ぬめり、血液などを取り除く。
4．鍋に分量の水と鯛のあら、爪昆布を入れて火にかける。沸騰したら火を弱め、液体の表面が1～2ヵ所コトコトとゆるやかに躍るくらいの火加減で、アクを取りながら煮る。鯛の目玉が完全に白くなったら、頭とかまの部分を取り出して椀に盛る。
5．鯛のだし汁をネル地で漉し、別の鍋に移して火にかけ、味をみて足りなければ塩を加えて味を調える。酒を加え、吸地を作る。
6．独活を吸地にさっとくぐらせて温め、椀に盛る。熱い吸地をはって、吸口に木の芽と白髪葱を混ぜてのせる。

⬇P76

若筍汁　木の芽

材料　4人前

- 筍……1本
- 若布(生)……60g
- 木の芽……12枚
- 吸地八方・吸地(【椀物】①p.130参照)

作り方

1．筍をゆでる。筍は穂先を斜めに少し切り落とし、切り口から縦に皮だけに切り込みを入れる。鍋にたっぷりの水と筍、米ぬか、たかの爪を入れ、落とし蓋をしてゆでる。根元に金串がすっと通るくらいの柔らかさになるまでゆで、おか上げし、そのまま冷ます。切り込みから指を入れ、皮をむく。よく水で洗い、初根をむき取り、表面をこそげて形を整える。水にさらす。
2．筍と若布に下味をつける。筍の穂先の柔らかい部分を短冊切りにする。生若布は茎を取り除き、適当な大きさに切る。熱湯にさっとくぐらせて色だしする。それぞれ冷ました吸地八方につける。
3．吸地を仕立てる。筍と若布をそれぞれ温めて椀に盛り、熱い吸地をはる。吸口に木の芽をのせる。

⬇P77

鯛のあっさり煮　白葱　木の芽

材料　4人前

- 鯛(1・5kg)の頭……2尾分
- 白葱……2本
- 木の芽……½箱
- 鯛の煮汁
  - 酒……600cc
  - 味醂……25cc
  - 塩……小さじ½
  - 薄口醤油……10cc

作り方

1．鯛の頭は切り分けて塩をし、霜降りにして下処理する(上記「鯛潮汁」参照)。
2．白葱は小口から薄く切る。
3．鍋に煮汁を合わせ、鯛の頭を入れ、中火でアクを取りながら煮る。鯛の頭に火が通って目玉が完全に白くなったら、白葱を加えてさっと煮る。
4．鯛を器に盛り付け、白葱を添え、熱い煮汁をはって、木の芽をのせる。

⬇P77

若筍煮　蕗　わらび　木の芽

材料　4人前

- 筍……2本
- 若布(生)……60g
- 蕗……2本
- わらび……8本
- 木の芽……12枚
- 筍の煮汁
  - だし汁……600cc
  - 味醂……50cc
  - 塩……少量
  - 薄口醤油……30cc
  - 削り鰹……5g
- 蕗青煮の煮汁
  - だし汁……400cc
  - 味醂……15cc
  - 塩……小さじ½
  - 薄口醤油……5cc
- わらびのつけ地
  - だし汁……250cc
  - 味醂……15cc
  - 塩……少量
  - 薄口醤油……5cc

作り方

1．ゆでた筍(上記「若筍汁」参照)は、穂先に近い柔らかい部分は縦に4つ割にし、根元の方は約2cm幅の半月切りにする。鍋にだし汁と筍を入れ、沸騰したら味醂、ガーゼに包んだ削り鰹を加え、落とし蓋をして弱火で約10分煮る。塩、薄口醤油を加え、約10分煮て火からはずし、味を含ませる(筍土佐煮)。
2．若布は下ゆでする(上記「若筍汁」参照)。筍の煮汁を少量とって別の鍋に入れ、水気をきった若布をさっと煮る。
3．蕗青煮を作る。蕗は鍋に入る長さに切り、塩をまぶして板ずりし、約5分おく。塩を加えた熱湯でゆで、水に落とし、両端から筋を引いて取る。太いものは4～6つ割にし、4cm長さに切る。鍋に煮汁を合わせて沸騰させ、蕗をさっと煮る。すぐに取り出し、ざるに上げてうちわであおいで手早く冷ます。煮汁も冷ます。蕗が冷めたら、煮汁に戻して味を含ませる。
4．わらびは塩ずりして鍋に入れ、わら灰と熱湯を加えて蓋をし、冷めるまでおく。水にさらしてアクを抜く。水気をふき取り、冷ましたつけ地につける。
5．それぞれを温め直し、器に筍、若布、蕗、わらびを盛り、筍の煮汁をかけ、木の芽を散らす。

●一器多様

⬇P78

柿なます

材料　4人前

- 干し柿……2個
- 大根……80g
- 金時人参……15g
- 水前寺海苔……10g
- ちしゃとう……⅓本
- 煎り胡麻……大さじ1
- 甘酢
  - 酢……200cc
  - 水……200cc
  - 砂糖……90g
  - 塩……少量

作り方

1．干し柿は千六本に切る。立塩(p.126参照)に約10分つけ、ざるに上げて水気をきる。
2．大根、金時人参は干し柿

と同様に切る。大根は立塩に約10分つける。金時人参は、熱湯にさっと通し、水に落とす。立塩に約10分つける。軽く水気を絞る。

3．水前寺海苔は5～6時間水につけて戻す。千六本に切り、さっとゆでて冷水に落とす。

4．ちしゃとうは皮をむき、千六本に切り、塩ゆでする。

5．干し柿、大根、金時人参、水前寺海苔を混ぜ、甘酢に3～4時間つける。

6．5のなますにちしゃとうを加えて器に盛り、煎り胡麻を振りかける。

⬇P78

さごし生ずし

材料 4人前

さごし（700g）……½尾
白板昆布……2枚
胡瓜……1本
長芋……¼本
浜防風……4本
割り酢（「鯛菊花ずし」p.134参照）
生姜酢
　酢……100cc
　だし汁……200cc
　薄口醤油……35cc
　砂糖……大さじ1
　生姜の絞り汁……適量

作り方

1．胡瓜は薄切りにし、立塩につける（「胡麻白酢和え」p.126参照）。

2．長芋は皮をむいて、4cm長さ、5mm角の棒状に切る。浜防風は碇防風にする（p.126参照）。

3．生姜酢のだし汁、薄口醤油、砂糖を合わせて一煮立ちさせ、酢と生姜の絞り汁を加えて火を止める。鍋ごと氷水につけて手早く冷ます（生姜酢）。

4．さごしは振り塩をし、約1時間おく。腹骨と血合い骨を除く。水でさっと洗って水気をきる。割り酢に20分つける。ざるに並べて自然に汁気をきる。昆布じめにし、切り掛け切りにする。

5．器にさごしを盛り、胡瓜、長芋、碇防風を盛り、生姜酢をかける。

※深向付けの場合、防風はなく、おろし生姜を天盛りにしている。

⬇P79

【八寸】
平貝木の芽焼き　赤貝・分葱の芥子酢味噌掛け　煎り土筆　白魚含め煮　菜種　車海老・味噌漬け玉子・胡瓜の青竹串刺し　空豆おかき揚げ

材料 4人前

●平貝木の芽焼き
平貝の貝柱……2個
木の芽……適量
たれ
　酒……50cc
　味醂……100cc
　濃口醤油……100cc
　水あめ……小さじ2

●赤貝・分葱の芥子酢味噌掛け
煎り土筆
赤貝……2個
分葱……½束
若布（生）……30g
土筆……8本
芥子酢味噌（「赤貝芥子酢味噌和え」p.130参照）
土筆のつけ地
　だし汁……200cc
　味醂……20cc
　塩……少量
　薄口醤油……20cc

●白魚含め煮　菜種
白魚……100g
菜の花……4本
白魚の煮汁
　だし汁……200cc
　酒……50cc
　味醂……30cc
　砂糖……小さじ½
　薄口醤油……30cc
菜の花のつけ地
　だし汁……250cc
　味醂……15cc
　塩……少量
　薄口醤油……5cc

●車海老・味噌漬け玉子・胡瓜の青竹串刺し
車海老（20g）……2尾
卵……4個
花丸胡瓜……1本
車海老の煮汁
　酒……200cc
　塩……小さじ½
味噌床
　白味噌……300g
　味醂……50cc

●空豆おかき揚げ
空豆……12粒
卵白……適量
おかき（醤油味）……適量
うまみ塩（【揚げ物】②p.133参照）

作り方

1．**平貝木の芽焼き**を作る。鍋にたれを合わせ、一煮立ちさせてそのまま冷ます。木の芽は葉だけを摘み取る。平貝の貝柱は薄皮と筋の部分を除く。2枚にへぎ、表面に格子状の切り込みを入れる。串を打ち、両面を強火で焼く。表面が乾きはじめたら、たれを全体に2回かけては乾かして焼き上げる。表面に木の芽を散らす。

2．**赤貝・分葱の芥子酢味噌掛け**と**煎り土筆**を作る。赤貝、分葱、芥子酢味噌を準備する（「赤貝芥子酢味噌和え」p.130参照）。若布は下処理して色だしする（前頁「若筍汁」参照）。土筆ははかまをむき取り、熱湯でさっとゆで、流水にさらしてアクを抜く。つけ地に約1時間つける。フライパンに紙を敷き、土筆を入れて、弱火でゆっくり、かりっとするまで煎る（煎り土筆）。赤貝、分葱、若布に芥子酢味噌を加えて和える。器に盛り、煎り土筆を天盛りにする。

3．**白魚含め煮**と**菜種**を作る。白魚は立塩に10分つけ、水気をふき取る。鍋に煮汁を合わせて煮立て、白魚を入れ、中心が温まる程度にさっと煮る。鍋ごと氷水につけて冷ます。菜の花は歯ごたえが残る程度に塩ゆでし、冷水にさらす。水気を絞り、つけ地につける。

4．**車海老・味噌漬け玉子・胡瓜の青竹串刺し**を作る。車海老は頭を背わたと共に取ってのし串を打つ。鍋に煮汁を合わせて煮立て、車海老を弱火で2分煮る。鍋ごと氷水につけて冷ます。卵は温度玉子にする（「太刀魚昆布じめ」p.130参照）。卵黄だけを取り出し、ガーゼに包んで味噌床に5時間つける（味噌漬け玉子）。花丸胡瓜は板ずりし、熱湯にさっと通して色だしする。4つに切り分け、立塩に約10分つける。これらを青竹串に刺す。

5．**空豆おかき揚げ**を作る。空豆はさやをむいて豆を取り出し、薄皮を取る。溶いた卵白をつけ、砕いたおかきをまぶしつける。170℃の油で揚げる。揚げ上がりにうまみ塩を振る。

⬇P79

【焼き物八寸】
甘鯛翁焼き　花びら生姜　筍・わらびの木の芽和え　遠山鮑変わり揚げ　鯛の子含め煮　えんどう豆

材料 4人前

●甘鯛翁焼き　花びら生姜
甘鯛（1・2kg）……½尾
おぼろ昆布……10g
土生姜……20g
甘酢（「酢取り茗荷」p.129参照）
若狭地

だし汁……200cc
酒……200cc
薄口醤油……40cc
味醂……40cc
昆布……3g

●筍・わらびの木の芽和え

筍……1本
わらび……12本
木の芽……8枚
筍の煮汁(「若筍煮」p.138参照)
わらびのつけ地
だし汁……100cc
味醂……10cc
薄口醤油……5cc
塩……少量
木の芽味噌
白練り味噌(「赤貝芥子酢味噌和え」p.130参照)……100g
木の芽……½箱
青寄せ(左記のうち)……小さじ½
だし汁……適量
青寄せ
ほうれん草……1束
塩……少量
水……1000cc

●遠山鮑変わり揚げ

鮑(500g)……1杯
鮑の煮汁
水……500cc
酒……100cc
味醂……5cc
砂糖……小さじ2
薄口醤油……5cc
濃口醤油……15cc
土生姜(薄切り)……20g
有馬山椒……大さじ2
鮑の肝生地
白身魚のすり身……70g
鮑の肝……1杯分
味醂……5cc
薄口醤油……少量
水溶き葛粉……15cc
空豆衣
空豆……20粒
卵黄……2個
水……100cc
小麦粉……50g

●鯛の子含め煮　えんどう豆

鯛の子……2腹
えんどう豆(むき実)……適量
鯛の子の煮汁
だし汁……500cc
酒……100cc
味醂……80cc
塩……小さじ½
薄口醤油……45cc
土生姜(せん切り)……適量
つけ地
だし汁……300cc
味醂……30cc
塩……小さじ⅓
薄口醤油……5cc

作り方

1. **甘鯛翁焼き**と**花びら生姜**を作る。若狭地を合わせ、おぼろ昆布は空煎りしてほぐし、ざるで漉す。おろした甘鯛は腹骨をすき取り、薄く塩をし、40分おく。血合い骨を抜き、水で洗って水気をふき、切り分ける。串を打って焼く。仕上げに若狭地を3～4回かけては乾かして焼き上げ、表面におぼろ昆布を振りかける。土生姜は薄く切り、花びら形の抜き型で抜く。熱湯でさっとゆでておか上げし、熱いうちに薄く振り塩をし、冷ます。甘酢につける。

2. **筍・わらびの木の芽和え**を作る。ゆでた筍の穂先近くを4つ割にし、土佐煮にし(「若筍煮」p.138参照)、約5㎜厚さの半月切りにする。わらびは下処理し、つけ地につける(「若筍煮」p.138参照)。青寄せを作る。ほうれん草は葉だけを小さくちぎり、分量の水適量と共にミキサーにかける。どろどろの状態になれば、塩少量と残りの水を加えてのばし、シャブシャブの状態にする。裏漉し器に通して鍋に入れ、火にかける。浮いてくる緑色のものをすくい取り、布巾をかけた裏漉し器にのせて水気をきる。うちわであおいで手早く冷ます(青寄せ)。木の芽味噌を作る。木の芽をすり鉢に入れ、すりつぶす。白練り味噌を加えてすり合わせ、青寄せを加えて色を調える。だし汁適量を加えて柔らかさを加減する。ボウルに筍、わらびの汁気をよくきって合わせ、木の芽味噌を加えて和える。器に盛り、木の芽を天盛りにする。

3. **遠山鮑変わり揚げ**を作る。鮑は下処理してわた、口、縁を取り除く。鍋に鮑、分量の水、酒、生姜の薄切りを合わせて火にかけ、弱火で約2時間ゆでる(途中、水を足しながら煮る)。鮑が柔らかくなれば味醂と砂糖を加え、約10分煮る。薄口醤油、濃口醤油、有馬山椒を加え、約5分煮て火を止め、そのまま冷まして味を含ませる。鮑の肝生地を作る。鮑の肝を熱湯でゆで、裏漉しする。すり鉢に白身魚のすり身、鮑の肝、調味料、水溶き葛粉の順に加えてすり混ぜる。鮑に鮑の肝生地をつけ、弱火で15分蒸す。空豆衣を作る。空豆は実を取り出し、薄皮を取る。塩ゆでして水に落として冷まし、裏漉しする。よく冷やした容器に卵黄と冷水を加えて溶く。ふるった小麦粉、裏漉しした空豆を加え、さっくりと混ぜる。鮑に空豆衣をつけ、170℃の油で揚げる。

4. **鯛の子含め煮**と**えんどう豆**を作る。鯛の子は塩水の中で軽く洗い、1腹をつなぎ目から半分に切り離し、中央に切り込みを入れて適当な大きさに切る。沸騰直前の湯の中に入れ、約2分ゆでる。冷水に落として冷ます。鍋に煮汁を合わせて煮立て、鯛の子、せん切りの土生姜を入れ、弱火で15分煮る。そのまま冷まして味を含ませる。えんどう豆は下処理し(「豆御飯」p.133参照)、塩を加えた熱湯で柔らかくなるまでゆでる。冷水に落として冷まし、薄皮を取る。鍋につけ地を煮立てて冷まし、えんどう豆をつける。

⬇P80

【焼き物】

鯛二種焼き筏盛り　焼き蛤
赤飯　酢取り花蓮根

材料　4人前

鯛(800g)……1尾
生海胆……½箱
蛤……4個
卵白……適量
蓮根……80g
黒胡麻……20g
赤飯(左記のうち)……100g
もち米……3カップ
小豆……200g
酒塩
酒……100cc
水……400cc
塩……12g
甘酢(「鱸筒焼き」p.127参照)
若狭地(「甘鯛翁焼き」前頁参照)

作り方

1. 酢取り花蓮根を作る(【点心縁高】p.135参照)。

2. 赤飯を作る。洗ったもち米は一晩水につけて戻す。小豆は水から約5分ゆでて、水をかえて柔らかくなるまでゆでる。ゆで汁を漉して冷まし、水気をきったもち米をつけ、約3時間おく。もち米の水気をきり、中火で柔らかくなるまで蒸す。蒸し上がったもち米に酒塩と小豆を混ぜ、約5分蒸す。

3. 焼き蛤を作る。蛤は殻を開けて中身を取り出す。身の部分に切り込みを入れて殻に戻す。もう一方の殻で蓋をして殻の表面に卵白をぬり、塩を多めに振り、網にのせて塩が完全に乾くまで焼く。

4. 鯛は頭を落とさずに水洗いし、三枚におろし、腹骨をすく。薄く振り塩をして約1時間おく。血合い骨を抜き、水で洗って背身と腹身に分け、4㎝幅に切る。鯛の尾頭つきに串を2本打つ。ひれに塩をまぶしつけて焼く。身は水でさっと洗って適当な大きさに切り、串を打って強火で焼く。若狭地を2～3回かけては乾かす。身の半量に海胆を、残りに黒胡麻をのせ、海胆の方は上火の焼き床でさっと焼く。

5. 器に鯛を筏盛りにし、焼き蛤、赤飯、酢取り花蓮根を添える。

⬇P80

【点心】

小鯛笹漬け寿司　細巻き玉子　車海老旨煮　飯蛸桜煮　桜生麩　鱒木の芽味噌焼き　三つ葉・アスパラ・独活の浸し

材料 4人前

●小鯛笹漬け寿司

小鯛笹漬け……2尾分
すし飯(「鯖棒寿司」p.137参照)
割り酢(「鯛菊花ずし」p.134参照)

●細巻き玉子

卵……12個
だし汁……480cc
味醂……15cc
薄口醤油……30cc
塩……小さじ¼

●車海老旨煮

車海老(30g)……4尾
煮汁
　だし汁……200cc
　酒……60cc
　味醂……60cc
　砂糖……小さじ1
　薄口醤油……10cc
　塩……少量

●飯蛸桜煮

飯蛸……2杯
煮汁
　だし汁……300cc
　酒……50cc
　水あめ……小さじ1
　味醂……50cc
　濃口醤油……45cc
　たまり醤油……15cc

●桜生麩煮

桜生麩……½本
煮汁(【点心縁高】p.135揚げ粟麩の煮汁参照)

●鱒木の芽味噌焼き

鱒……½尾
木の芽味噌(前頁「筍・わらびの木の芽和え」参照)

●三つ葉・アスパラ・独活の浸し

三つ葉……1束
グリーンアスパラガス……4本
独活……¼本
糸花鰹……適量
つけ地
　だし汁……250cc
　味醂……15cc
　塩……少量
　薄口醤油……5cc

作り方

1. **小鯛笹漬け寿司**を作る。小鯛笹漬けを割り酢に10分つけ、ざるに上げて酢をきる。皮の表面に細かく切り込みを入れる。すし飯を適量取り、小鯛にのせてにぎり、形を整える。

2. **細巻き玉子**を作る。だし汁に調味料を合わせ、溶き卵に加える。卵焼き鍋を熱し、サラダ油を薄く引き、卵生地を流し入れ、巻き上げる。これを2～3回繰り返す。焼き上がったら、縦半分に切り、それぞれを巻きすに取って軽く押さえるようにして形を整える。適当な大きさに切る。

3. **車海老旨煮**を作る(【混ぜ盛り】p.128参照)。

4. **飯蛸桜煮**を作る。飯蛸は卵を出さないように内臓をそっと引き出して切り取る。目を切り取って胴と足を切り離し、胴を爪楊枝でとめて卵が出ないようにする。足はくちばしを取り除き、さっと熱湯に通し、冷水に落として洗う。煮汁を合わせて煮立て、胴の部分を入れて静かに5分煮る。足を加えて5分煮る。煮汁ごと冷まし、味を含ませる。

5. **桜生麩煮**を作る。桜生麩を煮汁でさっと煮て、適当な大きさに切り分ける。

6. **鱒木の芽味噌焼き**を作る。木の芽味噌を作る(前頁参照)。鱒は三枚におろし、腹骨をすき取る。薄塩を振って約30分おく。血合い骨を抜き、塩を洗い流す。身を4cm幅に切り、串を打つ。表面にきれいな焼き色がつけば木の芽味噌をぬり、焼き目をつける。

7. **三つ葉・アスパラ・独活の浸し**を作る。三つ葉はさっと塩ゆでして冷水に落とす。3cm長さに切る。グリーンアスパラガスは3cm長さに切り、縦4等分に切る。塩ゆでして冷水に落とす。独活は皮をむき、3cm長さの細切りにする。塩ゆでして冷水に落とす。三つ葉、グリーンアスパラガス、独活をつけ地につける。器に盛り、糸花鰹を天盛りにする。

⬇P81

【焼き物】

伊勢海老二見焼き　たらの芽

材料 4人前

伊勢海老(500g)……2尾
生海胆……120g
たらの芽……8本
バター……100g
たれ
　澄ましバター……30cc
　濃口醤油……15cc

作り方

1. 澄ましバターを作る。バターを湯煎にかけて完全に溶かし、上澄みだけを取り分ける。

2. 伊勢海老は頭と胴を切り離す。胴の部分を縦半分に割り、背わたを除く。身は殻から取り出し、水でさっと洗う。4等分に切る。

3. たらの芽は根元のかたい部分を切り取る。

4. よく熱したフライパンに澄ましバターを入れる。たらの芽を加えて中火強でさっと焼き、取り出して薄く振り塩をする。伊勢海老の身を加え、さっと表面を焼いて取り出す。伊勢海老の殻に身を盛り、生海胆をのせる。たれをかけ、上火の焼き床で生海胆にさっと火を通す。

5. 器に伊勢海老を盛り、たらの芽を添える。

⬇P81

【煮物】

蛸柔らか煮　針生姜

材料 4人前

蛸(800g)……1杯
土生姜……30g
煮汁
　だし汁……800cc
　酒……100cc
　砂糖……大さじ3
　味醂……30cc
　水あめ……大さじ1
　濃口醤油……40cc
　たまり醤油……20cc
　昆布……適量
　削り鰹……5g

作り方

1. 蛸は水で洗い、塩をまぶして手早くもみ洗いして水で洗い流す。足を2本ずつに切り分け、大根で軽くたたき、繊維をほぐす。熱湯で霜降りにし、冷水に落として冷ます。

2. 土生姜は針生姜にする。

3. 鍋にだし汁と調味料を合わせて、蛸、昆布、削り鰹(追い鰹)を入れ、ごく弱火で40～50分煮る。煮上がったら蛸を取り出し、煮汁は弱火で⅔量に煮詰め、火からおろして冷ます。蛸を戻し入れ、味を含ませる。

4. 蛸は足1本に切り分け、器に盛り、針生姜を天盛りにする。

⬇P82

【たき合わせ】

春野菜たき合わせ　筍　ふき　わらび　独活　木の芽

材料 4人前

筍……2本
蕗……2本
わらび……12本
独活……1本
木の芽……適量
筍の煮汁(「若筍煮」p.138参照)
蕗の煮汁(「若筍煮」p.138参照)
わらびのつけ地(「筍・わらびの木の芽和え」p.140参照)
独活の煮汁
だし汁……400cc
味醂……30cc
塩……少量
薄口醤油……25cc

作り方

1. 筍と蕗は下処理して煮る(「若筍煮」p.138参照)。
2. わらびは下処理してつけ地につける(「若筍煮」p.138参照)。
3. 独活は直径1・5cm、4cm長さの筒状にむき、塩ゆでして水に落として冷ます。鍋に煮汁を合わせて煮立て、独活を入れてさっと煮る。そのまま冷まして味を含ませる。
4. 筍、蕗、わらび、独活はそれぞれ温め直して、器に盛る。筍の煮汁をかけ、木の芽を天盛りにする。

⬇P82

【揚げ物】

油目唐揚げ　ふきのとう素揚げ　酢だち　うまみ塩

材料 4人前

油目(あいなめ。400g)…2尾
ふきのとう……4個
すだち……2個
うまみ塩(【揚げ物】② p.133参照)

作り方

1. 油目は三枚におろし、腹骨をすき取る。皮を下にして約3mmの間隔で身と骨のみを切る(骨切り)。3つに切り分け、刷毛で小麦粉を薄くまぶし、175℃の油で揚げる。熱いうちにうまみ塩を振る。
2. ふきのとうは165℃の油で揚げる。熱いうちにうまみ塩を振る。
3. 器に天紙を敷き、油目、ふきのとうを盛り、半割りのすだちを添える。

●同じ料理を器を変えて盛る

⬇P83

【造り】①

鯛松皮造り　鮪平造り　穂紫蘇　莫大海　山葵　土佐醤油

材料 4人前

鯛(1・2kg)……½尾
鮪……300g
花穂紫蘇……8本
山葵……適量
莫大海ゼリー寄せ(【平造り】p.126参照)
土佐醤油(【平造り】p.126参照)

作り方

1. 鯛を松皮造りにする。鯛は水洗いし、三枚におろし、腹骨をすき取り、節取りする。抜き板に皮目を上にしておき、さらしをかぶせる。さらしの上から皮に熱湯をかけ、すぐ氷水に落として冷まし、水気をふき取る。平造りにする。
2. 鮪は平造りにする。
3. 器に鯛の松皮造り、鮪の平造り、花穂紫蘇、莫大海ゼリー寄せ、おろし山葵(p.126参照)を盛り、土佐醤油を添える。

⬇P83

【造り】②

鯛松皮造り　鮪平造り　松菜　水前寺海苔　土生姜　山葵　土佐醤油

材料 4人前

鯛(1・2kg)……½尾
鮪……300g
松菜……½束
水前寺海苔……3cm角
土生姜……30g
山葵……適量
土佐醤油(【平造り】p.126参照)

作り方

1. 松菜は熱湯でゆで、水に落とす。水気をきって葉のみを揃える。水前寺海苔は5〜6時間水につけて戻し、さっとゆでて冷水に落とす。適当な大きさに切る。土生姜はすりおろす。
2. 鯛は松皮造りにする(前項参照)。鮪は平造りにする。
3. 器に鯛、鮪、松菜、水前寺海苔、おろし生姜、おろし山葵(p.126参照)を盛り、土佐醤油を添える。

⬇P84

【造り　向付】

平貝焼き霜造り　赤貝　芽かんぞう　山葵　割り醤油

材料 4人前

平貝……4個
赤貝……4個
芽かんぞう……8本
山葵……適量
割り醤油
土佐醤油(【平造り】p.126参照)……100cc
煮切り酒……100cc

作り方

1. 土佐醤油に煮切り酒を合わせて割り醤油にする。芽かんぞうは下処理し、塩ゆでして氷水に落とす。
2. 平貝は薄皮と筋を除く。熱したフライパンで両面に焼き色をつけ、氷水に取る。赤貝は殻から取り出し、下処理をする。身は塩もみしてぬめりを除き、洗って水気をきり、2mm幅に切り込みを入れる。
3. 器に平貝、赤貝、芽かんぞう、おろし山葵(p.126参照)を盛り、割り醤油を添える。

⬇P84

【造り　皿盛り】

平貝焼き霜造り　赤貝　芽かんぞう　青とさかのり　山葵　生姜醤油ドレッシング

材料 4人前

平貝……4個
赤貝……4個
芽かんぞう……4本
青とさか海苔……適量
山葵……適量
生姜醤油ドレッシング
酢……50cc
だし汁……50cc
煮切り味醂……35cc
濃口醤油……35cc
サラダ油……35cc
生姜の絞り汁……10cc

作り方

1. 生姜醤油ドレッシングの材料を合わせる。平貝、赤貝、芽かんぞうは前項参照。とさか海苔は適当な大きさに切り、水にさらす。
2. 器に平貝、赤貝、芽かんぞう、とさか海苔、おろし山葵(p.126参照)を盛り、生姜醤油ドレッシングをかける。

●重詰の盛り込み方

⬇P86

【壱の重〈祝儀肴〉】

●身巻き唐墨

材料 4人前

唐墨(160g)……½腹
烏賊のすり身……100g
粕床
- 熟れ粕……250g
- 酒粕……250g
- 黒砂糖……50g
- 煮切り酒……80cc

作り方

1. 唐墨は酒に浸してかたく絞った布巾に包み、一晩おく。薄皮をむく。細かく砕いた黒砂糖、煮切り酒、熟れ粕、酒粕を合わせ、粕床を作る。
2. 塩少量を加えた烏賊のすり身を唐墨のまわりに3mm厚さでぬる。約80℃の湯に5秒間つけ、おか上げして冷ます。ガーゼに包んで、粕床に3日間つける。5mm厚さに切る。

●鮑二見蒸し

材料 4人前

鮑(500g)……1杯
鮑の煮汁・肝生地(「遠山鮑変わり揚げ」p.140参照)

作り方

1. 鮑は下処理して煮含める。鮑の肝は熱湯でゆで、肝生地を作る(「遠山鮑変わり揚げ」p.140参照)。
2. 切り込みを入れた鮑に鮑の肝生地をつけ、弱火で15分蒸す。蒸し上がったら冷まし、適当な大きさに切る。

●車海老酒煮

材料 4人前

車海老(30g)……4尾
酒煮の煮汁
- 酒……200cc
- 水……200cc
- 塩……12g
- 昆布……5g

作り方

「車海老酒煮」p.136参照

●数の子粉鰹まぶし

材料 4人前

数の子……4本
粉鰹……適量
数の子のつけ地
- だし汁……500cc
- 酒……60cc
- 味醂……60cc
- 濃口醤油……80cc
- 削り鰹……5g

作り方

1. 数の子は水につけ、薄皮を除く。新しい水に約1日つけて適度に塩抜きし、酒で洗う。
2. 鍋につけ地の酒、味醂を入れて煮切る。だし汁、濃口醤油を加えて煮立て、削り鰹を加えて布巾で漉し、冷ます。つけ地半量に数の子を約5時間つける。取り出して汁気をきり、残りのつけ地に約5時間つける。
3. 数の子を一口大に切り、粉鰹をまぶす。

●甘鯛月環

材料 4人前

甘鯛(1.5kg)……½尾
生海胆……20g
金時人参……30g
木耳(乾燥)……5g
枝豆……50g
柚子……½個
卵生地
- 卵黄……5個
- 白味噌……10g
- 砂糖……大さじ1

八方だし
- だし汁……250cc
- 味醂……30cc
- 薄口醤油……20cc
- 塩……少量

作り方

1. おろした甘鯛は腹骨をすき取り、薄く振り塩をし、約40分おく。血合い骨を抜き、5mm厚さのそぎ切りにする。
2. 生海胆は薄く振り塩をし、3分蒸す。金時人参と木耳は2mm角に切り、塩ゆでする。八方だしにつけて味を含ませる。枝豆は塩ゆでし、水に落として冷ます。さやから取り出し、薄皮をむき取る。
3. 鍋に卵生地の材料を入れて混ぜ合わせ、湯煎にかけて練る。触って手につかなくなれば、汁気をきった人参と木耳、枝豆を混ぜ合わせ、細長い板状に薄くのばす。蒸した海胆を芯にして巻き、棒状にする。
4. ラップフィルムに甘鯛を並べて広げ、振り柚子をする。3の卵生地を芯にして巻き、巻きすで巻いて輪ゴムでとめ、弱火で約15分蒸す。取り出してそのまま冷まし、適当な大きさに切る。

●厚焼き玉子

材料 4人前

白身魚のすり身……150g
卵黄……11個
卵……1個
砂糖……20g
塩……小さじ⅓
煮切り味醂……100cc

作り方

すり鉢に白身魚のすり身を入れ、卵黄を少しずつ加えてすり混ぜる。溶き卵を加えてすり混ぜる。砂糖、塩、煮切り味醂を順に加えて混ぜる。裏漉しして約1時間おいて気泡を抜く。流し缶に入れ、湯煎にかけて180℃に熱したオーブンに入れ、30~40分かけてゆっくりと焼き上げる。流し缶から取り出して冷まし、2cm角に切る。

●きんとん

材料 4人前

渋皮栗甘露煮……4個
きんとん生地
- さつま芋……100g
- 栗甘露煮……100g
- グラニュー糖……10g

くちなしの実、ブランデー

作り方

1. さつま芋は輪切りにして皮をむき、水にさらす。鍋に水、砕いたくちなしの実と共に入れて弱火にかけ、火を通す。竹串が通るようになれば、火を止めてそのまま冷ます。栗甘露煮は汁気をきり、裏漉しする。渋皮栗甘露煮は5mm角に切る。
2. 水気をきったさつま芋を蒸して温め、裏漉しする。栗甘露煮、グラニュー糖を加えて混ぜ合わせ、角切りにした渋皮栗甘露煮を入れて丸め、ブランデーを浸したガーゼに包んで茶巾絞りにする。

●田作り

材料 4人前

ごまめ……30g
一味唐辛子……適量
煮汁
- 酒……45cc
- 砂糖……大さじ½
- 味醂……少量
- 濃口醤油……10cc

作り方

ごまめは焙烙に入れ、弱火でかき混ぜながらパリッとなるまで煎る。鍋に煮汁を煮立て、泡が小さくなって煮詰まる直前にごまめを入れてからめ、一味唐辛子を振る。

●叩き牛蒡

材料 4人前

牛蒡……75g
煮汁
- だし汁……300cc
- 酒……75cc
- 味醂……少量
- 薄口醤油……15cc
- 濃口醤油……15cc

胡麻衣
- 白むき胡麻(煎ったもの)……45g
- 砂糖……大さじ3
- 薄口醤油……30cc
- 酢……30cc
- だし汁……15cc

作り方

1. 牛蒡は4~6つ割になるように切り込みを入れて4cm長さに切り、水にさらす。米のとぎ汁で歯ごたえが残るくらいにゆで、水にさらす。鍋に煮汁を合わせて煮立て、牛蒡を入れて弱火で5分煮る。そのまま冷まして味を含ませる。
2. 胡麻衣を作る。煎り胡麻をすり鉢に入れてすりつぶし、残りの調味料とだし汁を加えて混ぜ合わせる。汁気をきった牛蒡を入れて混ぜ合わせ、すりこ木で軽く突いて牛蒡にひび割れを入れて味をなじませる。

●ぶどう豆

材料　4人前

- 黒豆……200g
- 還元鉄、重曹……各適量
- つけ地
  - 水……600cc
  - グラニュー糖……250g
  - 濃口醤油……20cc
  - 生姜の絞り汁……適量

作り方

1．黒豆はよく洗い、少量の還元鉄、少量の重曹と共にたっぷりの水に1日つける。そのまま火にかけ、沸騰したら豆が軽く躍るくらいの弱火にしてゆでる。豆が指で軽く押さえて潰せるくらいに柔らかくなったら、火からおろし、そのまま冷まして1日おく。

2．水を流し入れて十分にさらす。豆をざるに上げて水気をきり、皮が破れた豆は取り除く。新たにたっぷりの水と共に鍋に入れ、落とし蓋をして火にかける。弱火で1時間ゆでる。落とし蓋の上から水を少しずつ流し入れて、3時間さらす。

3．鍋につけ地の水とグラニュー糖150gを入れて火にかけ、グラニュー糖が溶けたらそのまま冷ます。豆の水気をきって1日つける。

4．豆を取り出し、鍋を火にかけてグラニュー糖50gを加える。グラニュー糖が溶けたら冷まし、豆を戻し入れ、1日おく。

5．再び豆を取り出し、鍋を火にかけてグラニュー糖50g、濃口醤油、生姜の絞り汁を加える。グラニュー糖が溶けたら冷ます。豆をつけて1日おく。

●切り竹千車唐

材料　4人前

- ちしゃとう……½本
- 味噌床
  - 白味噌……200g
  - 煮切り酒……50cc

作り方

1．白味噌に煮切り酒を加えてのばす。ちしゃとうは5cm長さに切り、厚めに皮をむく。打ち抜きで中心部分を抜き取る。塩ゆでする。味噌床の半量をバットに入れ、ガーゼを敷いてちしゃとうを並べ、ガーゼをかぶせて上から残りの味噌床をのせる。冷蔵庫に2時間おく。

2．味噌床から取り出し、適当な大きさに切る。

⬇P86

【壱の重〈焼き物〉】

●まながつお西京焼き

材料　4人前

- まながつお(1・5kg)……½尾
- 味噌床
  - 白粗味噌……1kg
  - 甘酒……125g
  - 煮切り酒……300cc
- かけ地
  - 酒……200cc
  - 味醂……100cc
  - 薄口醤油……60cc

作り方

1．まながつおは三枚におろす。腹骨をすき取り、薄く振り塩をして約40分おく。水で洗い、水気をふき取る。白粗味噌に甘酒、煮切り酒を加えてのばし、味噌床を作る。まながつおを味噌床につけ込み、丸2日おく。

2．まながつおを味噌床から取り出し、味噌をふき取る。適当な大きさに切り分け、皮目に3～4mm幅で切り込みを入れる。串を打ち、中火弱で焼く。仕上げにかけ地を2～3回かけては乾かして焼き上げる。

●鰆幽庵焼き

材料　4人前

- 鰆(1・5kg)……¼尾
- 幽庵地
  - 酒……100cc
  - 味醂……100cc
  - 濃口醤油……100cc
  - 柚子(輪切り)……2枚

作り方

1．鰆は三枚におろす。腹骨をすき取り、薄く振り塩をして約40分おく。血合い骨を抜き、水で洗い、水気をふき取る。

2．鰆を適当な大きさに切り、合わせた幽庵地に約20分つける。汁気をふき取り、串を打って中火弱で焼く。仕上げに幽庵地を2～3回かけては乾かして焼き上げる。

●烏賊うに焼き

材料　4人前

- 紋甲烏賊(上身)……200g
- うにだれ
  - 生海胆……50g
  - 卵黄……1個
  - 味醂……10cc
  - 薄口醤油……10cc

作り方

1．烏賊の表面に針打ちをし、立塩(p.126参照)に2時間つける。生海胆を裏漉しし、他の材料を加えて混ぜ、うにだれを作る。

2．烏賊に縫い串を打ち表の方から弱火で焼く。薄く焼き色がついたら裏を焼く。表側にたれを刷毛でぬっては乾かすようにあぶる作業を数回繰り返す。

●穴子八幡巻き

材料　4人前

- 穴子(100g)……2尾
- 牛蒡……1本
- 牛蒡の煮汁(「鱧八幡巻き」p.127参照)
- たれ(「鱧八幡巻き」p.127参照)

作り方

1．牛蒡に下味をつける。牛蒡はよく洗い、20cm程度の長さに切る。割り箸くらいの太さに縦割りし、水にさらす。下ゆでして煮汁で味を含ませる(「鱧八幡巻き」p.127参照)。

2．おろした穴子は下処理する(「穴子博多真薯」p.129参照)。縦半分に切り、それぞれの尾の近くに縦に約2cmの切り込みを入れ、2本を1組にして切り込みにもう一方の頭をくぐらせる。頭側を両側に引っ張り、つなぎ合わせる。牛蒡に金串を1本添えて芯にし、穴子を皮表にして巻きつける。両端を竹の皮で結び、扇串を打つ。

3．表面にきれいな焼き色をつけるように焼き、たれを2～3回かけては乾かして色よく焼き上げる。4cm長さに切る。

●鶉甲州焼き

材料　4人前

- 甲州焼きの生地
  - 鶉挽き肉……300g
  - 食パン……15g
  - 昆布だし……25cc
  - 山の芋(おろし)……15g
  - 赤だし用味噌……10g
  - 卵の素(【椀物】①p.130参照)を半量
- 卵……2個
- 卵黄……1個
- 砂糖……50g
- 濃口醤油……30cc
- たまり醤油……30cc
- 干しぶどう……35g
- 赤ワイン……25cc
- くるみ……30g

作り方

1．干しぶどうは赤ワイン適量に5～6時間つけて柔らかくする。くるみは150℃の油で揚げる。食パンは分量の昆布だしにつけてふやかす。

2．すり鉢に鶉挽き肉を入れてよくすり、たまり醤油までの材料を加え、よくすり合わせる。干しぶどう、くるみを加えて混ぜ、流し缶に入れる。120℃のオーブンで約1時間焼く。
3. 流し缶から取り出し、冷めたら適当な大きさに切る。

●芥子蓮根

材料 4人前

蓮根……1節

煮汁
- だし汁……600cc
- 味醂……75cc
- 塩……小さじ1

卵生地
- ゆで卵の黄身……5個
- 白味噌……50g
- 練り芥子……大さじ2
- 砂糖……小さじ¼
- 塩……少量

衣
- きな粉……50g
- 小麦粉……50g
- 卵黄……1個
- 水……150cc

作り方

1. 蓮根は熱湯でかためにゆで、おか上げする。合わせた煮汁で煮て、そのまま冷まして味を含ませる。
2. 卵生地を作る。ゆで卵の黄身を裏漉しする。すり鉢に入れ、他の材料を加えてすり合わせる。
3. 衣を作る。卵黄に冷水、きな粉、小麦粉を加え、混ぜ合わせる。
4. 蓮根の汁気をきり、穴に卵生地を詰め、表面に打ち粉(小麦粉)をして衣をつけ、170℃の油で揚げる。5mm幅に切る。

●酢取りはじかみ(「鮎塩焼き」p.132参照)

●紅白相生結び

材料 4人前

金時人参……適量
長芋……適量
甘酢(「鯖棒寿司」p.137白板昆布の甘酢参照)

作り方

1. 金時人参は2mm角、10cm長さの棒状に切り、さっと湯通しし、立塩(p.126参照)に約10分つける。しんなりしたら、甘酢に3～4時間つける。
2. 長芋は3mm角、10cm長さの棒状に切り、立塩に約10分つける。しんなりしたら、汁気をきる。甘酢に3～4時間つける。
3. 人参、長芋それぞれ1本ずつで相生結びにする。

⬇P88

【弐の重〈酢の物・なます〉】

●さごし生ずし

材料 4人前

さごし(800g)……½尾
割り酢(「鯛菊花ずし」p.134参照)

作り方

おろしたさごしは振り塩をする。以下、「さごし生ずし」p.139参照。ただしおせち料理のため、塩をする時間は約1時間30分、割り酢につける時間は約15分、昆布じめにする時間は5～6時間とする。

●鯛生ずし

材料 4人前

鯛(1・5kg)……½尾
白板昆布……2枚
割り酢(「鯛菊花ずし」p.134参照)

作り方

1. おろした鯛は振り塩をする。約1時間30分おく。腹骨をすき取り、血合い骨を抜き、水でさっと洗う。抜き板に皮目を上にしておき、さらしをかぶせ、皮の部分に熱湯をかけ、すぐ氷水に落として冷ます。割り酢に約15分つけて、ざるに引き上げ、汁気をきる。
2. 割り酢でふいた白板昆布に鯛を挟み、ラップフィルムをかけ、冷蔵庫に5～6時間おいて昆布じめにする。平造りにする。

●平目白板昆布巻き

材料 4人前

平目(2kg)……¼尾
胡瓜……½本
スモークサーモン……適量
酢取り生姜(p.137参照)……適量
白板昆布……4枚
割り酢(「鯛菊花ずし」p.134参照)
甘酢(「鯖棒寿司」p.137白板昆布の甘酢参照)

煎り玉
- ゆで卵の黄身……2個
- 塩……少量

作り方

1. 胡瓜は縦8等分に切って種を除く。薄く塩をして約10分おき、水で洗う。スモークサーモンを胡瓜と同じ太さに切る。
2. ゆで卵の黄身を裏漉しし、塩を加え、湯煎にかけて箸数本で混ぜながら、さらさらになるまで煎る(煎り玉)。
3. 鍋に甘酢を煮立て、白板昆布を1～2分煮る。鍋ごと氷水につけて冷ます(白板昆布甘酢漬け)。
4. おろした平目は腹骨をすき取り、皮を引き、振り塩をする。以下、「さごし生ずし」p.139参照。ただしおせち料理のため、塩をする時間は約1時間30分、割り酢につける時間は約15分、昆布じめにする時間は5～6時間とする。
5. 巻きすに白板昆布甘酢漬けを広げ、そぎ切りにした平目を手前半分に敷き、中央に胡瓜を2本並べ、間に酢取り生姜のせん切りと煎り玉を入れる。スモークサーモンをのせ、手前から巻く。巻きすでしめて輪ゴムでとめる。ラップフィルムで包み、冷蔵庫で締めてから約1・5cm幅に切る。

●木の葉針魚

材料 4人前

さより(100g)……5尾
白板昆布……2枚
割り酢(「鯛菊花ずし」p.134参照)

作り方

1. おろしたさよりは腹骨をすき取り、立塩(p.126参照)に約20分つける。汁気をふき取り、割り酢に20～30秒つけ、身の表面が白っぽくならないうちにざるに引き上げ、自然に汁気をきる。
2. 白板昆布でさよりを挟み、冷蔵庫に入れて昆布じめにする。
3. さよりの皮を引き、皮目を下にして左右の身を互い違いに、少しずらしながら5枚ずつ重ねる。皮目が外側になるように重ねた身同士を合わせ、木の葉形にする。1・5cm幅に切り、盛り付ける。

●サーモンマリネ

材料 4人前

ノルウェーサーモン(上身)……400g
柚子……½個
甘酢(「酢取り茗荷」p.129参照)

つけ地
- オリーブ油……200cc
- 玉葱……¼個
- 柚子……¼個
- ケイパー……適量

作り方

1. グラニュー糖と塩を同割で混ぜ合わせ、サーモンに振って6時間おく。表面を水で洗い流し、水気をきる。合わせたつけ地に12時間つける。サーモンの皮を引く。3～4mm厚さのそぎ切りにする(サーモンマリネ)。
2. 細切りにした柚子の皮を熱湯にくぐらせる。甘酢に約1時間つける。柚子の汁気をきり、サーモンマリネで巻く。

●もろこ南蛮漬け

材料 4人前

もろこ……12尾

南蛮酢
だし汁……450cc
酢……120cc
砂糖……大さじ2½
味醂……40cc
薄口醤油……50cc
濃口醤油……50cc
小玉葱……4個
青葱……1束
土生姜……10g
たかの爪……1本
すだち(輪切り)……1個分
昆布……5g
削り鰹……5g

作り方

1. 小玉葱は3mm厚さの輪切りに、青葱は3cm長さに切る。それぞれサラダ油少量でしんなりするまで炒める。土生姜は細切りにする。たかの爪はへたを切り取り、種を除く。
2. 南蛮酢のだし汁と調味料を合わせてさっと煮立て、火を止める。熱いうちに小玉葱、青葱、生姜、たかの爪、すだち、昆布、ガーゼに包んだ削り鰹を加え、自然に冷ます。
3. もろこは水で洗い、水分をふき取り、焼き色がつくまで素焼きにする。170℃の油で揚げ、熱いうちに南蛮酢につけ、2日おく。

●五色なます胡麻和え

材料 4人前

柿……30g
大根……80g
金時人参……15g
ちしゃとう……15g
水前寺海苔……3cm角
甘酢(「柿なます」p.138参照)
松の実(煎ったもの)……適量
胡麻衣
当たり胡麻……大さじ3
砂糖……大さじ2
煮切り酒……20cc
濃口醤油……15cc

作り方

1. すり鉢に当たり胡麻を入れ、調味料を少しずつ加えて、すり混ぜる(胡麻衣)。
2. 柿、大根、金時人参、ちしゃとう、水前寺海苔は、p.138の「柿なます」を参照し、下処理をする。
3. 柿、大根、金時人参を混ぜ、甘酢に3~4時間つける。
4. ボウルに汁気をきった柿、大根、金時人参、甘酢で洗ったちしゃとうと水前寺海苔、胡麻衣を加えて混ぜ、器に盛る。粗く刻んだ松の実を散らす。

●酢取り蓮根

材料

蓮根……1節
甘酢(「鱸筒焼き」p.127参照)

作り方

p.135の「花蓮根」を参照して作り、3mm厚さに切る。

●岩茸生姜煮

材料 4人前

岩茸(乾燥)……5g
土生姜(みじん切り)……20g
煮汁
だし汁……500cc
酒……50cc
味醂……30cc
薄口醤油……25cc
濃口醤油……25cc

作り方

岩茸は戻して下ゆでする(「鱚昆布じめ」p.126参照)。鍋に煮汁を合わせて煮立たせ、岩茸、土生姜を弱火で煮汁が少し残るくらいまで煮る。

●紅白餅花

材料 4人前

金時人参……½本
長芋……8cm
甘酢(「鯖棒寿司」p.137白板昆布の甘酢参照)

作り方

金時人参はくり抜きで丸く抜く。柔らかくなるまで塩ゆでし、甘酢につける。長芋も同様にくり抜きで抜き、しんなりするまで立塩につけ、甘酢につける。

●花胡瓜

材料 4人前

花丸胡瓜……1本

作り方

花丸胡瓜は色だしをし、小口を円錐形に薄くむく。

⬇P88

【弐の重〈煮〆(煮染め)〉】

●椎茸旨煮

材料 4人前

干し椎茸……8枚
煮汁
だし汁……200cc
干し椎茸の戻し汁……200cc
砂糖……大さじ1
味醂……5cc
濃口醤油……15cc

作り方

干し椎茸を水に浸して5~6時間おく。軸を除き、熱湯で5分ゆでる。だし汁、戻し汁と共に鍋に入れ、弱火で10分煮る。砂糖、味醂を加え、半量に煮詰まったら濃口醤油を加え、5~6分煮て火からおろし、そのまま冷まして味を含ませる。

●新筍土佐煮

材料 4人前

筍(500g)……1本
筍の煮汁(「若筍煮」p.138参照)

作り方

筍は下ゆでし、穂先に近い部分は縦に等分に割り、根元の部分は2cm幅の半月切りにし、煮含める(「若筍煮」p.138参照)。

●芽くわい旨煮

材料 4人前

芽くわい……20個
くちなしの実……1個
煮汁
だし汁……600cc
砂糖……大さじ4
塩……小さじ½
薄口醤油……30cc
削り鰹……5g

作り方

芽くわいは六方むきにし、水にさらす。鍋に水、砕いたくちなしの実と共に入れ、金串が通るくらいまでゆで、水に30分さらす。鍋にだし汁、くわい、砂糖、削り鰹(追い鰹)を入れて30分煮る。塩と薄口醤油を加えて10分煮る。そのまま冷まして味を含ませる。

●人参香梅煮

材料 4人前

金時人参……50g
煮汁
だし汁……400cc
味醂……60cc
砂糖……小さじ2
薄口醤油……15cc
濃口醤油……5cc
梅紫蘇……少量

作り方

金時人参は5mm厚さに切って梅形にむく。塩ゆでして水に落とす。煮汁を煮立て、人参を加えて5分煮る。そのまま冷まして味を含ませる。

●鰻干瓢巻き

材料 4人前

干瓢……50g
鰻白焼き……½尾
金時人参……½本
独活……¼本
煮汁
だし汁……900cc
酒……25cc
砂糖……25g
味醂……45cc
薄口醤油……15cc
濃口醤油……15cc
昆布……5g
削り鰹……5g

作り方

1. 干瓢は水につけて戻し、塩で揉む。塩を洗い流して熱湯でゆで、水にさらし、水気を絞る。煮立てた煮汁¼量を別鍋に取り、干瓢を入れて弱火で10分煮る。そのまま一晩おく。

2. 金時人参と独活は7mm角、15cm長さに切り、塩ゆでする。水に落として冷ます。別鍋に取った煮汁に人参、独活をつけて、そのまま一晩おく。

3. 鰻白焼きは1cm角、15cm長さに切る。白焼き2本、人参、独活それぞれ1本を市松模様になるように合わせ、干瓢で巻き、数ヵ所を竹の皮で結ぶ。鍋に煮汁を煮立て、干瓢巻き、昆布、削り鰹(追い鰹)を入れ、弱火で30分煮る。そのまま一晩おく。1・5cm幅に切る。

●鰊昆布巻き

材料 4人前

- 身欠き鰊(ソフトタイプ)……2枚
- 白板昆布……2枚
- 番茶……適量
- 煮汁
  - だし汁……500cc
  - 酒……100cc
  - 砂糖……大さじ3
  - 味醂……30cc
  - 濃口醤油……40cc
  - たまり醤油……5cc

作り方

1. 身欠き鰊は米のとぎ汁につけて5～6時間おく。うろこ、腹骨を取り除き、番茶適量に入れて弱火で1時間ゆでる。5～6時間水にさらす。血合い骨を抜き取り、1時間蒸す。粗熱が取れたら冷蔵庫に入れて締める。

2. 白板昆布を横3・5cm幅に切り、熱湯でさっとゆでて水に落とし、表面のぬめりを取ってざるに上げる。縦3・5cm、横1・5cmの棒状に切った鰊を白板昆布で巻き、竹の皮で結ぶ。

3. 鍋底に薄板を敷き、昆布巻き、だし汁、酒、砂糖、味醂、半量の濃口醤油を入れ、弱火で1時間煮る。そのまま一晩おく。

4. 再び火にかけ、残りの濃口醤油、たまり醤油を加え、弱火で1時間煮る。そのまま一晩おく。

●あん肝生姜煮

材料 4人前

- 鮟鱇の肝……200g
- 土生姜……20g
- 煮汁
  - 酒……700cc
  - 砂糖……50g
  - 濃口醤油……50cc
  - たまり醤油……20cc

作り方

1. 鮟鱇の肝は薄皮と太い血管を取り除き、5～6時間水にさらす。立塩(p.126参照)に2時間つける。酒を振り、弱火で20分蒸す。そのまま冷まして粗熱を取る。

2. 鮟鱇の肝を1・5cm角に切る。土生姜は細切りにする。鍋に煮汁を煮立て、鮟鱇の肝、生姜を加えて紙蓋をし、弱火で20分煮る。そのまま冷まして味を含ませる。

●蛸柔らか煮

材料 4人前

- 蛸(1kg)……½杯
- 煮汁
  - だし汁……900cc
  - 酒……200cc
  - 三温糖……70g
  - 水あめ……大さじ2
  - 蜂蜜……大さじ1
  - 濃口醤油……75cc
  - たまり醤油……15cc
  - 昆布……5g
  - 削り鰹……5g

作り方

1. 蛸は下処理する(「蛸柔らか煮」p.141参照)。鍋にだし汁と調味料を煮立て、蛸、昆布、削り鰹(追い鰹)を入れ、ごく弱火で50～60分煮る。そのまま一晩おく。

2. 蛸を取り出し、煮汁を⅔量に煮詰め、火からおろして冷ます。蛸を戻し入れ、味を含ませる。適当な大きさに切る。

●伊勢海老菜種煮

材料 4人前

- 伊勢海老(500g)……1尾
- 柚子……適量
- 黄身衣
  - 鶏の内臓卵……5個
  - 卵黄……2個
  - 柚子……1個
- 煮汁
  - だし汁……600cc
  - 酒……70cc
  - 味醂……100cc
  - 塩……少量
  - 薄口醤油……30cc

作り方

1. 伊勢海老は頭と胴に切り分け、胴から身を取り出し、冷水で洗う。頭の部分は半分に割って砂袋を取り除き、熱湯で霜降りにする。

2. 黄身衣を作る。柚子の皮はみじん切りにし、ガーゼに包んで熱湯にさっとくぐらせ、水に落として冷まし、水分を絞り、鶏内臓卵、卵黄と混ぜる。

3. 鍋に伊勢海老の頭、煮汁のだし汁、酒、味醂を入れて弱火で10分煮る。煮汁を漉し、残りの調味料を加える。伊勢海老の身を一口大に切って葛粉をまぶし、黄身衣をつけ、軽く煮立った煮汁に入れて弱火で火を通す。そのまま冷まし、味を含ませる。取り出して振り柚子をする。

●きぬさや　菜種

材料 4人前

- 絹さや……12枚
- 菜の花……8本
- つけ地(【たき合わせ】① p.132若布と絹さやのつけ地参照)

作り方

絹さやと菜の花は塩ゆでし、煮立てて冷ましたつけ地につける。

●重箱や縁高の活用

⬇P90

【焼き物】

鰆幽庵焼き　まながつお西京焼き　甘鯛塩焼き　たらの芽　はじかみ生姜

材料 4人前

- さごし(700g)……½尾
- まながつお(1・2kg)……½尾
- 甘鯛(1・2kg)……½尾
- たらの芽……4本
- はじかみ生姜……8本
- 幽庵地(「太刀魚幽庵焼き」p.131参照)
- たらの芽のつけ地(【たき合わせ】① p.132若布と絹さやのつけ地参照)
- 甘酢(「酢取り茗荷」p.129参照)
- 味噌床
  - 白粗味噌……1kg
  - 甘酒……200g
  - 味醂……100cc
  - 酒……100cc

作り方

1. たらの芽は歯ごたえが残る程度に塩ゆでし、水にさらす。煮立てて冷ましたつけ地につける。はじかみ生姜は甘酢漬けにする(「鮎塩焼き」p.132参照)。

2. さごしは三枚におろす。幽庵焼きにする(「鰆幽庵焼き」p.144参照)。

3. まながつおは三枚おろしにし、腹骨をすき取り、薄く振り塩をして約30分おく。水で洗って水気をふき取り、味噌床につけ込んで冷蔵庫に2日間おく。

4. まながつおを味噌床から取り出し、味噌をふき取る。3cm幅で少し斜めに切り分け、皮目に浅く切り込みを入れる。串を打ち、中火弱の火加減で焼く。

5. 甘鯛は三枚おろしにし、腹骨をすき取り、薄塩をして約40分おく。血合い骨を抜き、水で洗って4つに切り分け、串を打って強火で焼く。

⬇P91

【造り】
目板鰈姿造り　白髪大根　青紫蘇　より紅白　赤芽紫蘇　山葵　土佐醤油

材料　4人前

目板鰈（500g）……2尾
大根……⅕本
青紫蘇……4枚
人参……4cm
独活……4cm
赤芽紫蘇……適量
山葵……適量
土佐醤油（【平造り】p.126参照）

作り方

1. 大根は横けんにする。人参と独活はより切りにする（p.126参照）。赤芽紫蘇はさっと洗う。
2. 目板鰈は頭をつけたまま五枚おろしにし、腹骨をすく。皮を引き、そぎ造りにする。
3. 器に大根のけんを敷き、目板鰈の中骨をおき、青紫蘇を敷いて身を盛り、赤芽紫蘇、おろし山葵（p.126参照）、より人参、より独活を添える。土佐醤油を猪口に入れて添える。

⬇P91

【酢の物】
蛤・赤貝・鮑の三杯酢ゼリー掛け

材料　4人前

蛤……8個
赤貝……4個
鮑（500g）……1杯
若布……適量
独活……10cm
木の芽……適量
鮑柔らか煮の煮汁（【散らし盛り】p.129参照）

つけ地
だし汁……400cc
味醂……40cc
塩……少量
薄口醤油……30cc

三杯酢ゼリー
酢……100cc
だし汁……200cc
薄口醤油……35cc
砂糖……大さじ1
板ゼラチン……5g

作り方

1. 三杯酢ゼリーを作る。鍋にだし汁、薄口醤油、砂糖を煮立て、戻したゼラチンを加えて溶かし、酢を加えて火を止める。冷蔵庫で冷やし固める。
2. 独活は4cm長さの千六本に切り、さっと塩ゆでして水に落とす。若布は適当な大きさに切る。塩を加えた熱湯でゆで、水に落とす。独活と若布をつけ地につける。
3. 蛤はよく洗う。鍋に、蛤と酒50ccを入れ、蓋をして火にかける。殻が開いたら、身をはずす。赤貝は下処理し、身を半分に切る。鮑は水で洗って殻から身をはずす。わた、口、縁を取り除く。鮑を柔らか煮にする（【散らし盛り】p.129参照）。
4. 鮑は適当な大きさに切る。鮑、蛤、赤貝、独活、若布を器に盛り、三杯酢ゼリーをかけ、木の芽を天盛りにする。

●洋皿に盛る

⬇P92

鰤ステーキ　焼き大根　山椒ソース　針葱

材料　4人前

鰤（120gの切り身）……4切れ
大根……8cm
青葱……適量

つけ地
酒……200cc
味醂……100cc
濃口醤油……100cc

山椒ソース
右記のつけ地……100cc
有馬山椒……小さじ2
水溶き葛粉……適量

作り方

1. 大根は2cm厚さの輪切りにし、皮を厚めにむく。両面から隠し包丁を入れる。鰤の切り身は薄く振り塩をし、約30分おく。塩を洗い流して、水気をふき取り、つけ地に約20分つける。汁気をふき取り、全体に小麦粉を薄くまぶしつける。
2. 青葱は4cm長さに切り、縦に切り込んで広げて重ね、繊維に沿って細く切り、水にさらして水気をきる（針葱）。
3. 熱したフライパンにサラダ油を入れ、大根を弱火で焼く。大根を取り出したフライパンを熱し、サラダ油と鰤を入れる。中火で油をかけながら焼く。鰤を取り出し、残った油を取り、山椒ソースのつけ地、有馬山椒を加え、水溶き葛粉を加えてとろみをつける（山椒ソース）。
4. 器に鰤と大根を盛る。山椒ソースをかけ、針葱を天盛りにする。

⬇P92

鮑ステーキ　揚げ若布　アスパラガス　バター醤油ソース　針葱

材料　4人前

鮑（500g）……2杯
若布（生）……60g
グリーンアスパラガス……4本
白葱……適量
青葱……適量
バター……適量

バター醤油ソース
味醂……60cc
砂糖……小さじ1
濃口醤油……45cc
バルサミコ酢……10cc
バター……適量

作り方

1. 鮑は殻から身をはずし、わた、口を取り除く。
2. 若布は茎を除き、ざるに広げて干すように乾燥させる。160℃の油に入れ、泡がなくなるまで、じっくり揚げる（揚げ若布）。
3. グリーンアスパラガスはさっと塩ゆでしておか上げする。白葱は白髪葱にする。青葱は針葱にする（前項参照）。白葱と青葱を混ぜる。
4. よく熱したフライパンにバターを入れる。アスパラガスを加えて中火強でさっと焼き、取り出す。鮑を加え、表面にきれいな焼き色がつくように焼く。
5. 別のフライパンにバター醤油ソースのバター以外の調味料を合わせて火にかけ、煮立ったらバターを加えてフライパンをゆすりながら溶かす。
6. 器に1cm厚さに切った鮑とアスパラガスを盛り、揚げ若布を添える。バター醤油ソースをかけて、葱を天盛りにする。

●より熱く、より冷たく盛る

⬇P93

【土鍋】
焼き甘鯛　蕪　筍　焼き白葱　菜種　木の芽

材料　4人前

甘鯛（1kg）……½尾
蕪……2個
筍……2本
菜の花……8本
白葱……2本
木の芽……適量

蕪の煮汁
だし汁……600cc
味醂……30cc
塩……小さじ⅓
薄口醤油……15cc
削り鰹……5g

筍の煮汁（「若筍煮」p.138参照）

菜の花のつけ地
だし汁……250cc
味醂……15cc

塩……少量
薄口醤油……5cc

吸地
だし汁……600cc
塩……小さじ½
薄口醤油……10cc

作り方

1．おろした甘鯛は腹骨をすき取り、薄く振り塩をし、約40分おく。塩がまわったら血合い骨を抜き、水で洗う。4つに切り分けて串を打って焼く。

2．蕪はくし形に切って面取りし、米のとぎ汁でゆで、水に30分さらす。煮汁のだしと調味料を合わせて熱し、削り鰹（追い鰹）を加えて約10分煮る。筍は土佐煮にする（「若筍煮」p．138参照）。菜の花は歯ごたえが残る程度に塩ゆでし、冷水にさらす。つけ地を煮立てて冷まし、つける。白葱は焼き網にのせて焼き、3cm長さに切る。

3．吸地を仕立てる。小鍋に甘鯛、蕪、筍、白葱、菜の花を盛り、吸地を加えて火にかける。沸騰したら木の芽をのせる。

➡P93

【銅鍋】

牛肉すき煮　焼き麩　白葱　粉山椒

材料　4人前
牛ロース肉（薄切り）……400g
丁字麩……8個
白葱……2本
粉山椒……適量

割り下
酒……100cc
味醂……120cc
黄ざらめ糖……大さじ2
濃口醤油……100cc

作り方

1．丁字麩は水に約20分つけて戻し、水気を絞る。白葱は斜めに1cm幅に切る。鍋に割り下を合わせて火にかけ、黄ざらめ糖を溶かす。

2．小鍋に牛ロース肉、丁字麩、白葱を盛り、割り下を加えて火にかける。粉山椒を添える。

➡P94

鴨鍋

材料　4人前
鴨胸肉……1枚
牛蒡……1本
焼き豆腐……1丁
芹……1束
九条葱……3本
新キャベツ……½個
粉山椒……適量

煮汁
だし汁……300cc
酒……200cc
味醂……100cc
濃口醤油……50cc

作り方

1．鴨肉は5mm厚さに切る。牛蒡は笹がきにする。焼き豆腐は一口大に、芹と九条葱は4cm長さに切る。新キャベツは葉をさっとゆでて火を通す。

2．煮汁の酒、味醂を火にかけて煮切り、だし汁、濃口醤油を加えて一煮立ちさせる。

3．紙鍋にキャベツを敷いて熱い煮汁、鴨肉、牛蒡、焼き豆腐、芹、九条葱を加える。好みで粉山椒を振る。

➡P94

雪鍋

材料　4人前
たら白子……250g
絹漉し豆腐……1丁
白葱……1本
蕪……4個
丸大根……½個
昆布だし……適量
ポン酢（【平盛り】p．126参照）……適量

作り方

1．たら白子は塩水で洗い、適当な大きさに切り分けて、霜降りにする。豆腐は2cm角に切る。白葱は1cm幅に斜めに切る。蕪はすりおろし、適度に水分を絞る。

2．丸大根は3mm厚さの輪切りにしてさっとゆでる。

3．紙鍋に丸大根を敷きつめ、昆布だしと蕪を入れる。たら白子、白葱、豆腐を入れて火にかける。ポン酢を添える。

➡P95

【かき氷】

平目　肝みぞれ　車海老　青紫蘇　芽かんぞう　岩茸　山葵　割り醤油

材料　4人前
平目（1．2kg）……½尾
平目の肝……½尾分
車海老（30g）……4尾
浅葱……適量
大根おろし……200g
ポン酢（【平盛り】p．126参照）……適量
芽かんぞう……4本
青紫蘇……4枚
岩茸……適量
山葵……適量

割り醤油（割合）
土佐醤油（【平造り】p．126参照）……1
煮切り酒……1

作り方

1．平目は五枚におろし、腹骨をすき取る。肝は薄く振り塩をして約20分おき、熱湯でゆでて水にさらす。車海老は頭を背わたと共に取り、180℃の油でさっと揚げる。氷水に落として冷まし、殻をむく。

2．小口から刻んだ浅葱、大根おろし、ポン酢を合わせる（みぞれポン酢）。芽かんぞうは塩ゆでする。青紫蘇は軸を切り、水で洗う。岩茸は下処理してゆでる（「鱚昆布じめ」p．126参照）。

3．平目は皮を引いて平造りに、縁側は皮を引いて約2cm長さに切り、肝は適当な大きさに切り、みぞれポン酢をのせる。車海老は2等分に切る。

4．器に砕いた氷を敷き、青紫蘇、平目、縁側、肝、車海老を盛り、芽かんぞう、岩茸、おろし山葵（p．126参照）を添える。別に割り醤油を添える。

➡P95

【風船氷】

鯛　赤貝　あおり烏賊　白髪大根　より人参　碇防風　岩茸　山葵　土佐醤油

材料　4人前
鯛（1．2kg）……½尾
赤貝……2個
あおり烏賊……½杯
大根……適量
人参……適量
浜防風……4本
岩茸……適量
山葵……適量
土佐醤油（【平造り】p．126参照）

作り方

1．鯛は三枚におろし、上身にする。赤貝は下処理する。あおり烏賊は上身にする。

2．大根は横けんにする。人参はより人参にし、浜防風は碇防風にする（p．126参照）。岩茸は戻してゆでる（「鱚昆布じめ」p．126参照）。

3．鯛は皮を引き、そぎ造りにする。赤貝は切り込みを入れる。あおり烏賊は表面に切り込みを入れ、3cm長さ、2cm幅に切る。

4．器に砕いた氷を敷き、大根のけんをおき、鯛、赤貝、あおり烏賊を盛り、より人参、

岩茸、碇防風、おろし山葵（p.126参照）を添える。風船氷をかぶせ、土佐醤油を添える。

●珍味入れ 十二ヵ月

➡P96～97

●一月　数の子味噌漬け

材料 4人前

数の子……4本
味噌床
　白味噌……300g
　酒……適量
　味醂……適量

作り方

数の子は水につけ、薄皮を除く。新しい水に約1日つけて適度に塩抜きする。酒でさっと洗い、数の子の汁気をきり、ガーゼに挟んで味噌床に2日間つける。一口大に切る。

●二月　あん肝みぞれおろし

材料 4人前

鮟鱇の肝……200g
大根おろし……60g
浅葱……適量
ポン酢（【平盛り】p.126参照）……適量
酒塩
　酒……100cc
　水……400cc
　塩……30g
　昆布……5cm角

作り方

鮟鱇の肝は酒塩に浸して下味を入れて蒸し、冷蔵庫で冷ます（「あん肝生姜煮」p.147参照）。大根おろしに刻んだ浅葱とポン酢を合わせ、みぞれおろしにする。器に2cm角に切ったあん肝を盛り、みぞれおろしをかける。

●三月　海鼠腸《このわた》

材料 4人前

このわた……100g
長芋……適量
白板昆布……1枚

作り方

長芋そうめんを作る。長芋は皮をむいて、4cm長さのせん切りにする。白板昆布に挟んで2時間冷蔵庫に入れる。適当な長さに切ったこのわたと長芋を器に盛る。

●四月　海胆塩蒸し

材料 4人前

生海胆……½箱

作り方

海胆に酒を振って薄塩をし、表面が乾く程度に弱火で約2分蒸す。器に盛る。

●五月　鯛白子味噌煮

材料 4人前

鯛白子……200g
青葱……2本
煮汁
　だし汁……400cc
　酒……100cc
　白味噌……50g

作り方

鯛の白子は立塩（p.126参照）で洗い、霜降りにし、水に落とす。適当な大きさに切る。煮汁で5分煮る。器に白子を盛り、洗い葱を天盛りにする。

●六月　鮑肝

材料 4人前

鮑の肝……4杯分
土生姜（おろし）……適量
濃口醤油……適量

作り方

鮑の肝を塩ゆでし、適当な大きさに切る。器に肝を盛り、おろし生姜を加えた醤油をかける。

●七月　鮎うるか

材料 4人前

白うるか……50g
子うるか……50g
酒……200cc
昆布……5cm角
三つ葉……¼束

作り方

白うるかと子うるかは別々に水につけ、かすかに塩気が残るくらいに塩抜きをする。水気をきり、昆布を加えた酒につけて約5～6時間おく。汁気をきり、白うるかは細かく刃たたきし、子うるかと混ぜ合わせる。三つ葉の軸だけをさっと熱湯に通して水に落として冷やし、細かく刻む。器にうるかを盛り、三つ葉を天盛りにする。

●八月　烏賊塩辛

材料 4人前

するめ烏賊……1杯
昆布……5cm角

作り方

するめ烏賊の肝は墨袋をはずし、全体に塩をまぶす。2時間おいて水で洗い、薄皮に切り込みを入れ、裏漉しする。身は3cm長さの細切りにし、肝と混ぜ合わせる。総重量の4～5%の塩と昆布を加えて冷蔵庫に入れ、1日一度はかき混ぜ、2～3日寝かせる。器に盛る。

●九月　海老塩辛

材料 4人前

車海老……4尾
車海老の肝……20尾分
昆布……5cm角

作り方

活け海老の肝を集め、重量の5%の塩を加えて2～3日寝かせる（毎日かき混ぜる。海老肝塩辛）。海老は殻をむき、薄く塩をまぶしてしばらくおく。酒で塩を洗い流し、汁気をきる。適当な大きさに切る。海老肝塩辛に海老の身と昆布適量を加え、更に一晩おく。器に盛る。

●十月　イクラ醤油漬け

材料 4人前

すじこ（生）……100g
つけ地
　煮切り酒……100cc
　煮切り味醂……50cc
　濃口醤油……100cc
　昆布……適量

作り方

すじこは袋を開いて1粒ずつばらす。多めの塩を加え、全体をかき回して表面の血の気を取る。60℃の湯を注いで混ぜては、水気をきる操作を2～3回繰り返す（イクラ）。ボウルにイクラを入れ、重量の3%の塩を加え、まんべんなく混ぜる。裏漉し器にあけて汁気をきりながら、約1時間おく。水で洗って酒で洗い、汁気をきる。合わせたつけ地に約30分つける。器に盛る。

●十一月　蟹みそ和え

材料 4人前

ずわい蟹……1杯

作り方

蟹は3%の塩を加えた熱湯で約15分ゆで、ざるに上げ、ざっと冷水をかけて粗熱を取り、そのまま冷ます。甲羅をはずして肝を取り出し、足の身と和える。

●十二月　黒豆蜜煮

材料 4人前

黒豆……1カップ
シロップ
　水……600cc
　砂糖……250g

作り方

黒豆は下ゆでする（「ぶどう豆」p.144参照）。鍋にシロップの水と砂糖150gを入れて火にかけ、砂糖が溶けたら冷ます。豆の水気をきり、シロップにつけて1日おく。豆を取り出し、シロップに砂糖50gを加えて煮溶かし、冷めてから豆を入れて1日おく。同じ要領でシロップに砂糖を50g追加し、豆をつけて1日おく。器に盛る。

●酒器の活用

⬇Ｐ９８

【酒肴を盛る】

イクラ醤油漬け　筍木の芽和え　からすみ大根　さより昆布締め　火取り一夜干し鰈

材料 4人前

●イクラ醤油漬け

イクラ醤油漬け（前頁参照）……60g
長芋……50g

●筍木の芽和え

筍土佐煮（「若筍煮」p.１３８参照）……½本
紋甲烏賊（上身）……⅓杯
玉あられ……適量
木の芽味噌（「筍・わらびの木の芽和え」p.１４０参照）
酒塩
　酒……30cc
　塩……少量

●からすみ大根

唐墨……¼腹
大根おろし……適量

●さより昆布締め

さより……2尾
浜防風……4本
白板昆布……1枚
割り酢……適量
煎り酒（「鱚昆布締め」p.１２６参照）

●火取り一夜干し鰈

真子鰈（５００g）……1尾
空豆……8粒
たれ
　酒……20cc
　味醂……10cc
　薄口醤油……10cc

作り方

1. 器に**イクラ醤油漬け**を盛り、長芋のあられ切りを散らす。

2. **筍木の芽和え**を作る。筍土佐煮は7〜8mm角に切る。紋甲烏賊は表面に細かく切り込みを入れ、7〜8mm角に切る。鍋に酒塩の酒と塩を入れて煮立て、紋甲烏賊を加え、さっと煎りつけておか上げする。筍土佐煮と紋甲烏賊、木の芽味噌を和える。器に盛り、玉あられを天盛りにする。

3. **からすみ大根**を作る。唐墨は表面の薄皮をむき取り、小口から3mm厚さに切る。器に唐墨を盛り、大根おろしを添える。

4. **さより昆布締め**を作る。浜防風は碇防風にする（p.１２６参照）。さよりは三枚におろして、腹骨をすき取る。立塩（p.１２６参照）に約15分つける。割り酢に3分つけ、ざるに上げて酢をきり、白板昆布で挟み、2時間おく。さよりは皮を引き、斜めに3mm幅に切る。器に盛り、碇防風を添えて煎り酒をかける。

5. **火取り一夜干し鰈**を作る。真子鰈は水洗いし、五枚におろす。腹骨を取り、立塩に20分つける。取り出して、全体に酒を振りかける。尾の部分に金串を通し、風通しのよい所で指で触れるとねっとりした感じになるまで干す。真子鰈は焼き網にのせてあぶるように両面を焼く。焼き上がりに、たれを表面にさっとぬり、軽くあぶる。器に盛り、塩ゆでした空豆を添える。

月別の料理を盛り付ける

●一月「正月会席料理」

⬇Ｐ１００

【前菜】

なまこ親子和え　蟹酢・芽かんぞう・二杯酢　平目博多押し　さより黄身寿司　海老真薯　唐墨　千枚蕪柚子巻き　叩き牛蒡　田作り　子持ち昆布　黒豆　松葉刺し・人参梅煮・ちしゃとう味噌漬け・厚焼き玉子　慈姑せんべい

材料 4人前

●なまこ親子和え

なまこ……1杯
番茶……適量
このわた……１００g
柚子……½個
柚香酢
　酢……30cc
　煮切り味醂……30cc
　濃口醤油……50cc
　だし汁……３００cc
　柚子（輪切り）……½個分

●蟹酢・芽かんぞう・二杯酢

ずわい蟹……½杯
芽かんぞう……4本
二杯酢
　酢……１００cc
　薄口醤油……１００cc
　だし汁……１５０cc
　水溶き葛粉……大さじ1

●平目博多押し

平目……¼尾
白板昆布……2枚
龍皮昆布……1枚
割り酢（「鯛菊花ずし」p.１３４参照）
甘酢（「酢取り茗荷」p.１２９参照）

●さより黄身寿司

さより……2尾
白板昆布……1枚
木の芽……適量
黄身寿司
　山の芋……50g
　ゆで卵の黄身……1個
　砂糖……小さじ1
　塩……少量
　酢……10cc

●海老真薯

車海老（40g）……4尾
生地
　車海老（40g）……8尾
　白身魚のすり身……１００g
　卵白……½個分
　煮切り味醂……20cc
　砂糖……小さじ½
　薄口醤油……5cc
　昆布だし……50cc

●唐墨

唐墨……1本

●千枚蕪柚子巻き

蕪……½個
柚子……2個
グラニュー糖……少量
甘酢（「鱸筒焼き」p.１２７参照）
シロップ
　水……６００cc
　砂糖……２００g

●叩き牛蒡・田作り・黒豆

材料・作り方共にp.１４３、１４４参照。

●子持ち昆布

子持ち昆布……２００g
つけ地
　だし汁……５００cc
　酒……60cc
　味醂……60cc
　濃口醤油……75cc
　削り鰹……5g

●松葉刺し・人参梅煮・ちしゃとう味噌漬け・厚焼き玉子

金時人参……½本
煮汁（「人参香梅煮」p.１４６参照）
ちしゃとう……½本
味噌床（「切り竹千草唐」p.１４４参照）

厚焼き玉子の生地（「厚焼き玉子」p．143参照）

●**慈姑せんべい**

くわい……4個

うまみ塩（【揚げ物】②p．133参照）

作り方

1．**なまこ親子和え**を作る。柚香酢の材料を合わせて5～6時間おく。なまこは両端を切り、腸を取り除く。さらしを巻きつけた割り箸で腹の中をよく洗う。7～8㎜厚さに切り、薄塩を振って約10分おく。約85℃の番茶に約10秒つける。なまこが熱いうちに、約85℃に熱した柚香酢に入れ、そのまま5～6時間おく。このわたは適当な大きさに切る。柚子は薄く皮をむき、2㎜角に切り、水で洗って水気をきる（あられ柚子）。なまこの汁気をきり、このわたと和えて器に盛り、あられ柚子を天盛りにする。

2．**蟹酢**を作る。ずわい蟹は、3％の塩を加えたたっぷりの熱湯で約15分ゆでる。ざるに上げ、ざっと冷水をかけて粗熱を取り、そのまま冷ます。甲羅をはずしてわたを取り出し、別にしておく。足と胴は身を取り出す。**芽かんぞう**は下処理して塩ゆでする。鍋に二杯酢のだし汁と薄口醤油を煮立て、酢を加えて火を止める。鍋ごと水につけて、手早く冷ます。器にずわい蟹の身、わたを盛る。芽かんぞうを添え、二杯酢を適量かける。

3．**平目博多押し**を作る。おろした平目は腹骨をすき取り、血合い肉を切り取る。振り塩をし、皮を下にして抜き板におき、約1時間おく。酢じめにし、昆布じめにする。皮を引き、7㎜厚さのそぎ切りにする。龍皮昆布の表面をさっと甘酢でふく。押し型に龍皮昆布、平目、龍皮昆布の順において重石をかけ、冷蔵庫に4～5時間入れる（平目博多押し）。押し型から取り出し、適当な大きさに切る。

4．**さより黄身寿司**を作る。さよりはおろし、腹骨をすき取り、立塩（p．126参照）に15～20分つける。血合い骨を抜く。白板昆布に挟んで冷蔵庫に入れ、昆布じめにする。山の芋は皮を厚めにむき、水に6時間さらす。1㎝幅の輪切りにし、ざるに入れ、強火で10分蒸す。熱いうちに裏漉しする。ゆで卵の黄身を裏漉し、黄身寿司の他の材料を加えて手でよく練り、裏漉しする。冷蔵庫で1～2時間ねかせる（黄身寿司）。黄身寿司を1㎝強の棒状に取り、木の芽、腹開きにしたさよりをのせて包み、形を整える。3㎝長さに切る。

5．**海老真薯**を作る。車海老は頭と背わたを取る。8尾は殻と尾を除き、フードプロセッサーですり潰す。残り4尾はのし串を打ち、塩少量を加えた熱湯でゆでる。水に落として冷まし、串を抜く。殻を除き、腹開きにする。すり鉢にすりつぶした車海老と白身魚のすり身を入れ、すり混ぜる。生地の他の材料を加えてすり混ぜ、味と柔らかさを調える。流し缶に開いた車海老を皮目を下にして並べ、刷毛で葛粉を薄くまぶし、生地を流し入れる。蒸し器に巻きすを敷いて流し缶を入れ、中火弱で約20分蒸す。流し缶から取り出してそのまま冷ます。適当な大きさに切る。

6．**唐墨**の表面の薄皮をむき取り、5㎜厚さに切る。

7．**千枚蕪柚子巻き**を作る。蕪は3㎝幅の桂むきにし、立塩につける。しんなりしたら、6㎝長さに切り、甘酢につける。柚子は表面をおろし金ですりおろす。縦半分に切り、果肉と筋を取る。みょうばん少量を加えた水に一晩つける。そのまま水からゆで、柔らかくなれば水にさらす。中火で10分蒸す。柚子の内側に少量のグラニュー糖を入れて包み、シロップと共に弱火で煮て、シロップが鍋底に少し残るくらいになれば火からおろし、そのまま冷ます（編笠柚子）。汁気をきった蕪で、3㎝長さの棒状に切った編笠柚子を巻き、2等分に切る。

8．**子持ち昆布**は水を替えながら塩抜きをする。酒でさっと洗う。つけ地の酒、味醂を煮切り、だし汁、濃口醤油を合わせて煮立てる。削り鰹を加え、ネル地で漉して冷ます。子持ち昆布をつけ地半量に約5時間つけ（仮漬け）、汁気をきり、残りのつけ地に約5時間つける（本漬け）。汁気をきり、適当な大きさに切る。

9．**松葉刺し**を作る。金時人参はくり抜きで丸く抜き、塩ゆでする。水に落として冷ます。鍋に煮汁を煮立たせ、人参をさっと煮る。ちしゃとうは5㎝長さに切り、皮をむいて中の芯を抜き、塩ゆでする。ガーゼに包んで味噌床に2時間つけ、適当な大きさに切る。厚焼き玉子を作り（p．143参照）、流し缶から取り出して冷まし、2㎝角に切る。松葉に刺す。

10．**慈姑せんべい**を作る。くわいは六方むきにし、2㎜厚さの薄切りにして、約10分水にさらす。布巾の上に重ならないように並べ、水気をよくふき取る。160℃の油に1枚ずつ入れ、時々返しながら、色づいて泡が出なくなるまで、じっくり揚げる。熱いうちにうまみ塩を振る。

⬇P100

【椀　清汁仕立】

鶉丸　蕪　焼き餅　うぐいす菜　人参　干し子　柚子

材料　4人前

蕪……1個
角餅……2個
うぐいす菜……8本
金時人参……適量
干しこのこ……½枚
柚子……1個
昆布だし……適量

鶉丸生地
鶉挽き肉……100g
白身魚のすり身……50g
山の芋（おろし）……大さじ2
白味噌……大さじ1
砂糖……小さじ1
酒……15cc
塩……少量
薄口醤油……5cc
卵白……½個分
水溶き葛粉……大さじ1
粉山椒……適量

昆布だし……適量
吸地八方・吸地（【椀物】①p．130参照）

作り方

1．鶉丸を作る。鶉挽き肉、白身魚のすり身をすり鉢ですり混ぜる。鶉丸生地の残りの材料を加えてすり混ぜ、味と柔らかさを調える。昆布だし適量をゆるやかに煮立たせ、鶉丸生地を玉杓子の半分ほどすくって入れ、5分ゆでる。

2．蕪はくし形切りにし、米のとぎ汁でゆでて、水にさらす。吸地八方でさっと煮て、下味をつける。餅は半分に切り、網の上で焼き色がつくまで焼く。うぐいす菜は根の部分の皮をむき、さっと塩ゆでし、水に落とす。金時人参は7㎜幅、8㎝長さの薄切りにし、さっと塩ゆでし、水に落とす。干しこのこは細く切ってあぶる。柚子は松葉の形に切る（松葉柚子）。

3．吸地を仕立てる。うぐいす菜、金時人参は吸地八方でさっと煮て、下味をつける。鶉丸を椀に盛り、金時人参、焼き餅、うぐいす菜、このこを添える。熱い吸地をはり、吸口に松葉柚子をのせる。

⬇P101

【造り】

おこぜ湯引き　皮きざみ　肝　あさつき　浜防風　ポン酢

材料　4人前

おこぜ（300g）……1尾
浅葱……適量
浜防風……4本
ポン酢（【平盛り】p.126参照）……適量
もみじおろし
　大根……適量
　たかの爪……適量

作り方

1．おろしたおこぜは皮をはがし取り、薄皮を外引きする。
2．浅葱は小口から細かく刻み、浜防風は碇防風にする（p.126参照）。大根を適当な長さに切り、切り口に種を抜いたたかの爪を差し込んでおろし、適度に水分をきる（もみじおろし）。
3．おこぜの肝は熱湯でゆでて水に落とす。適当な大きさに切り、浅葱適量と和える。薄皮は熱湯でゆでて水に落とす。適当な大きさに切る。
4．おこぜの身をそぎ造りにし、60℃の湯にさっとくぐらせ、氷水に落とし、水気をきる。
5．器におこぜを盛り、皮、肝、碇防風を添える。ポン酢に浅葱、もみじおろしを入れて添える。

⬇P101

【しのぎ】
すっぽんスープ　しのび生姜　芽葱

材料　4人前

すっぽん（500g）……1杯
芽葱……適量
土生姜……30g
すっぽんのだし汁用
　爪昆布……1枚
　酒……400cc
　水……500cc
　塩……小さじ¼
　薄口醤油……15cc

作り方

1．すっぽんを四つ解きにする。ボウルにすっぽん（内臓以外）を入れ、約90℃の湯を注いでゆっくりかき回し、霜降りにする。水を加えて温度を下げ、表面の薄皮を取り除く。鍋にすっぽんと爪昆布を入れ、酒を注ぐ。強火にかけ、沸騰したら分量の水を加える。ゆるやかに躍る火加減で、アクを取りながら15～20分煮る。塩と薄口醤油を加え、弱火で10分煮る。
2．器にすっぽんのえんぺらと1のだし汁を入れ、芽葱をのせ、生姜の絞り汁を適量落とす。

⬇P101

【焼き物】
まながつお西京焼き　蓮根おかき揚げ　長芋塩焼き　ふきのとう衣揚げ　すだち

材料　4人前

まながつお……½尾
蓮根……½節
小麦粉……適量
卵白……適量
おかき（醤油味）……50g
長芋……適量
ふきのとう……2個
すだち……1個
天ぷら衣（【揚げ物】②p.133参照）
味噌床
　白粗味噌……300g
　煮切り酒……100cc
　煮切り味醂……50cc
　薄口醤油……20cc
　濃口醤油……20cc

作り方

1．おろしたまながつおを味噌床につける（「まながつお西京焼き」p.144参照）。
2．蓮根は皮をむき、5㎜厚さに切り、おかきはフードプロセッサーで細かく砕く。長芋は拍子木切りにする。ふきのとうは葉を1枚ずつはがす。すだちは4等分にして、種を除く。
3．まながつおを適当な大きさに切り分け、皮目に浅く切り込みを入れる。平串を打ち、弱火できれいな焼き色がつくように焼く。
4．蓮根に小麦粉、卵白、砕いたおかきをまぶしつけ、160℃の油で揚げる。長芋は少量の油を引いたフライパンで焼き、塩を少量振る。ふきのとうはてんぷら衣をつけて揚げる。
5．器にまながつお、蓮根、長芋、ふきのとうを盛り、すだちを添える。

⬇P101

【蒸し物】
柚香蒸し　伊勢海老　あいなめ　生うに　鮑　菜の花　若布　生姜あん

材料　4人前

伊勢海老（500g）……2尾
生海胆……½箱
あいなめ……1尾
鮑（500g）……1杯
菜の花……8本
若布（乾燥）……100g
柚子……2個
八方だし（【たき合わせ】①p.132若布と絹さやのつけ地参照）
酒塩
　酒……100cc
　水……100cc
生姜あん
　だし汁……400cc
　味醂……50cc
　砂糖……大さじ2
　塩……小さじ1
　薄口醤油……15cc
　水溶き葛粉……適量
　生姜の絞り汁……15cc

作り方

1．伊勢海老は頭と胴を切り離す。胴は縦半分に割り、さっと水で洗う。身が3等分になるよう切り込みを入れる。
2．あいなめは三枚におろし、薄塩をして20分おく。3㎜幅に骨切りをし、2等分に切る。
3．鮑は水で洗う。酒をたっぷりと振りかけ、弱火で約3時間蒸す。冷めたら、身をはずし、わた、口、縁を取る。表面に切り込みを入れ、1㎝厚さに切る。
4．菜の花は塩ゆでし、冷ました八方だしにつける。戻した若布は適当な大きさに切り、熱湯にさっとくぐらせて冷水に落とす。冷ました八方だしにつける。柚子は輪切りにする。酒塩は酒と水を合わせる。
5．生姜あんを作る。鍋にだし汁と調味料を煮立たせ、水溶き葛粉であんを引き、生姜の絞り汁を加える。
6．焙烙に石を敷き、若布、柚子をのせる。伊勢海老、あいなめ、鮑を盛り、酒塩を加え、蓋をして強火で約5分蒸す。塩を振った生海胆をあいなめの上におき、菜の花を色よく散らして更に1分蒸す。生姜あんを別器に入れて添える。

⬇P101

【食事】
香箱ご飯　香の物

材料　4人前

香箱蟹……2杯
油揚げ……½枚
土生姜……20g
米……3カップ
酒……10cc
香の物……適量
合わせだし
　だし汁……800cc
　味醂……30cc
　塩……小さじ½
　薄口醤油……15cc

作り方

1．香箱蟹は塩を加えた熱湯でゆで、ざるに上げる。冷めたら身、卵、わたを取り出す。油揚げは油抜きをし、みじん切りにする。土生姜は針生姜にする。
2．炊飯用の鍋に洗い米、合わせだし、油揚げ、土生姜を入れて炊く。
3．炊き上がったら酒を振り、蟹の身と卵を加えて混ぜ、器によそう。香の物を添える。

●二月「節分に因む点心」

⬇P102～103

五目大豆旨煮　鰯生姜煮
油目木の芽焼き　ばい貝旨煮
車海老旨煮　子持ちきんこ
鬼くるみ素揚げ　お多福百合根　高野豆腐けんちん鋳込み
絹さや　稲荷寿司
細巻き寿司　はじかみ生姜

材料　4人前

●五目大豆旨煮
大豆……100g
人参……30g
干し椎茸……4枚
こんにゃく……⅓丁
蓮根……⅓節
昆布……適量
煮汁
　だし汁……800cc
　味醂……50cc
　砂糖……大さじ2
　濃口醤油……80cc

●鰯生姜煮
鰯……20尾
ゆで汁
　水……200cc
　酢……70cc
煮汁
　酒……200cc
　水……250cc
　味醂……50cc
　砂糖……大さじ1½
　水あめ……大さじ1
　濃口醤油……50cc
　たまり醤油……40cc
　土生姜(針生姜)……15g

●油目木の芽焼き
油目(あいなめ)……1尾
木の芽……適量
たれ(「鱧八幡巻き」p．127参照)……適量

●ばい貝旨煮
ばい貝……4個
煮汁
　だし汁……300cc
　酒……200cc
　砂糖……大さじ2½
　濃口醤油……45cc

●車海老旨煮(【混ぜ盛り】p．127参照)

●子持ちきんこ
きんこ……2本
番茶……適量
煮汁
　だし汁……300cc
　酒……50cc
　味醂……50cc
　砂糖……大さじ1
　薄口醤油……30cc
練り玉(「唐墨玉子」p．134参照)

●鬼くるみ素揚げ
くるみ……4個
うまみ塩(【揚げ物】② p．133参照)……適量

●お多福百合根
大葉百合根……4枚
シロップ
　水……200cc
　砂糖……80g

●高野豆腐けんちん鋳込み
高野豆腐……2枚
人参……20g
さやいんげん……5本
生椎茸……4枚
百合根……¼個
高野豆腐の煮汁
　だし汁……800cc
　砂糖……大さじ3
　味醂……30cc
　薄口醤油……70cc
　削り鰹……5g
卵生地
　卵……2個
　卵黄……2個
　だし汁……30cc
　味醂……15cc
　薄口醤油……15cc
　卵の素(【椀物】① p．130参照)……大さじ1

●絹さや
絹さや……8枚
つけ地(【たき合わせ】① p．132参照)

●稲荷寿司
すし揚げ……4枚
すし飯(「鯖棒寿司」p．137参照)……適量
黒胡麻……適量
煮汁
　だし汁……400cc
　味醂……25cc
　白ざらめ糖……40g
　濃口醤油……30cc

●細巻き寿司　はじかみ生姜
焼き穴子……2尾
胡瓜……1本
海苔……2枚
すし飯(「鯖棒寿司」p．137参照)……適量
はじかみ生姜(材料・作り方共に「鮎塩焼き」p．132参照)

作り方

1．**五目大豆旨煮**を作る。大豆は水に1日つける。鍋に入れてたっぷりの水を加え、豆が軽く躍るくらいの火加減でゆでる。徐々に水を加えて温度を下げながら1時間さらす。人参は7～8㎜角に切る。戻した干し椎茸を下ゆでし(「干し椎茸旨煮」p．128参照)、8㎜角に切る。こんにゃくは8㎜角に切り、熱湯でゆでてざるに上げる。蓮根と水で戻した昆布は8㎜角に切る。鍋に大豆、野菜、だし汁、味醂、砂糖を入れ、ゆるやかに躍るくらいの火加減で約10分煮る。濃口醤油を加えて10分煮る。火からおろして味を含ませる。

2．**鰯生姜煮**を作る。鰯は水洗いする。鍋に並べ、ゆで汁を加え、落とし蓋をして約15分ゆでる。ゆで汁を捨て、煮汁の酒と水を入れ、火にかける。弱火にして味醂、砂糖、水あめを加え、約10分煮る。濃口醤油、たまり醤油、針生姜を加えて弱火で煮汁が鍋底に少し残るくらいになるまで煮る。火からおろし、味を含ませる。

3．**油目木の芽焼き**を作る。油目は三枚におろし、塩をして約30分おく。骨切りをし、串を打って焼く。途中2～3回たれをかけては乾かして焼き上げる。木の芽の葉を振る。

4．**ばい貝旨煮**を作る。ばい貝は柔らかくなるまでゆで、水にさらす。煮汁で煮て、そのまま冷まして味を含ませる。

5．**車海老旨煮**を作る(【混ぜ盛り】p．128参照)。

6．**子持ちきんこ**を作る。きんこは水につけ、弾力が出るまで戻す。腹側を縦に切り開く。腹の中の筋を取り除く。鍋に番茶ときんこを入れ、一煮立ちさせてそのまま冷ます。身が手でちぎれるくらいになるまで番茶で煮る作業を繰り返す。煮汁で約10分煮て、そのまま冷まして味を含ませる。練り玉を作る(「唐墨玉子」p．134参照)。きんこの水分を取り、練り玉を詰める。

7．**鬼くるみ素揚げ**を作る。くるみはぬるま湯につけて薄皮をむく。160℃の油で素揚げする。熱いうちにうまみ塩を振る。

8．**お多福百合根**を作る。大葉百合根は塩ゆでして水に落とす。シロップにつける。

9．**高野豆腐けんちん鋳込み**を作る。高野豆腐は約80℃のたっぷりの湯で戻し、水分をきる。鍋に高野豆腐を並べ、だし汁、砂糖、味醂、削り鰹(追い鰹)を加え、弱火で約5分煮、薄口醤油を加えて5分煮る。火からおろし、味を含ませる。人参、生椎茸はそれぞれ3㎜角のあられ切りに、さやいんげんは5㎜幅に切り、百合根は5㎜角に切り、それぞれ塩ゆでする。鍋に人参、

椎茸、さやいんげん、百合根、卵生地の溶き卵、卵黄、だし汁、味醂、薄口醤油を合わせ、弱火にかける。ゆっくりかき混ぜ、卵が半熟状態になったら汁気をきり、冷めたら卵の素を合わせる（けんちん生地）。高野豆腐の汁気を軽く絞り、中央部に切り込みを入れて葛粉を薄くまぶし、けんちん生地を詰め込む。ガーゼで包み、中火で10分蒸す。高野豆腐の煮汁に戻し、5分煮てそのまま冷ます。

10．絹さやは塩ゆでしてつけ地につける（p．132参照）。

11．**稲荷寿司**を作る。すし揚げは油抜きをして、水気をきる。斜め半分に切り、切り口から袋状に開く。煮汁を煮立てすし揚げを入れ、弱火で煮汁が少なくなるまで煮る。そのまま冷まして味を含ませる。すし飯に煎った黒胡麻とすし揚げの煮汁を少量加えて味を調える。すし揚げの汁気を軽く絞り、すし飯を中に詰めて三角形に形を整える。

12．**細巻き寿司**を作る。焼き穴子は海苔の長さの棒状に切る。胡瓜は穴子と同じ棒状に切り、種を除く。海苔にすし飯を広げ、穴子、胡瓜を巻く。

●三月　「上巳の節句会席」

⬇P104～105

【先付】

あぶり帆立貝　温度玉子
あさつき　キャビア
揚げじゃが芋　旨酢

材料　4人前

- 帆立貝の貝柱……4個
- 卵（S玉）……4個
- 浅葱……適量
- じゃが芋……1個
- キャビア……適量
- 旨酢
  - 酢……30cc
  - だし汁……200cc
  - 砂糖……大さじ1
  - 薄口醤油……30cc

作り方

1．鍋に旨酢のだし汁、砂糖、塩、薄口醤油を一煮立ちさせ、酢を加え、鍋を水につけて冷ます（旨酢）。

2．帆立貝の貝柱は筋を除く。フライパンを熱して、帆立貝の貝柱をさっと焼く。冷たく冷やした布巾で包み、冷やす。

3．温度玉子を作る（「太刀魚昆布じめ」p．130参照）。浅葱はさっとゆで、水に落とし、4㎝長さに切る。じゃが芋は細切りにし、水にさらして、水気を取る。170℃の油で、色づいて泡が出なくなるまで揚げる。

4．器に帆立貝、温度玉子、浅葱、キャビアを色よく盛り、じゃが芋を天盛りにし、旨酢を添える。

⬇P104

【椀】

蛤酒煎り　胡麻豆腐　菜種
木の芽

材料　4人前

- 蛤……8個
- 菜の花……8本
- 胡麻豆腐
  - 白むき胡麻……2カップ
  - 水……2000cc
  - 葛粉……150g
  - 塩……小さじ1½
- 木の芽
- 吸地八方・吸地（【椀物】①p．130参照）

作り方

1．胡麻豆腐を作る。白むき胡麻は水に8時間浸してざるに上げる。ミキサーに分量の水のうち400㏄と、胡麻を入れ、どろどろの状態になればすり鉢に移してする。残りの水を加えてさらしの袋に入れ、大きなボウルの中で何度も揉み絞りを繰り返し、最後は十分に水分を絞る。葛粉と塩を加えて溶かし、裏漉し器で漉して鍋に入れ、中火にかける。木杓子で絶えずかき混ぜながら約20分間練り続ける。とろみがついてきて、鍋底がはっきりと見える状態になれば、流し缶に移す。流し缶の底を氷水につけて冷まし、ぬらしたラップフィルムをかけて冷蔵庫で十分に冷ます。生地を流し缶から裏返して取り出し、切り分ける。

2．蛤は酒100㏄と共に鍋に入れて蓋をし、強火にかける。口が開いたら蛤を取り出す。蒸し汁はネル地で漉す。身を殻からはずし、身に切り込みを入れる。

3．菜の花は塩ゆでし、冷ました吸地八方につける。

4．吸地を仕立てる。蛤、胡麻豆腐、菜の花を温めて器に盛り、熱い吸地をはり、木の芽をのせる。

⬇P105

【造り】

鯛そぎ造り　長芋　より独活
山葵　割り醤油

材料　4人前

- 鯛（1・2㎏）……½尾
- 長芋……適量
- 独活……適量
- 山葵……½本
- 割り醤油
  - 土佐醤油（【平造り】p．126参照）……50cc
  - だし汁……50cc

作り方

1．土佐醤油とだし汁を合わせて割り醤油を作る。

2．長芋は拍子木切りにする。独活はより独活にする（p．126参照）。

3．鯛の上身は皮を引き、5㎜厚さのそぎ造りにする。器に鯛を盛り、長芋、より独活、おろし山葵（p．126参照）をあしらう。割り醤油を添える。

⬇P105

【焼き物八寸】

筍味噌幽庵焼き　甘鯛白酒焼き　蕗のとう田楽　空豆はさみ揚げ　白魚唐墨和え
菱形穴子蒲鉾　桜花長芋
金柑イクラ　花弁百合根

材料　4人前

●筍味噌幽庵焼き

- 筍……1本
- 味噌幽庵地
  - 白粗味噌……100g
  - 酒……50cc
  - 味醂……50cc
  - 薄口醤油……50cc

●甘鯛白酒焼き

- 甘鯛（1・2㎏）……½尾
- 白酒衣
  - 白酒……100cc
  - 卵白……2個分

●蕗のとう田楽

- ふきのとう……4個
- けしの実……適量
- 白扇衣
  - 片栗粉……大さじ4
  - 水……30cc
- 赤練り味噌（「子芋・揚げ粟麩田楽」p．135赤田楽味噌参照）

●空豆はさみ揚げ

- 空豆……4粒
- 卵白……適量
- みじん粉……適量
- すり身
  - とびあら海老のすり身……40g
  - 白身魚のすり身……10g
  - 卵白……少量
  - 塩……少量
  - 水溶き葛粉……少量

●白魚唐墨和え

- 白魚……20尾
- 唐墨……適量
- 卵白……適量

●**菱形穴子蒲鉾**

穴子……4尾

穴子の煮汁(「穴子博多真薯」p.128参照)

生地

白身魚のすり身……100g

卵白……½個分

煮切り味醂……15cc

砂糖……小さじ1

薄口醤油……5cc

昆布だし……40cc

水溶き葛粉……少量

●**桜花長芋**

長芋……5cm

赤梅酢……少量

甘酢(「鯖棒寿司」p.137白板昆布の甘酢参照)

●**金柑イクラ**

イクラ(塩漬け)……50g

金柑……4個

●**花弁百合根**

百合根……¼個

シロップ

水……200cc

グラニュー糖……65g

赤梅酢……適量

作り方

1. **筍味噌幽庵焼き**を作る。ゆでた筍(「若筍汁」p.138参照)は穂先の部分を縦に切る。筍に串を打って焼く。味噌幽庵地を2〜3回かけては乾かして焼き上げる。

2. **甘鯛白酒焼き**を作る。おろした甘鯛の腹骨をすき取り、薄く振り塩をし、約40分おく。血合い骨を抜き、水で洗って水気をふき、4つに切り分ける。皮目に切り込みを入れ、串を打つ。卵白を泡立て、白酒を加えて白酒衣を作る。甘鯛は強火で皮目を焼き、裏返して身側を焼き上げる。皮目に白酒衣のせ、上火式焼き床で焼き色をつける。

3. **蕗のとう田楽**を作る。ふきのとうは外側のかたい葉を取り、つぼみが見えるように葉を広げる。ふきのとうに白扇衣をつけ、160℃の油で揚げる。赤練り味噌をつぼみの上にのせ、けしの実を振る。

4. **空豆はさみ揚げ**を作る。とびあら海老の殻と背わたを除いて刻み、すり鉢で白身魚のすり身とすり混ぜ、卵白、塩、水溶き葛粉を加える(すり身)。空豆は薄皮をむき、半分に割って切り口に小麦粉を打つ。すり身を挟み、元の空豆の形に戻し、卵白、みじん粉をつける。160℃の油で色よく揚げる。

5. **白魚唐墨和え**を作る。白魚は立塩(p.126参照)に30分つける。5尾ずつまとめて串を打ち、干す。表面に卵白をつけ、おろした唐墨をまぶす。160℃の油で揚げる。

6. **菱形穴子蒲鉾**を作る。穴子は煮穴子にする(「穴子博多真薯」p.129参照)。すり鉢に生地の材料を入れてすり混ぜ、味と柔らかさを調える。流し缶に煮穴子を皮目を上にして並べ、葛粉を打って生地を入れる。弱火で20分蒸す。流し缶から取り出し、抜き板に挟んで軽く重石をし、冷めたら適当な大きさに切る。

7. **桜花長芋**を作る。長芋は桜の抜き型で抜き、立塩に約15分つける。赤梅酢を少量加えた甘酢につける。

8. **金柑イクラ**を作る。イクラは水で洗い、塩抜きする。酒で洗い直して汁気をきる。金柑を釜にしてイクラを詰める。

9. **花弁百合根**を作る。百合根の小葉は片端をV字に切り込み、まわりをむき取る。半透明になるまで塩ゆでする。赤梅酢を加えたシロップにつける。

⬇P105

【煮物】

鯛の子玉締め　新牛蒡旨煮　木の芽

材料 4人前

鯛の子……2腹

卵……2個

新牛蒡……4本

木の芽……12枚

鯛の子の煮汁(「鯛の子含め煮」p.140参照)

新牛蒡の煮汁

だし汁……400cc

酒……100cc

砂糖……小さじ2

薄口醤油……30cc

作り方

1. 鯛の子は含め煮にする(「鯛の子含め煮」p.140参照)。

2. 新牛蒡は4cm長さに切り、米のとぎ汁で歯ごたえが残る程度にゆで、水にさらす。葉の部分は塩ゆでし、4cm長さに切る。煮汁を煮立て、葉と共にさっと煮て鍋ごと水で冷ます。

3. 鯛の子含め煮を温め直して溶き卵を加える。卵が半熟になれば、器に盛り、温めた新牛蒡を添え、木の芽を天盛りする。

⬇P105

【食事】

筍ご飯　(赤だし　香の物)

材料 4人前

筍……1本

米……3カップ

油揚げ……½枚

わらび……12本

八方だし

だし汁……400cc

味醂……30cc

塩……少量

薄口醤油……25cc

合わせだし

だし汁……600cc

味醂……10cc

塩……小さじ⅔

薄口醤油……30cc

作り方

1. ゆでた筍(「若筍汁」p.138参照)は穂先に近い部分を縦に5mm厚さの薄切りにする。網の上で焼いて焼き色をつける。油揚げは油抜きをし、みじん切りにする。わらびは下処理し(「若筍煮」p.138参照)、冷ました八方だしにつける。

2. 炊飯用の鍋に洗い米、合わせだし、筍、油揚げを入れて炊く。

3. 炊き上がりにわらびを加え、ご飯を器によそい、赤だしと香の物を添える。

●四月
「花見の点心」

⬇P106〜107

【一の段】

鰆西京焼き　帆立貝木の芽焼き　白魚この子焼き　まながつお南蛮漬け　鯛の子旨煮　筍土佐煮　飯蛸桜煮　子芋白煮　蕗旨煮　百合根紅白金団　こごみ　花弁百合根　たらの芽

【二の段】

きす桜の葉包み寿司　手まり寿司　細巻きずし　花びら生姜　はじかみ生姜

材料 4人前

〈一の段〉

●**鰆西京焼き**

鰆……½尾

味噌床

白粗味噌……1kg

甘酒……200g

酒……100cc

味醂……100cc

●**帆立貝木の芽焼き**

帆立貝の貝柱……4個

木の芽……½箱

たれ(「平貝木の芽焼き」p.139参照)

●**白魚この子焼き**

白魚……20尾

卵黄……2個

干しこのこ……½枚

●**まながつお南蛮漬け**

まながつお（1・4kg）……½尾
南蛮酢
だし汁……600cc
酢……100cc
砂糖……大さじ3
味醂……60cc
薄口醤油……65cc
濃口醤油……30cc
小玉葱……4個
白葱……2本
土生姜……少量
たかの爪……2本

●鯛の子旨煮
鯛の子……1腹
煮汁（「鯛の子含め煮」p.140参照）

●筍土佐煮
筍……1本
煮汁（「若筍煮」p.138参照）

●飯蛸桜煮
飯蛸……2杯
木の芽……適量
煮汁（「飯蛸桜煮」p.141参照）

●子芋白煮　蕗旨煮
子芋……4個
蕗……2本
子芋白煮の煮汁
だし汁……300cc
味醂……30cc
塩……小さじ⅓
薄口醤油……5cc
削り鰹……5g
蕗青煮の煮汁（「若筍煮」p.138参照）

●百合根紅白金団
百合根……2個
塩……少々
グラニュー糖……適量
赤梅酢……適量

●こごみ　花弁百合根　たらの芽
こごみ……4本
たらの芽……4本
花弁百合根（材料・作り方共に前頁参照）
つけ地
だし汁……300cc
味醂……20cc
薄口醤油……20cc
塩……小さじ⅓

〈二の段〉

●きす桜の葉包み寿司
鱚……2尾
白板昆布……1枚
すし飯（「鯖棒寿司」p.137参照）……適量
桜の葉……8枚

●手まり寿司
さより……2尾
白板昆布……1枚
赤貝……4個
車海老……4尾
鳥貝（ゆでたもの）……4枚
すし飯（「鯖棒寿司」p.137参照）……適量

●細巻きずし
干瓢……30g
厚焼き玉子（p.143参照）……¼枚
三つ葉……1束
すし飯（「鯖棒寿司」p.137参照）……適量
海苔……2枚
煮汁
だし汁……600cc
砂糖……大さじ3
味醂……40cc
濃口醤油……50cc

●花びら生姜　はじかみ生姜
土生姜……30g
はじかみ生姜……8本
甘酢（「酢取り茗荷」p.129参照）

作り方

1. **鰆西京焼き**を作る。鰆は三枚におろして腹骨をすき取る。薄塩を振って約30分おく。血合い骨を抜き、塩を洗い流して水気をふき取る。味噌床につけ込む。味噌をふき取り、適当な大きさに切って皮目に切り込みを入れる。平串を打ち、弱火で焼き上げる。

2. **帆立貝木の芽焼き**を作る。帆立貝の貝柱は薄皮と白くかたい部分を取り除く。串を打ち、表面を強火で焼き、表面が乾けば、返して焼く。表面に薄く焼き色がつけば、刷毛でたれをぬっては乾かす作業を2〜3回繰り返して焼き上げる。焼き上がりに葉むしりした木の芽を散らす。

3. **白魚この子焼き**を作る。白魚は立塩（p.126参照）に約15分つける。5〜6尾をまとめて尾の部分を串でまとめ、陰干しする。白魚の表面が乾けば卵黄を刷毛でぬり、みじん切りの干しこのこをまぶしつけ、卵黄が乾くまで干す。弱火でさっとあぶる。

4. **まながつお南蛮漬け**を作る。南蛮酢を作る。小玉葱は3mm幅の輪切りにし、油少量で炒める。白葱は焼き網の上で焼いて3cm長さに切る。土生姜は針切りにする。たかの爪は種を除く。南蛮酢のだし汁と調味料を合わせて煮立て、熱いうちに小玉葱、白葱、生姜、たかの爪を加え、そのまま冷ます。まながつおは三枚におろし、薄塩をして30分おく。塩を洗い流し、適当な大きさに切り分ける。串を打って焼く。焼き立てのまながつおを南蛮酢につけ、丸1日おく。

5. **鯛の子旨煮**は、p.140「鯛の子含め煮」参照。

6. **筍土佐煮**を作る。ゆでた筍（「若筍汁」p.138参照）は、穂先に近い部分は縦割りにし、根元の方は2cm厚さの半月切りにする。p.138の「若筍煮」を参照して煮含める。

7. **飯蛸桜煮**を作る。p.141参照。盛り付け時に木の芽を添える。

8. **子芋白煮**と**蕗旨煮**を作る。子芋は六方むきにし、下ゆでして煮含める（「子芋含め煮」p.128参照）。蕗は塩ゆでして筋を取る（「若筍煮」p.138参照）。4cm長さに切り、煮汁でさっと煮る。すぐに取り出し、ざるに上げてうちわであおいで手早く冷ます。冷ました煮汁に蕗を戻して味を含ませる。

9. **百合根紅白金団**を作る。百合根は1枚ずつはがし、ざるに入れて蒸して火を通し、熱いうちに裏漉しし、塩少量とグラニュー糖を合わせる。半量に赤梅酢を加えて色をつけ、紅白の生地を適量合わせ、茶巾絞りにする。

10. **こごみ　花弁百合根　たらの芽**を作る。こごみ、たらの芽は灰あく汁を加えた熱湯でゆで、水にさらす。煮立てて冷ましたつけ地につける。花弁百合根は前頁参照。

11. **きす桜の葉包み寿司**を作る。鱚は三枚におろし、立塩に15分つけ、白板昆布で挟んで3〜4時間おく。皮を引き、4cm長さに切って片面開きにする。にぎり寿司にし、桜の葉で包む。

12. **手まり寿司**を作る。さよりは三枚におろし、立塩に15分つけ、白板昆布で挟んで3〜4時間おく。4cm幅に切り、片面開きにする。赤貝は殻からはずして、二枚にそぎ、わたを取る。身に塩をまぶして揉み、水洗いをしてぬめりを取る。表面に格子状の切り込みを入れる。車海老は、頭、背わたを取り除き、のし串を打って、塩ゆでし、冷水に落とす。殻をむいて腹開きにし、半分に切る。鳥貝は酢水で洗って半分に切る。それぞれの材料とすし飯をさらしに取り、丸く形づける。

13. **細巻きずし**を作る。干瓢は戻して下ゆでする（「焼き穴子干瓢巻き」p.132参照）。鍋に煮汁を煮立たせる。干瓢を入れ、落とし蓋をし、煮汁がほとんどなくなるまで煮る。厚焼き玉子を5mm角の棒状に切る。三つ葉は軸のみを熱湯でさっとゆで、氷水に落とす。巻きすに海苔を敷き、すし飯を全体に広げる。干瓢、厚焼き玉子、三つ葉を芯にして巻く。

14．花びら生姜とはじかみ生姜を作る。生姜は花びら形にむいて熱湯にくぐらせ、おか上げし、薄く塩を振って冷ます。甘酢につける。はじかみ生姜は「鮎塩焼き」p．132参照。

●五月 「端午の節句会席」

⬇P108

【前菜】粽寿司 鮑旨煮・木の芽ジュレ

材料 4人前

●粽寿司

鱚……6尾
白板昆布……2枚
すし飯（「鯖棒寿司」p．137参照）……適量
くま笹……24枚
いぐさ……12本
よもぎの葉……適量

●鮑旨煮

鮑（500g）……1杯
鮑の煮汁
だし汁……1000cc
酒……200cc
味醂……10cc
砂糖……大さじ1⅓
薄口醤油……10cc
濃口醤油……10cc
土生姜……20g
有馬山椒……大さじ2

木の芽ジュレ
木の芽……½箱
酢……50cc
だし汁……75cc
薄口醤油……50cc
板ゼラチン……6g

作り方

1．粽寿司を作る。鱚はおろし、腹骨をすき取る。立塩（p．126参照）に15分つけ、白板昆布で挟んで冷蔵庫に入れて昆布じめにする。すし飯を作り（p．137参照）、鱚の皮を引いてにぎり寿司にする。くま笹2枚を扇形に重ね、にぎり寿司をのせてくま笹の元をしめながら巻き、よもぎの葉と共にいぐさで縛る。

2．鮑は殻からはずして肝を切り離す。煮汁のだし汁と酒と共に圧力鍋に入れて火にかける。沸騰後15分煮て、完全に温度が下がるまでそのまま冷ます。鮑を取り出し、煮汁に残りの調味料を加えて火にかけ、鮑、生姜の薄切り、有馬山椒を加えて弱火で10分煮る。そのまま冷まして一晩おく。木の芽ジュレを作る。鍋にだし汁と薄口醤油を合わせて煮立て、戻したゼラチンを入れ、酢を加え、冷やし固める。葉むしりした木の芽を混ぜる。鮑を1cm厚さに切って器に盛り、木の芽ジュレをかける。

⬇P108

【椀 潮仕立】甘鯛酒蒸し さやいんげん 独活 木の芽

材料 4人前

甘鯛（1・2kg）……½尾
独活……¼本
さやいんげん……4本
水……1000cc
爪昆布……1枚
塩……適量
酒……30cc
木の芽……12枚

作り方

1．甘鯛はうろこをばら引きにする。三枚におろし、腹骨をすき取り、振り塩をし、約40分おく。血合い骨を抜き、水で洗い、切り分ける。

2．甘鯛の頭は切り分け、中骨などと共にボウルに入れ、振り塩をして1時間30分おく。塩がまわったら、さし水をして沸騰を抑えた熱湯を注ぎ、霜降りにする。水に落として残ったうろこやぬめり、血液を洗い落とす。

3．鍋に分量の水、甘鯛のあら、爪昆布を入れ火にかける。液体の表面が1～2ヵ所ゆるやかに躍るくらいの火加減で、アクを取りながら煮る。ネル地で漉す。

4．独活は1・5cm幅、5cm長さの短冊切りにし、水にさらす。さっと塩ゆでし、水に落とす。さやいんげんは4つに裂き、塩ゆでする。

5．バットに昆布を敷き、甘鯛を並べる。酒適量（分量外）を振りかけて蒸し、椀に盛る。

6．吸地を仕立てる。3のだしを温めて塩で味を調え、酒を加える。

7．独活とさやいんげんは吸地少量で温め、椀に盛る。熱い吸地をはって、木の芽をのせる。

⬇P109

【造り】鰹いぶし造り 黒目張洗い 針茗荷 碇防風 菖蒲うど 山葵 土生姜 土佐醤油

材料 4人前

鰹……¼尾
黒めばる……1尾
茗荷……2個
浜防風……4本
独活……⅕本
山葵……½本
土生姜……30g
土佐醤油（【平造り】p．126参照）……適量

作り方

1．鰹は節おろしにし、腹骨をすき取り、血合い肉の部分を除く。皮目をバーナーであぶり、1cm幅の平造りにする。

2．黒めばるは三枚におろして腹骨、血合い骨を抜く。皮を引き、皮目を下にして、約3mm厚さのそぎ切りにする。ボウルに氷水を入れ、黒めばるを入れてざっとかき混ぜて洗い、新しい氷水に移す。身が白っぽく縮れるまで3～4分つける。ざるに大根の葉を敷き、重ならないように身を並べ、水気をきる。

3．茗荷は針茗荷にする（【混ぜ盛り】p．128参照）。浜防風は碇防風にする（p．126参照）。

4．独活はあやめの花形に切る（あやめ独活）。

5．器に針茗荷を敷き、鰹、黒めばるを盛り付け、あやめ独活、碇防風、おろし山葵（p．126参照）、おろし生姜を添える。別に土佐醤油を添える。

⬇P109

【しのぎ】煮蛤の飯蒸し

材料 4人前

蛤……8個
酒……30cc
もち米……2カップ
木の芽……適量
蛤の煮汁
だし汁……300cc
蛤の蒸し汁……50cc
味醂……50cc
砂糖……大さじ1½
濃口醤油……45cc
たまり醤油……15cc
酒塩
酒……50cc
水……200cc
塩……6g

作り方

1．もち米は洗って一晩水につける。もち米を網布巾に広げて中火で約20分蒸す。合わせた酒塩にもち米を加え、混ぜて味を含ませる。

2．蛤は酒蒸しにし、口が開いたら身を殻から取り出し、身の部分に切り込みを入れる。蒸し汁は布漉しする。煮汁を煮立てて冷まし、蛤の身をつける。

3．もち米を器に入れ、2の煮蛤をのせて約10分蒸す。葉むしりした木の芽を散らす。

⬇P109
【焼き物】
川鱒木の芽焼き

材料 4人前
川鱒……1尾
木の芽……½箱
たれ(「鱧八幡巻き」p.127参照)

作り方
1. 川鱒は三枚におろし、腹をすき取り、薄塩をして約40分おく。血合い骨を抜いて塩を洗い流す。水気をふき取り、適当な大きさに切る。
2. 串を打って焼く。たれを2~3回かけては乾かして焼き上げる。焼き上がりに木の芽を散らす。

⬇P109
【煮物】
しゃぶしゃぶ　牛ロース肉　青葱　黄身おろし酢

材料 4人前
牛ロース肉(薄切り)……400g
九条葱……2束
合わせだし
だし汁……650cc
酒……100cc
味醂……50cc
薄口醤油……50cc
黄身おろし酢
だし汁……75cc
砂糖……大さじ½
薄口醤油……15cc
酢……50cc
大根おろし……150g
卵黄……2個

作り方
1. 牛ロース肉は食べやすい大きさに切る。九条葱は青い部分は4cm長さに切り、白い部分は4cm長さの斜め切りにする。
2. 合わせだしの酒と味醂を煮切り、だし汁、薄口醤油を入れて一煮立ちさせる。
3. 黄身おろし酢のだし汁に、酢以外の調味料を合わせて煮立て、酢を加えて火を止める。手早く冷ます。大根おろしと卵黄を加える。
4. 器に牛ロース肉、九条葱を盛り、鍋に合わせだしを入れ、火にかける。黄身おろし酢を器に入れて添える。

⬇P109
【揚げ物】
貝柱うに鋳込み揚げ　えんどう豆かき揚げ　レモン　うまみ塩

材料 4人前
帆立貝の貝柱……4個
生海胆……¼箱
えんどう豆……200g
レモン……適量
天ぷら衣・うまみ塩(【揚げ物】② p.133参照)

作り方
1. 帆立貝の貝柱は筋を除く。半分に切り、塩水で洗って水気を取る。切り口部分に切り込みを入れ、海胆を鋳込む。えんどう豆はゆでる(【焼き物八寸】p.140参照)。
2. 帆立貝に小麦粉を薄くまぶし、天ぷら衣をつけ、170℃の油で揚げる。えんどう豆に小麦粉を薄くまぶし、天ぷら衣を少量加え、165℃の油でかき揚げにする。
3. 器に貝柱うに鋳込み、えんどう豆のかき揚げを盛る。レモンとうまみ塩を添える。

⬇P109
【食事】
アスパラご飯　(あさりの赤だし　香の物)

材料 4人前
米……3カップ
グリーンアスパラガス……6本
油揚げ……1枚
鶏ささ身……1本
ちりめんじゃこ……100g
合わせだし
だし汁……800cc
味醂……10cc
塩……小さじ⅔
薄口醤油……30cc

作り方
1. グリーンアスパラガスはかたい部分の皮をむく。4cm長さの棒状に切り、塩ゆでする。
2. 油揚げは油抜きをし、水気をきってみじん切りにする。
3. ささ身は筋を引き取って片面開きにし、塩、酒を振りかけて5分蒸す。冷めれば食べやすい大きさに裂く。
4. ちりめんじゃこは熱湯に入れて約2分ゆで、ざるに広げる。フライパンに少量の油を引き、カリカリになるまで炒める。
5. 炊飯用の鍋に洗い米、合わせだし、油揚げを入れて炊く。炊き上がったらアスパラガスとささ身を入れ、乾いた布巾をかぶせて蓋をし、約10分蒸らす。ちりめんじゃこを加えて全体を混ぜ合わせ、器に盛る。あさりの赤だしと香の物を添える。

●六月
「水無月の松花堂弁当」

⬇P110
【先付】
水無月胡麻豆腐　生うに　黒豆　山葵　割り醤油

材料 4人前
胡麻豆腐(p.155参照)……適量
生海胆……⅓箱
黒豆蜜煮……4粒
山葵……適量
割り醤油
だし汁……150cc
味醂……20cc
濃口醤油……90cc
削り鰹……適量

作り方
1. 割り醤油を作る。だし汁、味醂、濃口醤油を合わせて煮立て、火を止めて削り鰹を加える。ネル地で漉して冷ます。
2. 胡麻豆腐は三角形に切り分けて器に盛り付け、生海胆、黒豆蜜煮、おろし山葵(p.126参照)をのせて、周囲から割り醤油を注ぎ入れる。

⬇P111
【造り】
鯛そぎ造り　車海老揚げ造り　碇防風　水前寺のり　山葵　土佐醤油

材料 4人前
鯛(1.5kg)……½尾
車海老(40g)……4尾
浜防風……4本
水前寺海苔……3cm角
山葵……½本
土佐醤油(【平盛り】p.126参照)

作り方
1. 浜防風は碇防風にする(p.126参照)。
2. 水前寺海苔は5~6時間水につけて戻し、さっとゆでて冷水に落とす。適当な大きさに切る。
3. 鯛はそぎ造りにする。車海老は頭と背わたを取り、170℃の油でさっと油通しして、氷水に落として殻をむき、2等分に切る。
4. 器に鯛、車海老を盛り、碇防風、水前寺海苔、おろし山葵(p.126参照)をあしらう。土佐醤油を添える。

⬇P111
【焼き物八寸】
厚焼き玉子　いぼだい幽庵焼き　あまご甘露煮　揚げ川海老

鱧ざく　酢取り茗荷　青唐辛子　丸十・蓮餅青竹刺し

材料 4人前

●厚焼き玉子（p．143参照）

●いぼだい幽庵焼き
いぼだい（200g）……2尾
柚子……適量
幽庵地（「太刀魚幽庵焼き」p．131参照）

●あまご甘露煮
あまご……20尾
煮汁
- 番茶……300cc
- 酢……5cc
- 酒……400cc
- 砂糖……大さじ1½
- 味醂……40cc
- 水あめ……大さじ1
- 濃口醤油……30cc
- たまり醤油……15cc
- 土生姜……適量

●揚げ川海老
川海老……4尾
うま味塩（【揚げ物】②p．133参照）

●鱧ざく
鱧（400g）……¼尾
花丸胡瓜……2本
たれ（「鱧八幡巻き」p．127参照）……適量
生姜酢（「さごし生ずし」p．139参照）

●酢取り茗荷（p．129参照）……2個

●青唐辛子
青唐辛子……4本
うま味塩（【揚げ物】②p．133参照）

●丸十・蓮餅青竹刺し
さつま芋甘煮（材料・作り方共に「鮎塩焼き」p．131参照）
蓮餅
- 蓮根（おろし）……350g
- 卵白……½個分
- 浮き粉……30g
- 卵の素（【椀物】①p．130参照）……大さじ5
- 塩……小さじ½

照りたれ
- 酒……25cc
- 味醂……50cc
- 砂糖……大さじ½
- 濃口醤油……50cc

粉山椒……適量

作り方

1．**厚焼き玉子**を作る（p．143参照）。オーブンから出し、流し缶から取り出してそのまま冷まし、適当な大きさに切る。

2．**いぼだい幽庵焼き**を作る。幽庵地を合わせて輪切りの柚子を加える。いぼだいは三枚におろし、塩を振って20分おく。血合い骨を抜いて塩を洗い流し、幽庵地に約15分つける。汁気をふき取り、串を打って焼く。幽庵地を2～3回かけては乾かして焼き上げる。

3．**あまご甘露煮**を作る。あまごは数尾を並べて串を打ち、素焼きにする。鍋に薄板を敷き、あまごを並べて番茶と酢を入れ、弱火で煮る。煮汁がほぼなくなったら、酒、軽くたたき潰した土生姜、砂糖、味醂、水あめを加えて弱火で煮る。煮汁が半量になったら濃口醤油を加えてさっと煮る。火からおろして1日おく。鍋を再度、弱火にかけ、たまり醤油を加える。あまごに照りが出たら火からおろして味を含ませる。

4．**揚げ川海老**を作る。川海老は剣と触角を切り落とし、160～170℃の油で揚げ、うま味塩を振る。

5．**鱧ざく**を作る。胡瓜は板ずりし、色だしする。蛇腹切りにし、立塩（p．126参照）に約10分つける。鱧は開いて骨切りする。縦串を打って焼く。焼き色がついたら。たれを2～3回かけては乾かして焼き上げる。1cm幅に切る。胡瓜の水気をきる。器に胡瓜と鱧を盛り、生姜酢をかける。

6．**酢取り茗荷**を作る（p．129参照）。

7．**青唐辛子**はへたを切り取り、種を除く。160℃の油で揚げる。うま味塩を振る。

8．**丸十・蓮餅青竹刺し**を作る。蓮根はすりおろして適度に汁気をきる。350gをはかり、卵白、浮き粉、卵の素、塩を加えて混ぜる。流し缶に入れ、約15分蒸す。蒸し上がったらよく練って小判形に取る。フライパンに油を熱して、両面を色よく焼き、照りたれをからめる。焼き上がりに粉山椒を振る（蓮餅）。さつま芋甘煮と蓮餅を青竹串に刺す。

⬇P111

【煮物】

夏鴨旨煮　南瓜含め煮　ずいき旨煮　ほうれん草　針生姜　木の芽

材料 4人前

●夏鴨旨煮
合鴨胸肉……1枚
葛粉……適量
煮汁
- だし汁……450cc
- 酒……50cc
- 味醂……100cc
- 濃口醤油……100cc

●南瓜含め煮
南瓜（600g）……¼個
煮汁（「南瓜含め煮」p．135参照）

●ずいき旨煮
白ずいき……1本
煮汁
- だし汁……600cc
- 味醂……45cc
- 塩……小さじ⅔
- 薄口醤油……15cc

●ほうれん草
ほうれん草……1束
つけ地（【炊き合わせ】①p．132若布と絹さやのつけ地参照）

●針生姜木の芽
土生姜……適量
木の芽……適量

作り方

1．**夏鴨旨煮**を作る。合鴨胸肉は下処理し（「鴨塩蒸し」p．128参照）、皮目を下にして3mm厚さにそぎ切りする。表面に葛粉をまぶす。鍋に煮汁を合わせて一煮立ちさせ、鴨肉を重ならないように入れて中央に赤みが残る程度に弱火で火を通す。

2．**南瓜含め煮**を作る。南瓜を3cm角に切り、所々皮をむき、含め煮にする（p．136参照）。

3．**ずいき旨煮**を作る。白ずいきは筋を両端から包丁ではぐようにして取り、適当な大きさに裂く。竹の皮で束ね、酢水に15分つけてアク止めをする。塩ゆでし、おか上げする。水気を絞り、煮立てた煮汁でさっと煮る。

4．**ほうれん草**のつけ地を煮立てて冷ます。ほうれん草を塩ゆでし、水にさらし、水気を絞る。3cm長さに切り、つけ地につけて味を含ませる。

5．土生姜は針生姜にし、木の芽の葉と混ぜる。

6．器に夏鴨旨煮、南瓜含め煮、ずいき旨煮、ほうれん草を盛り付け、針生姜と木の芽を天盛りにする。

⬇P111

【ご飯】

じゃこご飯　（香の物）

材料 4人前

米……3カップ
ちりめんじゃこ……100g
奈良漬け……1個
牛蒡たまり漬け……1本
じゃこの煮汁
- 水……150cc
- 酒……100cc
- 味醂……30cc

砂糖……大さじ1½
薄口醤油……15cc
濃口醤油……30cc
実山椒……適量

作り方

1．ちりめんじゃこは熱湯でさっとゆで、余分な塩分を抜き、ざるに広げて冷ます。鍋に水、酒、ちりめんじゃこ、実山椒、味醂、砂糖を入れて弱火で煮る。煮汁が半量になったら、薄口醤油、濃口醤油を加える。絶えず箸で混ぜながら煮汁がほとんどなくなるまで煮る。

2．炊いたご飯にじゃこを混ぜ込み、物相の型で形を整えて抜く。奈良漬け、牛蒡たまり漬けを添える。

➡P111

【椀　清汁仕立】
寄せ鱧　生椎茸　つる菜
柚子

材料　4人前

鱧（450g）……⅓尾
生湯葉……¼束
枝豆……50g
生椎茸……4枚
つる菜……適量
柚子……½個
生地
白身魚のすり身……100g
卵の素（【椀物】①p.130参照）……大さじ2
塩……少量
味醂……10cc
水溶き葛粉……大さじ1
吸地八方・昆布だし・吸地（【椀物】①p.130参照）

作り方

1．寄せ鱧を作る。鱧は骨切りをしながら、2回目で切り離す。生湯葉は1cm幅に切る。枝豆は塩ゆでし、薄皮を取る。

2．生椎茸は軸を切り取り、表面に細かく切り込みを入れる。塩ゆでし、冷ました吸地八方につける。つる菜は塩ゆでし、冷ました吸地八方につける。

3．生地を作る。すり鉢に白身魚のすり身と他の材料を加えてよく混ぜ、味と柔らかさを調える。鱧、湯葉、枝豆を加えて混ぜる。鍋に昆布だしを沸かし、沸騰直前の火加減にする。鱧の生地を丸に取り、弱火で約5分火を通し、ざるに上げる（寄せ鱧）。

4．吸地を仕立て、寄せ鱧、生椎茸、つる菜を椀に盛り、熱い吸地をはり、吸口に柚子をのせる。

●七月

「七夕の涼味パーティー」

➡P112

【ギヤマンな板皿盛り】
鱧の子ゼリー寄せ　擬製豆腐　枝豆かき揚げ　川海老おかき揚げ　家鴨塩蒸し　蓮根とサーモンの黄身酢　山桃蜜煮

材料　4人前

●鱧の子ゼリー寄せ
鱧の子……100g
百合根……¼個
ミニオクラ……6本
板ゼラチン……3g
鱧の子旨煮の煮汁
　だし汁……150cc
　酒……25cc
　味醂……25cc
　塩……小さじ¼
　薄口醤油……5cc
　土生姜……15g

●擬製豆腐
木綿豆腐……1丁
山の芋（おろし）……大さじ3
卵……½個
塩……少量
砂糖……大さじ½
薄口醤油……5cc
鮎……2尾
人参……30g
木耳……½枚
さやいんげん……4本
八方だし
　だし汁……400cc
　味醂……50cc
　薄口醤油……50cc
　削り鰹……5g
甘酢（「鱸筒焼き」p.127参照）

●枝豆かき揚げ
枝豆……50g
衣・うまみ塩（【揚げ物】②p.133参照）

●川海老おかき揚げ
川海老……8尾
小麦粉……適量
卵白……適量
おかき（醤油味）……適量
うまみ塩（【揚げ物】②p.133参照）

●家鴨塩蒸し
合鴨胸肉……1枚
塩……適量
黒胡椒……適量
粒マスタード……適量

●蓮根とサーモンの黄身酢
蓮根……½節
スモークサーモン（薄切り）……8枚
黄身酢
　卵黄……3個
　砂糖……大さじ1
　味醂……15cc
　塩……少量
　薄口醤油……5cc
　酢……20cc
　だし汁……60cc

●山桃蜜煮
山桃……12個
シロップ
　水……200cc
　砂糖……80g

作り方

1．**鱧の子ゼリー寄せ**を作る。鱧の子旨煮を作る（「鱧の子玉締め豆腐」p.128参照）。百合根は1枚ずつばらし、5mm角に切って塩ゆでする。ミニオクラは塩ゆでし、水に落として水気をきり、2mm幅の輪切りにする。鱧の子旨煮の鍋を煮立て、板ゼラチンを加えて粗熱を取る。百合根とミニオクラを加え、器に流して固める。

2．**擬製豆腐**を作る。豆腐は約30分水切りする。鮎は三枚におろし、立塩に約30分つける。尾の部分に串を打ち、5～6時間影干しする。焼き網で焼き、1cm角に切る。人参と戻した木耳はそれぞれ5mm角に切り、塩ゆでし、八方だしにつける。さやいんげんは塩ゆでし、八方だしにつける。豆腐を裏漉しし、すり鉢に入れ、山の芋を加えてよくすり混ぜる。溶き卵と残りの調味料を合わせる。鮎、人参、木耳、さやいんげんを加えて合わせ、流し缶に入れて表面をならす。湯煎にかけて180℃のオーブンで30～40分焼く。流し缶からはずして冷まし、適当な大きさに切る。

3．**枝豆かき揚げ**を作る。枝豆は塩ゆでし、薄皮を取る。衣と合わせ、小さくまとめて175℃の油で揚げる。うまみ塩を振る。

4．**川海老おかき揚げ**を作る。川海老の剣と触角を切り落とし、胴の皮をむく。小麦粉、卵白をまぶし、砕いたおかきをつけ、160℃の油で揚げる。うまみ塩を振る。

5．**家鴨塩蒸し**を作る。合鴨胸肉は塩と黒胡椒を全体にすり込む。真空パックにし、スチームコンベクション・オーブン（スチームモード65℃）で45分加熱する。真空パックから取り出し、全体に針打ちをし、軽い重石をして血を抜く。一晩冷蔵庫において味をなじませる。2mm厚さに切り、粒マスタードを添える。

6．**蓮根とサーモンの黄身酢**を作る。蓮根は酢を加えた熱湯でゆで、水に落とす。縦に桂むきして7～8cm長さに切り、甘酢につける。黄身酢を作る。鍋に卵黄、調味料、だし汁を合わせ、湯煎にかけ、とろみがつくまで練る。削り鰹を加えて軽く合わせ、火からおろし、裏漉しする。冷蔵庫で冷やす。蓮根の汁気をきり、スモークサーモンを巻く。黄身酢をかける。

7．山桃蜜煮を作る。山桃を丁寧に洗ってシロップでさっと煮て鍋ごと水につけて冷やす。

⬇P113

【氷鉢ほおずき盛り】
味噌漬け玉子　穴子八幡巻き　豆乳ムース　枝豆豆腐

材料　4人前

●味噌漬け玉子(【八寸】p.139参照)

●穴子八幡巻き(p.144参照)

●豆乳ムース

くこの実……8粒
ほおずき……4個
生地
とうもろこし(漉したもの)……250g
豆乳……250cc
塩……小さじ¼
薄口醤油……5cc
白味噌……10g
板ゼラチン……15g

●枝豆豆腐

枝豆……200g
土生姜……適量
胡麻豆腐生地
白胡麻……½カップ
葛粉……75g
水……1000cc
塩……小さじ½
旨だし
だし汁……150cc
濃口醤油……90cc
味醂……20cc
削り鰹……適量

作り方

1．味噌漬け玉子を作る(p.139参照)。

2．穴子八幡巻きを作る(p.144参照)。3cm幅に切る。

3．豆乳ムースを作る。とうもろこしは塩ゆでし、ざるに上げる。冷めれば実をほぐし、ミキサーですり潰し、裏漉しする。豆乳を温め、白味噌、塩、薄口醤油、板ゼラチンを加える。粗熱を取り、とうもろこしを混ぜて流し缶に入れて固める。適当な大きさに切り、ほおずきに盛り、シロップで戻したくこの実をのせる。

4．枝豆豆腐を作る。鍋にだし汁と調味料を合せ、煮立ったら削り鰹を加えて、ネル地で漉して冷ます(旨だし)。枝豆は塩ゆでして冷まし、フードプロセッサーにかけて裏漉しする。胡麻豆腐の生地を作り、鍋で練る(p.155参照)。生地が約半量になれば枝豆を合わせて流し缶に流し、水でぬらしたラップフィルムをかけて冷蔵庫で冷やし固める。器に合わせて切り、盛り付ける。旨だしをかけ、おろし生姜をのせる。

⬇P113

【焼き〆長皿盛り】
鰺にぎり　きす笹葉寿司　穴子寿司　車海老黄身ずし　いちじく胡麻クリーム

材料　4人前

●鰺にぎり

鰺……½尾
割り酢(「鯛菊花ずし」p.134参照)……適量
白板昆布……4枚
甘酢(「鯖棒寿司」p.137白板昆布の甘酢参照)
すし飯(「鯖棒寿司」p.137参照)
土生姜……20g
木の芽……4枚

●きす笹葉寿司

鱚(120g)……4尾
割り酢(「鯛菊花ずし」p.134参照)……適量
白板昆布……1枚
すし飯(「鯖棒寿司」p.137参照)
有馬山椒……適量
くま笹……4枚
いぐさ……4本

●穴子寿司

穴子(100g)……2尾
干し椎茸……4枚
穴子の煮汁(「穴子博多真薯」p.128参照)
干し椎茸旨煮の煮汁(【混ぜ盛り】p.128参照)
すし飯(「鯖棒寿司」p.137参照)

●車海老黄身ずし

車海老(30g)……4尾
黄身ずし
山の芋……100g
ゆで卵の黄身……2個
砂糖……大さじ½
塩……小さじ¼
酢……15cc

●いちじく胡麻クリーム

いちじく……2個
白煎り胡麻……適量
胡麻クリーム
当たり胡麻……大さじ4
煮切り酒……10cc
煮切り味醂……5cc
砂糖……小さじ½
薄口醤油……5cc
だし汁……45cc

作り方

1．鰺にぎりを作る。鰺は三枚におろし、べた塩をして1時間おく。腹骨、血合い骨を取り、水で洗って水気をきる。割り酢に20分つける。ざるに取り出し、自然に汁気をきる。白板昆布に5～6時間挟む(昆布締め)。鰺の皮を除き、3mm厚さのそぎ切りにする。甘酢でさっと煮た白板昆布は汁気をきり、適当な大きさに切る。すし飯を適量取り、鰺の昆布締め、おろし生姜をのせてにぎり寿司にし、甘酢で炊いた白板昆布と木の芽をのせる。

2．きす笹葉寿司を作る。鱚は三枚におろし、立塩(p.126参照)に10分つける。割り酢にさっとくぐらせ、白板昆布に挟んで3時間おく。鱚の皮を引き、にぎり寿司にして有馬山椒をのせ、くま笹で巻き、いぐさでとめる。

3．穴子寿司を作る。穴子は煮穴子にする(p.129参照)。干し椎茸は旨煮にし(p.128参照)、3mm角に刻む。押し箱にすし飯を半量入れ、椎茸をおき、残りのすし飯と穴子をのせて押し、切り分ける。

4．車海老黄味ずしを作る。車海老は頭と背わたを除き、のし串を打って塩ゆでし、腹側から観音開きにする。2cm幅に切って蒸す。熱いうちに裏漉し、裏漉ししたゆで卵の黄身、調味料を入れ、練り合わせる。小指大にまとめ、車海老で包み、形を整える。2等分に切る。山の芋は2cm幅に切って蒸す。熱いうちに裏漉し、裏漉ししたゆで卵の黄身、調味料を入れ、練り合わせる。小指大にまとめ、車海老で包み、形を整える。2等分に切る。

5．いちじく胡麻クリームを作る。胡麻クリームの材料を合わせる。いちじくは皮をむき、縦6等分に切る。いちじくに胡麻クリームをかけ、煎り胡麻を振る。

⬇P113

【籠盛り】
鯛煎餅　海老煎餅　きす骨煎餅

材料　4人前

鯛(上身)……50g
車海老……4尾
鱚の中骨……4尾分
葛粉……適量
うまみ塩(【揚げ物】②p.133参照)……適量

作り方

鯛はそぎ身に、車海老は上身にし、それぞれ葛粉を打ってラップフィルムに挟んで薄くのばす。3種類の材料をそれぞれ165℃の油でカリカリになるまで揚げ、うまみ塩を振る。

●八月「盛夏の会席料理」

⬇P114

【先付】
鮑旨煮共わた掛け　ずいき　花丸胡瓜　海苔

材料 4人前

鮑（500g）……2杯
豚ばら肉……50g
白ずいき……½本
焼き海苔……1枚
花丸胡瓜……2本
鮑の煮汁
　だし汁……800cc
　酒……100cc
　味醂……70cc
　薄口醤油……60cc
白ずいきのつけ地（「焼き帆立貝梅肉酢和え」p.130参照）
共わた酢
　鮑のわた……2杯分
　マヨネーズ……大さじ2
　煮切り酒……20cc
　薄口醤油……少量
　レモンの絞り汁……10cc

作り方

1．鮑を煮る。鮑は下処理し、殻から取り出してわたを取る。鍋に鮑、煮汁、霜降りにした豚ばら肉を入れ、中火弱で約2時間煮る。

2．共わた酢を作る。鮑のわたを塩ゆでし、裏漉しする。他の材料を加えてよく混ぜる。

3．白ずいきは下処理して塩ゆでし、水に落とす（p.130参照）。つけ地に30分つける。適当な長さに切り分ける。

4．焼き海苔は乾いたさらしに包み、もんで細かくする（もみ海苔）。

5．花丸胡瓜は板ずりして色だしし、3mm厚さの輪切りにする。

6．鮑は縦半分に切り、身を5～6mm厚さに切って器に盛る。白ずいきをもみ海苔、胡瓜と和えてのせる。共わた酢をかける。

⬇P114

【椀　清汁仕立】
鱧葛叩き　茄子　管牛蒡　じゅんさい　梅肉　柚子

材料 4人前

鱧（500g）……½尾
じゅんさい……100g
牛蒡……2本
茄子……1本
梅干し……適量
柚子……½個
吸地八方・昆布だし・吸地（【椀物】①p.130参照）

作り方

1．牛蒡は6cm幅に切り、米のとぎ汁で柔らかくなるまでゆで、水にさらす。金串で芯を抜き、管牛蒡にする。半分に切り、吸地八方でさっと煮る。

2．茄子はへたを切り落とし、皮を薄くすき取るようにむく。水でさっと洗い、水気をふき取り、165℃の油で揚げる。火が通ればざるに取り、熱湯をかけて油抜きをし、4等分に切る。吸地八方でさっと煮る。

3．梅干しは裏漉しする。柚子は針柚子にする。じゅんさいは熱湯で霜降りにして冷水に落とす。

4．おろした鱧は骨切りし、約7cm幅で切り離す。葛粉を刷毛で薄くまんべんなくつける。鍋に昆布だしを沸かし、鱧を静かに入れて火を通し、ざるに取り出して水気をきる。

5．吸地を仕立てる。椀に鱧、温めた管牛蒡、茄子、じゅんさいを盛る。熱い吸地をはり、柚子をのせ、鱧の上に梅肉をとめる。

⬇P115

【造り　蓮の葉盛り】
あこう洗い　車海老おろし和え　南瓜　花付き胡瓜　より胡瓜　水前寺のり　山葵　梅醤油

材料 4人前

あこう（1kg）……½尾
車海老（35g）……4尾
大根……適量
浅葱……適量
花付き胡瓜……4本
南瓜……⅙個
水前寺海苔……3cm角
胡瓜……1本
山葵……½本
土佐醤油（「平盛り」p.126参照）……適量
梅肉……適量

作り方

1．あこうは三枚におろす。

2．大根はすりおろして刻んだ浅葱と混ぜ合わせる。花付き胡瓜は実の部分だけ塩もみし、水で洗う。南瓜はくり抜きで抜き、さっと塩ゆでして水に落とす。水前寺海苔は戻し、さっとゆでて水に落とし、水気をきる。適当な大きさに切る。胡瓜はより胡瓜にする（p.126より独活参照）。土佐醤油に梅肉を混ぜる（梅醤油）。

3．あこうは皮を引き、約3mm厚さのそぎ切りにする。あこうを氷水に入れてざっとかき混ぜて洗い、新しい氷水に移す。身が白っぽく縮れるまで3～4分つける。ざるに上げて水気をきる。

4．車海老は背わたと頭を取り、170℃の油で揚げる。表面が赤く変わればすぐ氷水に落とす。殻をむき、食べやすい大きさに切る。

5．蓮の葉に砕いた氷を敷き、あこう洗い、大根おろしをのせた車海老、花付き胡瓜、南瓜、水前寺海苔、より胡瓜、おろし山葵（p.126参照）を盛り、梅醤油を添える。

⬇P115

【しのぎ】
鮒ずし飯蒸し　ふり柚子

材料 4人前

鮒ずし……½尾
もち米……2カップ
有馬山椒……大さじ1
柚子……½個
酒塩（「煮蛤の飯蒸し」p.158参照）……適量

作り方

1．もち米は洗って一晩水につけ、蒸して酒塩を合わせる（p.158参照）。

2．鮒ずしを薄切りにし、焼き網にのせ、さっとあぶる。有馬山椒は水でさっと洗い、刻む。

3．もち米と有馬山椒を混ぜる。丸めて器に盛り、弱火で約10分蒸す。あぶった鮒ずしをのせ、振り柚子をする。

⬇P115

【焼き物】
鱸蓼味噌焼き　谷中生姜酢漬け　納豆醤油漬け

材料 4人前

鱸（1.5kg）……½尾
谷中生姜……4本
納豆……20g
甘酢（「酢取り茗荷」p.129参照）……適量
蓼味噌
　蓼葉……10g
　白味噌……200g
　卵黄……1個
　煮切り酒……30cc
　煮切り味醂……25cc
　薄口醤油……10cc
　だし汁……適量
納豆の漬け地
　濃口醤油……25cc
　煮切り酒……25cc

作り方

1. 蓼味噌を作る。蓼葉をすり鉢でよくすり、白味噌、卵黄、残りの調味料、だし汁を加えてよくする。
2. 鱸は三枚おろし、腹骨をすき取る。薄く塩を振って約40分おく。血合い骨を抜き、水で洗って水気をふき取り、切り分ける。
3. 谷中生姜は甘酢漬けにする(「鮎塩焼き」p.132酢取りはじかみ生姜参照)。納豆は水でさっと洗い、合わせた漬け地に一晩つける。
4. 鱸に串を打ち、強火で焼く。身の方に蓼味噌をのせ、上火の焼き床で味噌に焼き色をつける。
5. 器に鱸、生姜、納豆を盛り付ける。

⬇P115

【煮物】

火取り穴子　冬瓜含め煮　湯葉旨煮　針生姜　山葵

材料

穴子(100g)……2尾
冬瓜……⅙個
引き上げ湯葉……1束
土生姜……適量
山葵……適量
穴子の煮汁(「穴子博多真薯」p.128参照)
冬瓜含め煮の煮汁
だし汁……400cc
味醂……20cc
塩……小さじ⅔
薄口醤油……15cc
湯葉旨煮の煮汁(p.132参照)

作り方

1. 穴子は煮穴子にする(p.129参照)。
2. 冬瓜は含め煮にして味を含ませる(p.128参照)。
3. 引き上げ湯葉は生姜の絞り汁適量を加えた煮汁で旨煮にする(p.132参照)。
4. 穴子は焼き網にのせ、上火式の焼き床で焼き色をつける。4等分に切る。
5. 器に温め直した冬瓜と湯葉、穴子を盛り、針生姜とおろし山葵(p.126参照)をのせる。

⬇P115

【酢の物】

ちぢれ蛸　叩きオクラ　若布　針茗荷　三杯酢

材料　4人前

蛸(1・5kg)の足……2本
オクラ……8本
若布(乾燥)……5g
茗荷……2個
甘酢(「酢取り茗荷」p.129参照)
三杯酢(【八寸】p.133参照)

作り方

1. 三杯酢を作る。
2. 蛸は内臓、目玉、口を取り除く。たっぷりの大根おろしで表面のぬめりをこするようにもみ洗いをし、大根おろしを洗い流す。
3. オクラは塩ゆでし、水に落とす。縦半分に切り、種を除き、細かくたたく。
4. 若布は水で戻し、適当な大きさに切り、熱湯で色だしする。
5. 茗荷は酢取り茗荷にし(p.129参照)、せん切りにする。
6. 蛸は足を1本ずつに切り分ける。皮と吸盤を共にむき取り、塩ゆでして水に落とし、吸盤だけを切り離す。足はつけ根の方から、約⅔の深さまで切り込みを入れながら一口大に切り落とす。約60℃の湯にさっとくぐらせ、表面が白くなったら冷水に落とす。
7. 器に若布、蛸、叩きオクラを盛り、三杯酢をかけ、針茗荷をのせる。

⬇P115

【食事】

白ご飯　赤だし(香の物)

材料　4人前

米……3カップ
絹漉し豆腐……½丁
若布(乾燥)……5g
三つ葉……適量
だし汁……600cc
赤だし用味噌……60g
香の物……適量

作り方

1. 炊飯用土鍋で白ご飯を炊く。
2. 赤だしを作る。絹漉し豆腐、若布、三つ葉の赤だしを仕立てる。
3. 器にご飯をよそい、赤だしと香の物を添える。

●九月　「秋の点心」

⬇P117

【点心】

鱧南蛮漬け　鶉山椒焼き　甘鯛若狭焼き　鴨ロース燻製　海老菊花ずし　海老芋うに焼き　子持ち鮎煮浸し　豚味噌煮　巻き湯葉旨煮　いちょう玉子　銀杏　松茸ご飯

材料　4人前

●鱧南蛮漬け

鱧(500g)……¼尾
浅葱……少量
南蛮酢(「まながつお南蛮漬け」p.157参照)

●鶉山椒焼き

鶉(開き)……2羽
粉山椒……少量
つけ地
酒……50cc
味醂……100cc
濃口醤油……50cc

●甘鯛若狭焼き

甘鯛(1・5kg)……⅓尾
若狭地(「甘鯛翁焼き」p.140参照)

●鴨ロース燻製

合鴨胸肉……1枚
桜スモークチップ……適量
煮汁
酒……25cc
味醂……25cc
濃口醤油……25cc

●海老菊花ずし

とびあら海老……60尾
練り玉
卵黄……5個
砂糖……大さじ1½
塩……少量
酢……10cc

●海老芋うに焼き

海老芋(400g)……1個
煮汁(「海老芋含め煮」p.136参照)
うにだれ
生海胆……30g
卵黄……1個
味醂……10cc
薄口醤油……10cc

●子持ち鮎煮浸し

鮎……2尾
煮汁
水……400cc
酒……400cc
酢……10cc
氷砂糖……50g
濃口醤油……60cc
爪昆布……1枚
有馬山椒……小さじ2

●豚味噌煮

豚ばら肉(かたまり)……300g
練り芥子……適量
煮汁
だし汁……400cc
酒……100cc
味醂……30cc
砂糖……大さじ3
濃口醤油……30cc
赤だし用味噌……80g

●巻き湯葉旨煮

引き上げ湯葉……½束
絹さや……50g
巻き湯葉の煮汁(「湯葉旨煮」

p．132参照）

絹さやのつけ地（p．132若布と絹さやのつけ地参照）

●いちょう玉子　銀杏

卵……4個
銀杏……12個
味噌床
　白味噌……300g
　味醂……50cc

●松茸ご飯

松茸……2本
米……3カップ
酒（仕上げ用）……30cc
ご飯だし
　だし汁……800cc
　味醂……15cc
　塩……小さじ½
　薄口醤油……40cc

作り方

1．**鱧南蛮漬け**を作る。南蛮酢を作る（p．157参照）。鱧は骨切りをしながら1・5㎝幅で切り離す。170℃の油で揚げる。熱いうちに南蛮酢につけ、3時間おく。器に盛り、刻んだ浅葱を天盛りにする。

2．**鶉山椒焼き**を作る。鶉は合わせたつけ地に15分つける。串を打ち、つけ地をかけながら焼き上げる。粉山椒を振りかけ、適当な大きさに切る。

3．**甘鯛若狭焼き**を作る。若狭地をボウルに合わせ、1時間おく。甘鯛は三枚におろす。薄塩をし、約40分おく。水で洗って水気をふき取り、血合い骨を抜き、切り分ける。若狭地に20分つける。串を打ち、若狭地をかけながら焼き上げる。

4．**鴨ロース燻製**を作る。合鴨胸肉はフライパンで皮目に焼き色をつける。熱湯をかけて脂抜きをし、鴨肉と煮汁を真空パックにし、68℃の湯につけ、温度を保ったまま、45分加熱する。袋ごと氷水で急冷する。そのまま味を含ませる。袋から取り出して鴨肉の汁気をふき取り、桜チップを燻したスモーカーに入れ、弱火で3分燻す。3㎜幅に切る。

5．**海老菊花ずし**を作る。練り玉を作る（「唐墨玉子」p．134参照）。とびあら海老は頭と背わたを取り除き、塩ゆでする。冷水に落として冷まし、殻をむく。練り玉を直径約1・5㎝に丸める。まわりにとびあら海老の尾を上にしてはりつけて花形にまとめ、中央に練り玉少量をのせる。

6．**海老芋うに焼き**を作る。海老芋は含め煮にする（p．137参照）。うにだれを作る。生海胆を裏漉しし、卵黄、味醂、薄口醤油を混ぜ合わせる。海老芋を天板にのせて上火式の焼き床で焼く。表面が乾いてきたらうにだれをぬって焼き上げる。適当な大きさに切る。

7．**子持ち鮎煮浸し**を作る。鮎を素焼きし、蒸し器に入れ、30分蒸す。煮汁の有馬山椒以外を合わせて鮎をさっと煮て味を含ませる。1日おいた後、有馬山椒を加えて弱火で20分煮る。そのまま冷まし、冷めれば再び火にかけ、煮汁が少なくなれば火を止めてそのまま1日おく。鮎を適当な大きさに切る。

8．**豚味噌煮**を作る。豚ばら肉はかたまりのままおからで包み、中火で2時間蒸す。さっと水洗いし、適当な大きさに切る。鍋に豚肉と、煮汁の味噌以外の材料を合わせて入れ、15分煮る。赤だし用味噌を加えて5分煮て火を止め、そのまま味を含ませる。

9．**巻き湯葉旨煮**を作る。絹さやは塩ゆでしてせん切りにし、つけ地につけて味を含ませる。引き上げ湯葉は熱湯でさっとゆでてざるに上げる。湯葉を広げ、汁気をきった絹さやを束ねて芯にして巻き、竹の皮で結ぶ。煮汁を煮立て、巻き湯葉を入れて弱火で約5分煮て火を止め、そのまま冷まして味を含ませる。

10．**いちょう玉子**を作り、**銀杏**を準備する。味噌漬け玉子を作る（p．139参照）。大根の輪切りをいちょうの型で抜き、味噌漬け玉子を詰めていちょう形にする。銀杏は殻をむき、油で揚げて塩を振る。

11．**松茸ご飯**を作る。炊飯用の鍋に洗い米、薄切りの松茸、ご飯だしを入れて炊く。炊き上がりに酒を振り、全体を混ぜ、俵形にする。

⬇P117

【汁　薄葛仕立】すくい取り豆腐　独活　さやいんげん　おろし生姜

材料　4人前

独活……8㎝
さやいんげん……4本
土生姜……20g
水溶き葛粉……適量
玉子豆腐
　卵……3個
　だし汁……300cc
　味醂……15cc
　塩……少量
　薄口醤油……10cc
吸地八方・吸地（【椀物】① p．130参照）

作り方

1．独活はせん切りにする。さやいんげんは縦に割って塩ゆでする。冷ました吸地八方につける。

2．玉子豆腐を作る。卵を溶き、だし汁と調味料を合わせて裏漉しする。流し缶に流し入れ、弱火で約15分蒸す。

3．水溶き葛粉で濃度をつけた吸地を仕立てる。椀に蒸し上がった玉子豆腐をスプーンですくい取って盛り付け、独活、さやいんげんをあしらい、吸地をはり、おろし生姜を天盛りにする。

●十月

「菊節句の料理」

⬇P118

【前菜　菊畠盛り】鮎うるか　イクラ味噌玉子和え　甘海老親子和え　渋皮栗蜜煮　蟹小菊巻き　うに百合根塩蒸し　〆鯖菊花添え

材料　4人前

●鮎うるか

鮎……2尾
白板昆布……2枚
白うるか……50g
子うるか……50g
酒……200cc
昆布……5㎝角
三つ葉……¼束

●イクラ味噌玉子和え

すじこ（生）……50g
熟れ粕……300g
煮切り酒……適量
卵……4個
味噌床
　白味噌……500g
　煮切り酒……50cc
　煮切り味醂……30cc

●甘海老親子和え

甘海老（子持ち）……12尾
土生姜……20g

●渋皮栗蜜煮

栗……4個
シロップ
　水……600cc
　砂糖……200g

●蟹小菊巻き

がざみ……1杯
胡瓜……1本
スモークサーモン……30g
長芋……¼本
錦紙玉子……2枚
海苔……2枚

●うに百合根塩蒸し

大葉百合根……4枚
生海胆……50g

●〆鯖菊花添え

鯖……½尾

白板昆布……2枚
食用菊（紫）……5個
割り酢（「鯛菊花ずし」p．134参照）
甘酢（「酢取り茗荷」p．129参照）

作り方

1．**鮎うるか**を作る。鮎は水洗いをして三枚におろし、腹骨をすき取る。立塩（p．126参照）に15分つける。白板昆布に挟み、冷蔵庫で5～6時間おく。白うるか、子うるかは下処理し（「鮎うるか」p．150参照）、白うるかを適当な大きさに切る。昆布じめにした鮎の皮を引き、細造りにする。鮎と白うるか、子うるかを和えて器に盛り、ゆでた三つ葉の軸を天盛りにする。

2．**イクラ味噌玉子和え**を作る。すじこは下処理して塩をし、酒適量で洗う（「イクラ醤油漬け」p．150参照）。煮切り酒でのばした熟れ粕にガーゼに挟んだイクラをつけ、冷蔵庫に2時間おく。温度玉子を作り（「太刀魚昆布じめ」p．130参照）、卵黄を取り出す。ガーゼに包んで味噌床につけて6時間おく。イクラと温度玉子を和え、盛り付ける。

3．**甘海老親子和え**を作る。甘海老は頭をはずし、殻をむく。頭からわたを取り出す。卵は立塩につけて20分おき、水分をきる。身とわたを合わせ、少量の塩を加えて混ぜ、約5～6時間おく。身とわた、卵を和えて器に盛り付け、おろし生姜を天盛りにする。

4．**渋皮栗蜜煮**を作る。栗は渋皮に傷がつかないように鬼皮をむき、鍋に水、重曹と共に入れ、柔らかくなるまでゆで、渋皮の筋を除く。鍋に栗と水を入れ、20分ゆでて水にさらす。別鍋にシロップ用の水600ccと砂糖150gを火にかけ、煮立てば栗を入れ、ラップフィルムをして蒸し器に入れ約1時間蒸しそのまま1日おく。栗を取り出し、シロップに砂糖50gを加えて一煮立ちさせ、栗を戻し、ラップフィルムをして蒸し器で1時間蒸しそのまま冷ます。

5．**蟹小菊巻き**を作る。がざみは蒸して身を細かくほぐす。胡瓜は縦に割って種を取り除く。スモークサーモンと長芋を胡瓜と同じ大きさに切る。巻きすに錦紙玉子をおき、がざみの身を手前半分にのせ、胡瓜、長芋、スモークサーモンを芯にして巻き、巻きすでしめて冷蔵庫に入れ、2時間おく。海苔で巻いて巻き止まりを水でとめる。熱したフライパンの上で転がして海苔にはりを出し、適当な大きさに切る。

6．**うに百合根塩蒸し**を作る。百合根は一枚ずつにばらし、薄く塩を振って蒸す。上に海胆をのせ、薄く塩を振ってさっと蒸す。

7．**〆鯖菊花添え**を作る。鯖は三枚におろしてべた塩をして1時間おく。塩を洗い、割り酢に約20分つける。盆ざるに上げて酢をきり、白板昆布に挟んで12時間おく。食用菊の花びらをむしり、酢水でゆで、水に落とし、しばらくさらす。菊花の水気を絞り、甘酢につける。鯖は皮を頭の方からはがし、適当な大きさに切る。

⬇P119

【椀代わり　土瓶蒸し】
鱧　松茸
菊菜　銀杏　すだち

材料　4人前

鱧（450g）……½尾
松茸……4本
銀杏……12個
菊菜……½束
すだち……2個
吸地（【椀物】①p．130参照）

作り方

1．鱧はおろして骨切りをし、2cm幅で切り離す。

2．松茸は石づきを削ぎ取り、ぬれ布巾で軽くこすりながら洗い、適当な大きさに切る。

3．銀杏は殻を割って実を取り出し、塩ゆでして薄皮をむく。菊菜は葉を揃えて適当な長さに切る。すだちは横半分に切り、種を除く。吸地を仕立てる。

4．土瓶に鱧、松茸、銀杏、菊菜を入れ、温めた吸地を加え、直火にかけて一煮立ちさせる。すだちを添える。

⬇P119

【造り】
甘鯛焼き霜造り　白髪大根
青紫蘇　菊花　浜防風　岩茸
山葵　煎り米醤油

材料　4人前

甘鯛（1・5kg）……½尾
大根……¼本
青紫蘇……4枚
食用菊（黄）……5個
岩茸……20g
浜防風……4本
山葵……⅓本
煎り米醤油
―土佐醤油（【平盛り】p．126参照）……適量
煎り米……適量

作り方

1．土佐醤油に煎り米を入れ、5～6時間おいて漉す（煎り米醤油）。

2．甘鯛は三枚におろして、節取りする。皮目をフライパンで焼き霜にし、冷えたぬれ布巾に挟んで冷ます。

3．大根は横けんにする。食用菊は花びらを摘み取り、酢水でゆで、ざるに取って流水にさらす。岩茸は戻して重曹を加えた熱湯でゆでる（「鱈昆布じめ」p．126参照）。浜防風は碇防風にする（p．126参照）。

4．器に大根のけん、青紫蘇、甘鯛、食用菊、岩茸、碇防風、おろし山葵（p．126参照）を盛り、猪口に煎り米醤油を入れて添える。

⬇P119

【焼き物　焜炉で】
牛肉石焼き　小玉葱　青唐辛子　芥子　柚子胡椒

材料　4人前

牛ロース肉……300g
小玉葱……4個
青唐辛子……8本
練り芥子……適量
柚子胡椒……適量
つけだれ
―濃口醤油……150cc
煮切り味醂……150cc

作り方

1．牛肉を適当な大きさに切り、つけだれに5分つける。

2．小玉葱は5mm厚さの輪切りにする。青唐辛子はへたを切り取り、種を除く。

3．材料を器に盛り付け、焜炉に炭を入れる。別皿に芥子、柚子胡椒を入れて添える。

⬇P119

【煮物】
海老芋煎りだし　しめじおかき揚げ　銀杏　百合根　三つ葉　蟹あん　おろし生姜

材料　4人前

海老芋……2個
しめじ……4本
卵白……適量
おかき（醤油味）……50g
銀杏……8個
百合根……¼個
土生姜……30g
海老芋の煮汁
―だし汁……800cc
味醂……50cc
砂糖……大さじ1

薄口醤油……………………40cc
干し海老……………………20g
削り鰹…………………………5g

蟹あん

だし汁……………………400cc
味醂…………………………25cc
塩…………………………小さじ½
薄口醤油……………………15cc
水溶き葛粉………………大さじ2
蟹身…………………………50g

作り方

1. 海老芋は含め煮にする（p.137参照）。

2. しめじは石づきを除く。卵白をつけ、粗く砕いたおかきをつける。170℃の油で色よく揚げる。銀杏は殻をむいて塩ゆでし、縦4等分に輪切りにする。百合根は1cm角に切り、塩ゆでして水に落とす。

3. 蟹あんのだし汁、調味料を合わせて水溶き葛粉でとろみをつけ、粗くほぐした蟹身、銀杏、百合根を加える。

4. 海老芋の汁気を取り、小麦粉をまぶして170℃の油で色よく揚げる。

5. 海老芋としめじを器に盛り付け、蟹あんをかけ、おろし生姜を天盛りにする。

➡P119

【食事 蒸し寿司】

焼き穴子 まながつお西京焼き とびあら海老 甲烏賊 絹さや 錦糸玉子 針柚子

材料 4人前

穴子……………………………2尾
まながつお（1・2kg）………¼尾
とびあら海老………………12尾
紋甲烏賊……………………½杯
絹さや…………………………4枚
錦紙玉子……………………2枚
柚子……………………………1個
すし飯（「鯖棒寿司」p.137参照）……………………適量

穴子のたれ

酒………………………………50cc
薄口醤油……………………25cc

味噌床（「まながつお西京焼き」p.144参照）

作り方

1. 穴子は下処理して串を打ち、たれをかけて焼く。

2. まながつおは西京焼きにする（p.144参照）。

3. とびあら海老は頭と背わたを取って塩ゆでし、冷水に落として殻をむく。

4. 紋甲烏賊は身の表側に格子状に切り込みを入れ、適当な大きさに切る。少量の塩を加えた酒で煎り、ざるに上げて冷ます。

5. 絹さやは塩ゆでして冷水に落とす。錦紙玉子は3cm長さの細切りにする（錦糸玉子）。柚子は針柚子にする。

6. すし飯を器によそい、錦糸玉子を敷き詰め、穴子、まながつお、海老、烏賊を並べ、蒸し器に入れて熱く蒸し上げ、絹さや、針柚子をのせる。

●十一月

「紅葉狩り会席」

➡P120

【前菜】

かに黄身酢 あん肝生姜煮 焼き目帆立の唐墨はさみ

材料 4人前

●かに黄身酢

がざみ（400g）…………1杯
揚げ麩…………………………1個
花丸胡瓜……………………1本
浜防風…………………………4本
花穂紫蘇……………………4本
黄身酢（「蓮根とサーモンの黄味酢」p.161参照）

揚げ麩の煮汁

だし汁……………………400cc
味醂…………………………50cc
塩………………………………少量
薄口醤油……………………30cc

甘酢（「酢取り茗荷」p.129参照）
生姜酢（分量・作り方共に「さごし生ずし」p.139参照）

●あん肝生姜煮（p.147参照）

●焼き目帆立の唐墨はさみ

帆立貝の貝柱……………4個
唐墨…………………………適量
白練り味噌（「赤貝芥子酢味噌和え」p.130参照）

作り方

1. **かに黄身酢**を作る。がざみは前掛けと甲羅をはずし、がに（えら）を取り除いてバットに並べ、強火で15分蒸す。そのまま冷ます。胴と足から身を取り出す。揚げ麩はゆでて油抜きをし、ざるに上げる。適当な大きさに切り、煮立てた煮汁で煮て、そのまま冷まして味を含ませる。花丸胡瓜は色だしし、2mm厚さの輪切りにし、立塩につける。浜防風は軸を1・5cm長さに切り、熱湯にさっと通して甘酢に10分つける。

2. **あん肝生姜煮**を作る。あんこうの肝は下処理をして蒸し、粗熱を取る（p.147参照）。1・5cm角に切る。煮汁の材料を煮立て、あんこうの肝、針生姜を加えて紙蓋をし、弱火で20分煮る。そのまま冷まして味を含ませる。

3. **焼き目帆立の唐墨はさみ**を作る。唐墨は薄皮をむき取り、5mm厚さに切る。帆立貝の貝柱は筋を取り除き、薄塩を振る。サラダ油少量を熱したフライパンで、両面を強火でさっと焼く。横半分に切り、唐墨を挟む。

4. 器にがざみの身、揚げ麩、胡瓜、浜防風を盛り、生姜酢をかけ、黄身酢を適量かけて花穂紫蘇を散らす。あん肝生姜煮を器に盛る。焼き目帆立の唐墨はさみを器に盛り付け、白練り味噌を適量かける。

➡P120

【椀 みぞれ仕立】

焼き目甘鯛 焼き白子 軸蓮草 針柚子

材料 4人前

蕪（1kg）…………………………¼個
甘鯛（1・2kg）………………½尾
河豚の白子…………………½腹
ほうれん草…………………¼束
水溶き葛粉…………………適量
柚子……………………………½個
吸地八方・吸地（【椀物】①p.130参照）

作り方

1. 蕪はすりおろし、適度に水分を絞る。

2. 甘鯛は三枚におろし薄塩をし、約40分おく。河豚の白子は3cm厚さに切る。

3. ほうれん草の軸は8cm長さに切り、塩ゆでする。冷水に落として冷まし、吸地八方につける（軸蓮草）。柚子は針柚子にする。

4. 甘鯛は適当な大きさに切り、串を打って焼く。河豚の白子は強火でさっと焼く。

5. 吸地のだし汁に蕪を入れて温め、塩、薄口醤油で調味し、水溶き葛粉で薄くとろみをつける。

6. 椀に甘鯛と、河豚の白子を盛り付け、温めた軸蓮草をあしらう。椀に熱い吸地をはる。吸口の針柚子をのせる。

➡P121

【造り】

鯛薄造り 長芋 浅葱 岩茸 生姜 割り醤油

材料 4人前

鯛（1・5kg）…………………¼尾
長芋……………………………40g
浅葱……………………………適量
岩茸……………………………適量
土生姜…………………………30g
岩茸のつけ地（「鱚昆布じめ」p.126参照）
割り醤油（「水無月胡麻豆腐」p.159参照）

作り方

1．岩茸は戻して下ゆでしてつけ地につける（「鱈昆布じめ」p．126参照）。

2．長芋は4㎝長さ、5㎜角の拍子木切りにする。鯛の上身は3㎝長さに切る。浅葱は皮を引き、薄造りにして数枚を重ねる。器に鯛、長芋、浅葱、岩茸、おろし生姜を盛り、割り醤油を添える。

⬇P121

【羹物】
ふかひれ羽二重蒸し　しのび生姜

材料 4人前

ふかひれ（200g）……1枚
土生姜……30g
ふかひれの蒸し汁
　鶏スープ……1000cc
　白葱……1本
　土生姜……20g
ふかひれの煮汁
　右記の蒸し汁……800cc
　紹興酒……30cc
　砂糖……小さじ1
　濃口醤油……30cc
　牡蠣油……大さじ2
　水溶き葛粉……適量
卵生地
　卵……2個
　だし汁……400cc
　味醂……10cc
　塩……少量
　薄口醤油……10cc

作り方

1．ふかひれを蒸し煮にする。白葱は焼き網で焼き、3㎝長さに切る。戻したふかひれは白葱、生姜の薄切りと共に鶏スープに入れて蓋をし、強火で20分蒸し煮にする。そのまま冷まして味を含ませる。鍋に蒸し汁、紹興酒、砂糖を入れて火にかけ、沸騰したらふかひれを加え、弱火で10分煮る。濃口醤油、牡蠣油を加え、煮汁をかけながら5分煮る。鍋を動かしながら水溶き葛粉を少量ずつ加え、とろみをつける。

2．卵生地を合わせる。だし汁と調味料を合わせて溶き卵に加え、裏漉しする。器に卵生地を流し入れ、弱火で約15分蒸す。

3．ふかひれを温め直し、蒸し上がった卵生地にのせ、煮汁をかける。生姜の絞り汁を適量絞って落とす。

⬇P121

【焼き物　杉板焼き】
まながつお丹波焼き
松茸　煎り銀杏

材料 4人前

まながつお（1.5㎏）……½尾
松茸……4本
銀杏……16個
丹波衣
　栗……200g
　卵白……½個分
　酒……50cc
　味醂……25cc
　薄口醤油……15cc

作り方

1．丹波衣を作る。栗は皮をむいて水にさらす。水気をふき取り、強火で蒸して火を通す。裏漉しして、他の材料を混ぜ合わせる。

2．まながつおは三枚におろす。薄塩をし、約40分おく。

3．松茸は石づきを削ぎ落とす。松茸の表面を傷つけないように軽くこすり洗い、水気をふき取る。銀杏は鬼皮に割れ目を入れ、立塩に2時間つける。

4．まながつおは3㎝幅で斜めに切り分け、皮目に3～4㎜幅で浅く切り込みを入れる。串を打って焼き上げる。皮目に丹波衣をのせ、酒に浸した杉板にのせて上火式の焼き床で焼き色をつける。

5．松茸は表面に酒と塩を振って中火強で焼く。銀杏は銀杏煎りで焼き色がつくまで煎る。

6．焙烙に焼き石を敷き詰め、まながつおを盛り、松茸、銀杏をあしらう。

⬇P121

【煮物替わり】
鮪のしゃぶしゃぶ　針葱
胡麻ポン酢

材料 4人前

鮪（腹身）……200g
白葱……1本
胡麻ポン酢
　当たり胡麻……大さじ6
　ポン酢……200cc
昆布だし
　水……1000cc
　昆布……30g

作り方

1．胡麻ポン酢を作る。当たり胡麻にポン酢を合わせる。鮪は3㎜厚さの薄切りにする。白葱は5㎝長さの針葱にする。

2．一人前の小鍋に昆布だしを温めてはる。鮪、白葱をそれぞれ器に盛り付ける。胡麻ポン酢を添える。

⬇P121

【油物】
車海老干し子揚げ　子芋けしの実揚げ　巻き湯葉

材料 4人前

車海老（35g）……8尾
干しこのこ……2枚
子芋……4個
けしの実……適量
引き上げ湯葉……⅛束
子芋の煮汁（【混ぜ盛り】p．128参照）
小麦粉……適量
卵白……適量
うまみ塩（【揚げ物】② p．133参照）

作り方

1．子芋含め煮を作る（p．128参照）。

2．車海老は頭と背わたを取り除き、尾の部分だけ残して殻をむき、腹側に4～5ヵ所切り込みを入れる。

3．干しこのこは3㎜角に切る。引き上げ湯葉は5㎝長さに切り、細く丸める。

4．子芋の汁気をふき取り、小麦粉をまぶし、卵白をつけ、けしの実をつける。170℃の油で揚げ、うまみ塩を振る。湯葉は170℃の揚げ油で揚げ、熱いうちにうまみ塩を振る。

5．車海老に小麦粉、卵白、干しこのこをつける。175℃の油で揚げ、熱いうちにうまみ塩を振る。

6．器に天紙を敷き、車海老、子芋、湯葉を盛り付ける。

⬇P121

【食事】
新蕎麦　辛味大根　白葱
山葵　つゆ

材料 4人前

更科そば
　そば粉（更科粉）……400g
　中力粉……100g
　熱湯……200cc
　水……75～100cc
辛味大根（200g）……1本
白葱……1本
山葵……½本
返し
　味醂……270cc
　砂糖……100g
　濃口醤油……900cc
　たまり醤油……100cc
つゆ（割合）
　だし汁……3
　返し……1

作り方

1．返しを作り、つゆを合わせる。返しの味醂を煮切り、砂糖、濃口醤油、たまり醤油を加え、一煮立ちしたら火からおろしてそのまま冷ます。だし汁と返しを3対1の割合で合わせる。

2．そばを打つ。

3．辛味大根はたわしで皮の表面をこすって洗い、すりおろす。白葱は小口から細かく刻んでさっと水で洗う。

4．そばを熱湯でゆで、冷水でしめ、水気をきって器に盛り付ける。そばの上に辛味大根、白葱、おろし山葵（p.126参照）をのせる。つゆを添える。

●十二月
「師走の鍋仕立会席」

➡P122

【先付】
ゆで車海老　河豚焼きちり
揚げ霜帆立貝　水菜
山わさび醤油

材料 4人前

車海老（35g）……4尾
河豚（上身）……½尾
帆立貝……4杯
水菜……½束
山わさび醤油
かぼすの絞り汁……30cc
濃口醤油……30cc
ホースラディッシュ……適量

作り方

1．かぼすの絞り汁と濃口醤油を合わせ、すりおろしたホースラディッシュを加える（山わさび醤油）。

2．車海老は頭と背わたを取り、熱湯に入れ、殻の表面が赤く変わればすぐ氷水に落とす。殻をむき、食べやすい大きさに切る。

3．河豚は身皮を引き、串を打ち、薄く塩を振る。直火で全体を強火でさっと焼き、氷水に落とす。そぎ身にする。

4．帆立貝は殻から貝柱の部分を外し、170℃の油でさっと揚げる。水に落とし、半分に切る。

5．水菜は3㎝長さに切る。

6．器に水菜を盛り、車海老、河豚、貝柱を和えて盛り付ける。山わさび醤油をかける。

➡P122

【造り替わり】
皮はぎ肝あえ造り　浅葱
ポン酢

材料 4人前

かわはぎ（400g）……2尾
浅葱……½束
ポン酢（【平盛り】p.126参照）

作り方

1．かわはぎを三枚におろし、節取りして身皮を引く。身皮は熱湯にくぐらせ、水に落とし、適当な大きさに切る。肝は水で洗い、薄く振り塩をして30分おく。塩を洗い落とし、さっとゆでて水に落とす。

2．浅葱は細かく刻む。かわはぎの身は細造りにする。

3．肝ポン酢を作る。皮はぎの肝を裏漉しし、ポン酢を加えて味を調える。

4．皮はぎの身と身皮を肝ポン酢で和えて器に盛り、浅葱を散らす。

➡P123

【おでん】
大根　里芋　こんにゃく　焼き豆腐　さつま揚げ　ひろうす　結び昆布　白菜　鯨ころ　さえずり　牡蠣　海老真薯　半熟玉子　湯葉　煮麺　柚子胡椒　練り芥子　生姜味噌　かんずり

材料 4人前

鯨のころ（戻したもの）……200g
さえずり……100g
ころとさえずりの煮汁
だし汁……1000cc
味醂……100cc
砂糖……大さじ4
薄口醤油……100cc
濃口醤油……50cc
大根……½本
大根の煮汁
だし汁……1000cc
味醂……70cc
砂糖……大さじ1
塩……小さじ½
薄口醤油……60cc
海老真薯（左記のもの）……8個
車海老のすり身……250g
白身魚のすり身……50g
卵白……½個分
山の芋（おろし）……大さじ2
水溶き葛粉……大さじ1
味醂……15cc
塩……小さじ⅓
昆布だし……適量
さつま揚げ（左記のもの）……8個
牛蒡……1本
白身魚のすり身……300g
卵の素（【椀物】①p.130参照）……大さじ3
味醂……30cc
薄口醤油……10cc
昆布だし……適量
里芋……8個
こんにゃく……1丁
焼き豆腐……1丁
ひろうす……4個
日高昆布……1枚
白菜……5枚
干瓢……適量
牡蠣……12粒
牡蠣の煮汁
だし汁……500cc
酒……100cc
味醂……60cc
薄口醤油……60cc
卵……4個
湯葉……1束
素麺……2束
三つ葉……適量
生姜みそ
白練り味噌（「赤貝芥子酢味噌和え」p.130参照）……適量
土生姜・煮切り酒……各適量
おでんだし
鶏がら……5羽分
水……16000cc
キャベツ……½玉
玉葱……2個
人参……1本
長葱、生姜……各適量
煮干し……60g
爪昆布……1枚
おでんの煮汁
おでんだし……2500cc
酒……200cc
味醂……200cc
薄口醤油……200cc
塩……小さじ½
薬味（柚子胡椒、練り芥子、かんずり）……各適量

作り方

1．おでんだしを作る。鍋に霜降りにした鶏がら、分量の水、その他の材料を入れ、弱火で液体が⅓量になるまで煮る。ネル地で漉す。

2．鯨のころとさえずりに下味をつける。ころは適当な大きさに切り、米のとぎ汁で柔らかくなるまでゆでる。水に30分さらす。さえずりは米のとぎ汁で金串がすっと通るまで2～3時間ゆでる。流水に30分さらす。適当な大きさに切る。ころと共に煮汁で煮てそのまま冷ます。

3．大根に下味をつける。大根は3㎝厚さの輪切りにする。米のとぎ汁でゆで、水にさらす。鍋にだし汁、大根、味醂、砂糖を入れ、弱火で10分煮る。塩、薄口醤油を加えて10分煮、そのまま冷まして味を含ませる。

4．海老真薯を作る。車海老の身をフードプロセッサーにかけ、更に白身魚のすり身を入れて合わせる。すり鉢に移し、他の真薯生地の材料を加える。真薯生地を丸に取り、塩を加えた昆布だしで火を通す。

5．さつま揚げを作る。牛蒡はささがきにして水にさらす。すり鉢に白身魚のすり身、卵の素、調味料を入れてよくする。昆布だしで固さを調節して牛蒡を加えて丸める。170℃の油で揚げる。熱湯をかけて油抜きをする。

6．残りの材料の準備をする。里芋は六方むきにして米のとぎ汁でゆでる。こんにゃくは適当な大きさに切り、塩もみして5分おく。熱湯でゆでておか上げして冷ます。焼

き豆腐は適当な大きさに切る。ひろうすは油抜きをする。水で戻した日高昆布を2cm幅、10cm長さに切って結ぶ。白菜は芯の部分を繊維に沿って6cm長さの2cm幅に切り、4〜5本を束ね、戻した干瓢(「鰻干瓢巻き」p.146参照)で束ねる。牡蠣は塩水で洗い、さっと霜降りにして水に落とす。煮立てた煮汁でさっと煮る。卵は半熟卵にする。湯葉は横に4等分に切って巻き、ゆでた三つ葉の軸で結ぶ。素麺は適量を取って端を糸で束ね、160℃の油で揚げる。油抜きをし、ゆでた三つ葉で束ね直す。糸で束ねた端を切り落とす。白練り味噌にみじん切りの生姜を混ぜ、煮切り酒でかたさを調節する(生姜みそ)。

7. 鍋におでんの煮汁を作る。おでん鍋に材料を並べ入れ、合わせた煮汁をはり、常に追いだしをしながら沸騰直前の火加減保って煮込む。薬味を添える。

⬇P123

【焼き物】

のどぐろ一夜干し　焼きさつま芋　すだち

材料 4人前

のどぐろ……2尾
さつま芋……2本
すだち……2個
つけ地
酒……200cc
塩……大さじ½
味醂……200cc
薄口醤油……100cc

作り方

1. のどぐろはかまつきで三枚におろし、つけ地に約30分つける。かまの部分に金串を通し、風通しのよい所で、表面が軽く乾き、指で触れるとねっとりした感じになるまで干す。

2. さつま芋は適当な大きさに切って塩を振り、蒸す。

3. のどぐろは皮目に切り込みを入れ、串を打って焼く。焼き上がりにつけ地をさっとぬる。

4. 器にのどぐろとさつま芋を盛り、すだちを添える。

⬇P123

【食事】

おにぎり

材料 4人前

塩鮭(甘塩)……100g
野沢菜……50g
ちりめんじゃこ……100g
じゃこの煮汁(「じゃこご飯」p.160参照)
たらこ……2腹
黒胡麻……適量
米……5カップ
赤飯(材料・作り方共に「鯛二種焼き筏盛り」p.140参照)
奈良漬け……1個
たくあん……⅓本

作り方

1. 塩鮭は焼いて身をほぐす。野沢菜は細かく刻む。ちりめんじゃこは下ゆでして煮汁で煮る(「じゃこご飯」p.161参照)。たらこは焼いて粗めにほぐす。赤飯を作る(p.140参照)。

2. 握り飯を作る。白いご飯に鮭、野沢菜、じゃこ、たらこをそれぞれ混ぜて握る。白ご飯を三角に握り、黒胡麻を振りかける。赤飯を三角に握る。

3. 器に盛り付け、奈良漬け、たくあんを添える。

主要参考文献

『盛付秘伝』　辻嘉一著　柴田書店

『図説　日本のうつわ―食事の文化を探る』　神崎宣武　河出書房新社（ふくろうの本）

『原色陶器大辞典』　加藤唐九郎著　淡交社

『やきもの辞典』　光芸出版編集部　光芸出版

『うるし工芸辞典』　光芸出版編集部　光芸出版

『平凡社百科事典』　平凡社

◎著者紹介

畑　耕一郎（はた　こういちろう）

元 辻調理師専門学校日本料理主任教授　1947年大阪府生まれ。辻調理師学校(当時)を卒業後、同校に入職。教壇に立つかたわら、テレビ、ラジオ、出版など、幅広く活躍。著書は『プロのためのわかりやすい日本料理』(柴田書店)、『日本料理　プロの隠し技』(光文社)、『「辻調」直伝　家庭の和食』・『「辻調」直伝　味ごはんと一汁一菜』(講談社)、『和風のおかず　おいしい基本』(学研)などが、共著に『英語で日本料理』(講談社インターナショナル)などがある。平成13年社団法人日本調理師会功労賞受賞。大阪府功労賞受賞。平成17年度厚生労働大臣賞受賞。

◎料理製作主担当

濱本良司（はまもと　りょうじ）

辻調理師専門学校　日本料理教授。1966年大阪府生まれ。辻調理師専門学校卒業後、同校に入職。「上沼恵美子のおしゃべりクッキング」(朝日放送、テレビ朝日系)に出演。

◎校正協力

重松麻希（しげまつ　まき）

辻静雄料理教育研究所研究員。甲南女子大学大学院文学研究科国文学専攻博士前期課程修了。全体の校正を担当。

◎器協力店　「林漆器店」

大阪市中央区心斎橋筋2丁目2-32

電話（06）6211-3524（代）

日本料理

基礎から学ぶ　器と盛り付け

初版発行　二〇〇九年二月一日

八版発行　二〇二四年九月一〇日

監修　辻調理師専門学校

著者　畑耕一郎〈はたこういちろう〉©辻料理教育研究所

発行者　丸山兼一

発行所　株式会社柴田書店

〒113-8477

東京都文京区湯島3-26-9　イヤサカビル

電話　書籍編集部　03-5816-8260

営業部　03-5816-8282（注文・問合せ）

HP　https://www.shibatashoten.co.jp

振替　00180-2-4515

印刷・製本　TOPPANクロレ株式会社

ISBN978-4-388-06048-1